유무선 네트워크부터 5G

5G시대 네트워크

김동옥 저

KB009571

YD 연두에디션
Edition

저 자 김동옥

저자 약력

학   력 1. 한국항공대학교 정보통신과 공학박사
경   력 1. Nexs-TEL CO.,LTD.   중앙연구소 책임연구원
          2. MAXSON CO., LTD.   연구소 선임연구원
          3. 서울이동통신(주)   중앙연구소 책임연구원
          4. ICT폴리텍대학   모바일통신과 교수

5G시대 네트워크 – 유무선 네트워크부터 5G까지

발행일 2019년 8월 28일 초판 1쇄
지은이 김동옥
펴낸이 심규남
기 획 염의섭 · 이정선
펴낸곳 연두에디션
주 소 경기도 고양시 일산동구 동국로 32 동국대학교 산학협력관 608호
등 록 2015년 12월 15일 (제2015-000242호)
전 화 031-932-9896
팩 스 070-8220-5528
ISBN 979-11-88831-21-0

이 책에 대한 의견이나 잘못된 내용에 대한 수정정보는 연두에디션 홈페이지나 이메일로 알려주십시오.
독자님의 의견을 충분히 반영하도록 늘 노력하겠습니다.
홈페이지 www.yundu.co.kr

※ 잘못된 도서는 구입처에서 바꾸어 드립니다.

이책의 답안은 제공되지 않습니다.

현재 5G 이동통신서비스 이후에 폭발적으로 증가하고 있는 데이터 트래픽 수용을 위해 차세대 이동통신 네트워크의 효율적인 유·무선 네트워크의 IoT 서비스가 확대될 것으로 생각된다.

현재 논의되고 있는 차세대 이동통신 기술 개발 방향으로는 이동통신 네트워크의 주파수 효율 극대화 방안, 초고주파 대역에서의 신규 주파수 대역 할당, 소형 셀 등의 증가 및 밀집 배치 설계 방안 그리고 WiFi 등의 이종 무선통신시스템과의 연동을 통한 초과 트래픽 분할 방안 등이 제시되고 있다. 먼저 주파수 효율 극대화를 위해서는 기존 MIMO 기술에 기반한 3D 빔포밍 기술, Massive MIMO 기술, 새로운 무선 접속 기술 개발 및 최적 셀간 간섭 시나리오 구성 방안 등이 제시될 수 있을 것이다. 향후에는 매크로셀과 독립적인 형태의 운영 체제로 발전할 가능성도 있을 것이다. 마지막으로 기존 이종 무선통신 시스템과의 연동으로는 WiFi와 연동이 먼저 이루어져 실내에서의 초과 트래픽을 서로 분할하는 방안이 가능할 것이며, 향후 M2M 등의 신규 디바이스 기반의 무선 네트워크가 구성되면 이와 연동하여 구축하는 방안도 고려되어야 할 것이다

이러한 시대적 상황에 맞추어 본 교재는 유·무선통신 네트워크 분야 특히 5G 이동통신 시스템 및 ICT 관련 분야에 종사하고자 학문에 매진하는 학생들과 산업체의 실무 기술자들에게 상세하게 설명된 참고 도서로서 충분히 활용될 수 있으리라 생각한다.

유·무선 네트워크는 우리 모두에게 영향을 미치는 기술이기 때문에 스스로를 보호하기 위해 취해야 할 단계에 대한 노하우가 매우 많다. 이 책은 그중 오직 유·무선 네트워크 초보에서 5G 네트워크까지 다루고 있으며, 서점에 나와 있는 수백 가지의 다른 무선 장치에 대한 보안을 평가하기 위한 도구와 트릭을 배우고 이런 도구들이 보안에 어떤 영향을 주는지 배우기 바란다.

특히 이동통신 무선 네트워크의 분야에 있어서 새로운 통신 방식이 잇달아 연구, 개발되어 실용화가 활발히 진행되고 있다. 따라서 유선 네트워크부터 무선 네트워크 통신 분야 및 시스템의 통신방식에 대한 개념 및 구성을 이해하지 못하면 새로운 신기술에 대처할 수 없게 된다. 그래서 유선네트워크부터 5G 무선 네트워크 통신 분야에 종사하기를 원하는 학생은 기본적인 코어 네트워크 시스템에 대한 체계적인 이론서가 필수적이다.

본 교재는 크게 세 부분으로 구성되었다. 첫째 부분에서는 유선네트워크 이론을 접하도록 하였고, 두 번째는 이를 바탕으로 4G 무선통신 네트워크에 관련한 이론과 실무를 할 수 있도록 무선 네트워크부터 핵심기술요소인 5G 무선 네트워크로 구성하였다. 그리고 마지막 세 번째는 유·무선 네트워크에서 필수적인 정보보호 등 이런 특색은 전반적인 보안을 위해 이 책에서 다루는 모든 기술을 이해하는 것이 중요하게 만드는데, 무선 보안 문제에 대한 흔한 해결책으로 암호를 추가하였다.

끝으로 이 책이 출간될 수 있도록 물심양면으로 도움을 주신 도서출판 연두 사장님께 깊은 감사를 드립니다. 또한 본서의 자료 준비 및 정리를 도와주신 이정선 부장님에게 고마움을 보냅니다. 이 책으로 공부한 독자가 유·무선 네트워크와 암호, 보안의 기술을 터득하여 더욱 깊은 학문으로의 의욕을 가지게 된다면 저자로서 더 없는 기쁨이겠다.

저자 : 김 동 옥

C·O·N·T·E·N·T·S

C·O·N·T·E·N·T·S

01

네트워크 프로토콜

네트워크 프로토콜

1.1 프로토콜의 개념

프로토콜이란 단어는 정보통신과 전혀 무관하게도 가끔 신문에 등장하는 경우가 있다. 대체로 외국의 국빈이 우리나라를 방문하였을 때 그 방문기사에 등장하던 프로토콜이란 단어는 국빈을 대접하는 의전 절차라는 의미로 쓰인다.

프로토콜이란 단어를 사전에서 찾으면 위에 얘기한 외교상의 의례란 의미 외에도 의정서, 조약(안)으로 설명이 되어있다. 프로토콜이란 단어 속에는 어떤 경우이든지 간에 두 상대방이 있어 그 두 상대방간 합의된 약속이란 의미를 내포하고 있다.

그러면 통신에 등장하는 프로토콜은 어떤 의미를 지니고 있으며 왜 필요한가? 사실 통신에서 말하는 프로토콜은 엄밀히 말하면 통신 프로토콜이라고 앞에 통신을 반드시 붙여 말해야 한다. 그런데 어떤 사실을 얘기할 때 대주제가 통신인 경우 우리는 통신을 생략하고 보통 프로토콜이라고만 말하게 되었고, 이 경우 듣는 사람이나 말하는 사람 모두 프로토콜은 통신 프로토콜을 의미하게 되는 셈이다. 이제 프로토콜이 통신 프로토콜의 생략 형 이라는 것은 분명해졌다.

통신 프로토콜의 정의에는 앞에서 말한 프로토콜의 일반적인 개념이 그대로 들어있다. 통신이란 말에는 이미 두 상대방이라는 개념이 배경에 놓여 있다. 상대방이 없는 통신이란 있을 수 없으므로, 통신 프로토콜 또한 당연히 정보를 송신하고 수신하는 두 상대방 사이의 약속이다.

통신프로토콜은 서로 간에 데이터를 신속하고 정확하게 정보전송을 하기 위한 정보기기간의 필요한 규약들의 집합으로, 통신을 원하는 양쪽(entity)간에 무엇을(what), 언제(when), 어떻게(how), 통신 대해 서로 약속한 규정이다.

1.2 통신 프로토콜

공학적인 의미의 통신의 목적 은 한마디로 정확한 정보의 전송이다. 공학에서는 정확성 만 의미를 갖는 것이 아니라 경제성 또한 중요한 의미를 갖는다. 그리고 최근에는 안정성이 매우 중요하게 등장 하고 있다. 따라서 통신 프로토콜은 두 통신하는 상대방 사이에 정확하고 효율적이며 안정한 정보의 전송을 위한 여러 가지 약속의 집합이다.

다시 말하면 통신 프로토콜은 송신자가 이렇게 하면 수신자가 저렇게 하고, 수신자가 어떻게 하면 송신자가 거기에 따라 어떤 행동을 취해야 하는지 등을 사전에 약속해 둔 것이다. 이러한 사전 약속 이 없다면 어떤 상황에서든지 정확한 정보를 효율적으로 그리고 안정하게 전송해야 한다는 통신의 기본목적을 달성할 수 없기 때문이다.

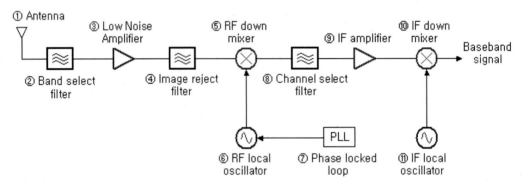

[그림 1-1] 통신 시스템 블록도

통신하는 상대방은 일반적으로 서로 원격지에 위치한다. 따라서 정보를 전송하기 위해서는 정보를 전기적인 혹은 광학적 신호의 형태로 변환하고 그 변환된 신호가 통신채널을 통해 흐르게 될 때 정상적인 신호의 흐름을 방해 놓는 여러 가지 현상이 존재하게 된다.

이러한 방해 행위를 통칭하여 불완전성(impairment)이라고 불완전성은 신호의 변형을 가져오고 신호변형은 결국 정확한 정보의 전송을 방해한다. 즉, 신호의 전송 중에 에러가 발생하게 되면, 통신 프로토콜에서는 어떻게 에러의 발생사실을 알아내고 손실된 정보를 회복할 것인가에 대한 엄밀한 절차가 사전에 약속되어 있어야 한다.

그러한 약속이 프로토콜의 중요한 부분이 된다. 프로토콜이라는 약속의 집합 속에 에러에 대응하기 위한 약속이 중요하기는 하나 그것이 프로토콜의 전부는 아니다. 정보를 정확히 그리고 효율적으로 전송하기 위해서는 동기 (synchronization) 라고 부르는 개념도 중요하다.

　예를 들어 정보를 송수신하는 상대방이 서로 한 비트의 시간 길이를 서로 다르게 사용한다든지, 한 메시지의 시작 지점을 서로 다르게 인식하게 되면 순식간에 대량의 에러가 발생하기 때문에 이들에 대해서도 사전 약속이 필요하다.

　이뿐만 아니라 정보흐름의 양을 조절하는 흐름제어(flow control) 방법도 역시 사전에 약속되어 프로토콜 속에 포함되어 있어야 한다. 흐름제어란 정보의 송신측에서 너무 빠르게 정보를 내보내는 바람에 수신측에서 이를 미처 소화하지 못함으로써 결과적으로 정보의 손실을 가져오는 사태를 막기 위한 방법을 말한다.

　에러 제어, 동기, 흐름제어 등에 관한 약속 이외에도 통신하는 상대방의 상호위치가 어디냐에 따라 여러 가지 약속이 추가로 필요하다. 통신하는 상호위치란 개방 시스템 상호 연결(open system interconnection)에서 어느 계층에 속하느냐를 말하는 것이다.

　그리고 효율적인 전송을 위해서도 여러 가지 기법이 있으므로 어떤 경우에 어떤 방법을 사용해야 할지에 대해서도 사전에 약속하여 프로토콜에 포함시켜야 하며, 최근에 관심이 높아지고 있는 정보의 안전성(security)을 위한 약속도 역시 여러 가지 방법이 있을 수 있으므로 사전에 프로토콜에 포함되어야 한다.

1.3 통신 프로토콜 원리

　지금까지 우리는 통신하는 두 상대방이란 표현을 사용하였는데 OSI규약에서는 이를 실체(entity)라는 용어로 사용하고 있다.

　OSI에서는 통신하는 두 상대방이 컴퓨터 내부에서 돌아가는 프로그램인 경우가 대부분이다. 하지만 위에서 설명한 통신 프로토콜은 통신하는 두 상대방 즉, 실체가 사람인 경우 우리가 전화를 이용하여 음성 통신을 하는 것과 마찬가지로 그대로 적용되는 이야기이다. 이는 사람들이 전화를 통해 음성 정보를 주고받을 때에도 프로토콜이 필요하다는 뜻이다.

　사람이 다른 사람과 전화 할 때에도 전화선이라는 전송채널에서 에러가 발생하며, 사람에 따라서는 너무 빨리 말하는 사람이 있어 듣는 사람이 미처 이해하지 못하고 지나가는 경우가 있는데, 사람들은 이 경우 그러한 상황에 자연스럽게 대처할 수 있는 능력을 태어났을 때부터 갖고 있다.

　하지만 지능이 전혀 없는 정보 기기들은 돌발적인 상황에 대처할 능력이 전혀 없으므로 통신할 때 발생할 수 있는 모든 상황에 일일이 꼬치꼬치 이럴 때는 이렇게, 저럴 때는 저렇게 등등의 지시를 해 놓아 마치 지능을 갖는 것처럼 만들어 주어야 한다. 이렇게 통신하는 두 상대방은 정보의 정확하고 효율적인 전송을 위한 많은 약속들이 필요하나, 상대 방끼리 예의를 차리기 위한 프로토콜은 전혀 필요치 않다. 정보통신이 사람 사이의 통신과 다른 점은, 지능이 없는 정보 기기 사이의 통신이라는 점 이외에도 사람과 사람 간의 통신이 1대 1인 것과는 달리 1대 다수, 혹은 다수 대 다수의 경우가 많으므로 프로토콜 또한 이러한 경우까지 대비해서 만들어져야 하기 때문에 종류도 많고 복잡해질 수밖에 없다.

1.4 프로토콜의 구성

여기에서 중요한 의미를 갖는 프로토콜은 사용하는 범위가 넓고 표준화되어 있다. 따라서 전 세계 어디에 설치되어 있는 정보 기기 간에도 정보의 상호교환이 가능한 프로토콜로, 흔히 말하는 컴퓨터의 네트워크에서 사용되는 프로토콜이다.

실제로 말하면 ISO, TCP/IP 등의 프로토콜이며, 그 밖에도 SNA(System Network, Architecture), DNA(Digital Network Architecture)등 특정 컴퓨터 회사에서 만들어진 프로토콜 등도 있다. 좀 더 구체적으로 말하면 X.25나 HDLC(High level Data Link Control)등의 예를 들 수 있다.

프로토콜을 폭넓게 이해하기 위해서는 계층화의 사고방식을 이해하지 않으면 안 된다. 컴퓨터 네트워크는 제작회사가 서로 다른 컴퓨터끼리 통신할 수 있도록 다양한 응용 프로그램과 터미널, 그리고 데이터 전송을 돕는 갖가지 통신장비 및 전송장비와 전송매체 등으로 구성 되었고, 이러한 환경 에서 정확하고 효과적인 정보전송을 수행하기 위해서는 프로토콜 역시 복잡하고 다기능화 할 수 밖에 없다.

따라서 복잡하고 다기능화 된 프로토콜들의 효과적인 정리를 위해서 프로토콜 계층화란 사고방식이 도입되었다.

계층화의 개념은 구조화 프로그래밍(Structured Programming)의 경우와 흡사하다. 프로토콜의 각 계층은 구조화 프로그래밍의 모듈(Module)과 같으며, 각 계층이 수직적으로 상하 관계를 갖는 것은 모듈들을 수직적으로 배치하여 모듈 사이의 접촉(interface)이 최소화 되도록 하는 개념과 흡사하다.

[그림 1-2] 계층 프로토콜

즉, 네트워크 프로토콜이 계층화되어 상위계층이 인접한 바로 아래 계층의 서비스를 받는 것은 마치 구조화 프로그래밍에서 메인 프로그램이 부 프로그램을 호출하여 서비스를 받는 것과 같으며, 이 때 호출한 프로그램과 호출 당한 프로그램이 파라미터를 이용하여 필요한 정보를 주고받는 것과 같이 역시 상위 계층이 인접한 하위 계층의 서비스를 받을 때 필요한 정보를 파라미터의 형태로 주고받게 된다.

또한 구조화 프로그램에서 모듈 내부의 변경이 외부의 다른 모듈에게는 영향을 미치지 않는 것과 마찬가지로, 어떤 계층의 내부적인 변화는 다른 계층의 내부적인 변화에 전혀 영향을 받지 않으므로 계층화되지 않았던 종래의 통신 프로토콜에서 기능의 일부 변경으로 프로토콜 전체를 다시 작성해야 하는 어려움을 극복할 수 있게 되었다.

계층화된 네트워크 프로토콜들을 총칭하여 네트워크 구조(Network Architecture) 라고 부른다. 앞에서 말한 OSI나 SNA, TCP/IP등의 프로토콜들은 상위 계층에서부터 하위 계층까지 논리 정연한 구조를 갖는 프로토콜의 집합으로, 이들은 각각 현재 사용 중인 가장 대표적인 네트워크 구조인 셈이다.

1.5 프로토콜의 종류

컴퓨터 언어에서도 이론적으로 가장 좋은 언어가 반드시 가장 많은 사용자를 확보하지는 못하는 것 과 마찬가지로, 네트워크 프로토콜에서도 가장 이상적이고 논리적이며 다양한 기능까지 갖춘 OSI가 현재 시점에서는 가장 많은 사용자를 확보하지는 못하고 있는 실정이다. 이는 OSI가 만들어진 것이 SNA(Systems Network Architecture)나 TCP/IP보다 늦고, 실제 상품화가 늦어지고 이용자들이 비교 평가하여 값싸고 좋은 물건을 살 수 있을 만큼 OSI에 근거한 다양한 프로토콜 제품들이 시장에 풍부 하지 못하기 때문이다.

이에 비해 TCP/IP 프로토콜 제품들은 매우 다양한 제조회사들이 관련 제품을 선보이고 있고, 가장 널리 보급되어 있기 때문에 현재 시점에서 가장 큰 지지 세력을 확보하고 있는 셈이다. 특히 국내의 경우에는 웍스테이션과 유닉스, 그리고 인터넷의 보급과 함께 시작된 TCP/IP 프로토콜 제품들이 한 동안 큰 세력을 형성하며 상당기간 동안 그 자리를 지켜나갈 것으로 보인다.

우리가 프로토콜을 분류할 때 상위 계층 프로토콜과 하위 계층 프로토콜로 구분하는데, 여기서 상위 계층 프로토콜은 통신의 이용자가 손쉽게 통신을 이용할 수 있도록 해 주는 역할을 수행하는데 반면, 하위 계층은 실제 통신이 어떻게 효과적으로 정확하게 정보를 전송할 수 있게 하느냐에 관심이 있다. 어떻게 보면 통신의 최종 이용자에게 보이는 것은 상위 계층 중에서도 가장 상위 계층인 응용 계층(OSI인 경우 제7계층)뿐이고, 나머지 계층들은 응용 계층이 운용되는데 필요한 각종 서비스를 제공하는데 불과하다.

전자우편, FTP, Telnet, FTAM(File Transfer Access and Management)등은 모두 응용 계층 프로토콜에 속한다. 따라서 네트워크의 단순한 이용자는 이러한 응용 계층의 프로토콜 이용법만 공부하면 네트워크를 이용하여 원하는 정보전송을 행할 수 있으나, 네트워크의 설계 운영자들은 그 이하 계층의 프로토콜을 공부해야 한다.

1.6. 프로토콜 데이터 유니트

프로토콜 이용자 정보를 실어 나르기 위해서는 프로토콜 데이터 유니트(PDU : Protocol Data Unit)를 사용한다. PDU는 물건을 운반할 때 상자 단위로 포장하여 운반하는 것과 같이 프로토콜이 정보의 운반을 위해서는 PDU라는 상자를 이용한다. 우리가 상자 단위로 물건을 포장하여 운반할 때 그 상자마다 물품의 내용이나 발송처 수신처 등을 표기하는 것과 마찬가지로 PDU에도 이용자 정보뿐만 아니라 정보의 발신처, 수신처 등의 주소와 전송 등에 에러의 발생이 있었는지를 점검하기 위한 정보, 그밖에 흐름제어 등을 위한 정보 등이 같이 들어가게 된다. 계층화된 프로토콜에서는 계층 마다 PDU이름을 독특하게 붙여 사용하는 경우가 있다.

계층2 PDU는 프레임(Frame), 계층3 PDU는 패킷(Packet), 계층4 PDU는 세그먼트(Segment) 등으로 부르는 것이 일반적이다. 이러한 특별한 이름이 없는 경우에는 그냥 몇 계층의 PDU 라고 부르게 된다.

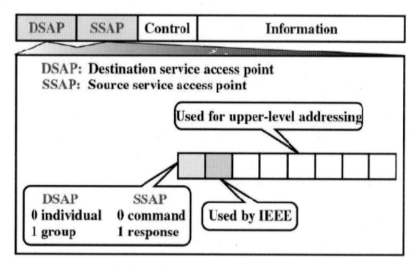

[그림 1-3] HDLC 프로토콜 데이터 유니트

네트워크모델

2.1. 통신의 일반적 모델

2.1.1 샤논(Shannon)의 통신 모형

컴퓨터와 통신기술의 비약적인 발전은 정보화 사회로의 진입에 가속화가 되는 계기가 되었으며 현대 사회에서 컴퓨터와 통신의 접목은 정보통신의 시작을 알리는 계기가 되었다. 샤논이 발표한 통신의 수학적 이론은 통신의 이론이면서 정보전달의 이론이었다.

샤논은 이 논문에서 정보라는 것을 송신자로부터 수신자로 전달되는 것으로 보았는데, 이것이야 말로 정보의 가장 기본적인 자세인 것이다.

보내는 정보(정보원)와 받는 정보(수신자)는 어떤 의미를 지니는 내용을 말하며 이러한 정보는 입·출력장치와 송수신기라는 도구나 수단을 통하여 표현된다. 일상적인 전화 통화에서는 음성을 전자기적인 신호로 바꿔주는 송화기와 전자기적인 신호를 다시 소리로 바꿔주는 수화기가 입력장치 및 출력장치가 되며, 전화기는 송신기와 수신기의 역할을 동시에 하게 된다.

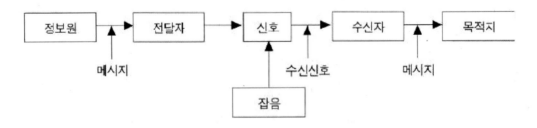

[그림1-4] Shannon & Weaver의 모델

샤논의 통신모형에는 알리고자 하는 내용의 표현과 통신수단을 통한 전달방법 사이에서 최소한의 체계적이고 통일된 규칙과 약속이 있어야 함이 내포되어 있다. 대화를 하는 두 주체가 각각 다른 언어를 사용한다면 상대방이 말하는 의미를 파악할 수 없다.

즉, 정보원과 수신자가 모두 같은 언어를 사용하는 경우에는 메시지를 올바르게 재현하지만 한쪽이 인간이고 다른 한쪽이 기계일 때에는 양자의 언어가 다르다. 이런 경우에는 정보원과 수신자가 받아들이는 메시지는 서로 다른 종류이므로 상대방이 말하는 의미를 파악할 수 없다.

(1) 정보원(Information source)

전송할 정보를 발생시키는 근원(source)으로, 모든 정보는 이들 정보원으로부터 다양한 형태의 메시지(message)로 나타난다. 예를 들어 전화기 및 개인용 컴퓨터이다.

(2) 송신기(Transmitter)

정보원으로부터 나온 메시지를 송신신호의 형태로 전송로에 전달해 준다. 보다 효과적이고 효율적인 전송을 위해서 정보를 변환하고 인코드 하며, 가장 보편적인 방법이 변조인데 이는 반송파를 사용하여 전송로의 성질에 맞도록 변환하는 것이다.

(3) 전송로(Channel)

송신기와 수신기를 연결하는 물리적인 매체를 말하며 일상적인 대화에서는 공기가, 전화를 사용 하는 경우에서는 전화선이 이러한 역할을 한다. 즉, 케이블에 의한 유선 전송로와 전자파에 의한 무선 전송로가 있다.

(4) 수신기(Receiver)

수신기는 전송로에서 신호를 받아 수신자가 취급할 수 있는 형태로 변환하는 과정을 말한다. 예를 들어 모뎀은 네트워크나 전송회선으로부터 아날로그 신호를 받아서 디지털 비트스트림으로 변환 시키는 과정을 실행한다. 일반적으로, 수신신호는 전송로를 통하는 과정에서 잡음 등으로 인해 약해졌기 때문에 수신기에서는 여러 단계로 증폭을 시키며 송신기 변조과정의 역으로 신호를 원형으로 복원시키는 복조를 실행한다.

(5) 수신자(destination)

정보를 받아야 할 인간 또는 장치를 말하며, 수신기로부터 데이터를 받는다.

(6) 잡음(Noise)

이상적인 통신환경을 방해하는 요소로서, 시스템의 내외에서 자연적인 원인으로부터 일어나는 예측할 수 없는 전기신호를 의미한다. 데이터 전송의 경우 왜곡을 포함한 전송신호와 송수신측 사이의 전송과정에서 추가된 불필요한 신호로써 구성된다. 잡음은 통신시스템의 전체 효율성을 제한하는 주요한 요인이 된다.

2.2 OSI 참조 모델

2.2.1 개방형 시스템

상호접속(OSI : Open System Interconnection) 개방형 시스템 간 상호접속 즉, OSI는 서로 다른 기종의 컴퓨터 시스템 간 통신을 가능케 하기 위한 ITU-T나 ISO(국제표준화기구)가 표준화한 네트워크 아키텍처를 말한다. 1974년도에 세계 최초로 IBM사가 SNA(System Network Architecture)라는 네트워크 아키텍처를 발표한 이래 선진국의 컴퓨터 생산업체에서는 앞 다투어 독자의 네트워크 아키텍처를 발표하고 그에 따른 제품을 개발하여 발표하였다.

이와 같이 여러 가지의 네트워크 아키텍처가 출현됨에 따라 동일 기종의 컴퓨터 시스템과 단말간의 통신은 가능할 수 있으나 이 기종 컴퓨터 간에는 원만한 통신이 이루어질 수 없다. 이것은 각 컴퓨터 생산업체의 네트워크 아키텍처가 각각 독자적으로 개발되었기 때문에 호환성이 없고, 상호간 접속이 될 수 없는 문제점이 생기게 되었다.

특히 과거와 같이 전용선으로 시스템 간 을 직접 연결하지 않고, 공중망(WAN)을 통하여 연결해야 하는 환경으로 변했기 때문에 더욱 개방형 시스템 간 상호접속이 필요하게 되었다. 이러한 배경으로인해 네트워크 아키텍처의 표준화를 주장하게 되고, 이 표준화에는 컴퓨터의 생산업체와 같이 각국 의 통신사업자도 적극적으로 참여하게 되었다.

OSI의 표준화에는 계층화 원칙에 따라 통신의 제 기능을 7개의 계층으로 체계화하고, 각 계층의 프로토콜(Protocol) 사양 및 계층 간의 인터페이스(하위 층으로 부터 상위 층까지의 서비스 정의)에 대하여 권고나 표준을 제시하고 있다.

2.2.2 OSI 참조(Reference) 모델

이 기종 컴퓨터 상호간 서로 통신할 수 없는 문제를 해결하기 위하여, 개방형(Open) 시스템간의 통신을 기술적인 독립성, 기능적인 공통성 등의 관점에서 7개의 기능을 계층(Layer)으로 분할하고, 각 계층 간의 필요한 프로토콜(Protocol)을 규정한 통신상의 구조를 말한다.

OSI 참조 모델에서는 7개의 계층이 각각의 특징적인 기능을 가지고 있으나 이 모델은 절대적인 것이 아니다. 단지 사용자를 위한 비교 점 제공 및 모듈 화된 각 계층의 특징을 이해함으로써 네트워크가 갖는 제번적인 복잡화에서 탈피하여 특정 문제에 대해서 쉬운 접근을 제공하고자 사용하는 모델이다.

2.2.3 OSI참조모델의 필요성

OSI 참조모델은 대체로 다음과 같은 이유 때문에 그 필요성이 대두되었다.

○ 컴퓨터 및 통신기술이 급속도로 발전함에 있어 문자, 음성, 화상정보 등 다중체를 동시에 수용할 수 있는 복합된 기반기술이 필요하다.
○ 컴퓨터가 직접 혹은 네트워크를 통해서 서로 연결되어 정보를 주고받을 수 있게 하기 위한 하나의 지침이 필요하다,
○ 여러 개의 컴퓨터를 연결하기 위해서 시스템 간 통신을 할 수 있도록 하는 하드웨어와 소프트웨어 상의 통일된 요구 조건이 대두되었다,
○ 이 기종 컴퓨터 간 서로 통신할 수 없다는 폐쇄적인 생각 때문에 이 기종간 네트워크 구축에 대한 문제 및 컴퓨터 네트워크에 대한 표준화가 되어 있지 않았기 때문에 이 기종간의 통신상 문제가 발생되었다.

Layer	Layer Name	Data Unit	Protocol	Device
7	응용 계층		HTTP, FTP, SMTP, DNS	
6	표현 계층		JPG, MPEG, AFP, PAP	
5	세션 계층		NetBIOS, SSH	
4	전송 계층	TCP - segment UDP - datagram	TCP, UDP	게이트 웨이
3	네트워크 계층	Packet	IP, RIP, ARP, ICMP	라우터
2	데이터 링크 계층	Frame	Ethernet, PPP, HDLC	브릿지, 스위치
1	물리 계층	Bit	RS-232, RS-449	허브, 리피터

[그림 1-5] OSI 7 계층 구조

2.2.4 계층별로 기능을 나누는 이유

상호 관계가 있는 네트워크 기능을 보다 단순한 요소로 나누기 위함이다.

Plug and Play(PnP) 호환성과 멀티밴드(multivendor) 통합에 대한 표준 인터페이스를 제시하고 디자인과 개발에 있어서 엔지니어를 전문화한다.

상이한 인터네트워크(Internetwork) 모듈 기능이 상호 동작할 수 있는 환경을 구축하여 균형적으로 발전하도록 한다.

한 계층의 내부 변화가 다른 계층에 영향을 미치지 않도록 하며, 각 계층이 독자적으로 발전할 수 있도록 한다.

네트워크의 복잡한 특성을 구체적이고 서로 도와줄 수 있는 계층별 기능으로 나눌 수 있다.

2.2.5 OSI 모델의 각 계층별 기능

(1) 애플리케이션(Application) 계층

사용자 애플리케이션에 네트워크 서비스를 제공하게 된다. 인터넷 서비스에서 파일전송(FTP), 전자우편(E-mail), www 등이 이 계층에 해당한다. 프리젠테이션(Presentation) 계층 데이터 표현(Data Representation), 코드 포맷(Code Format)을 제공한다. TCP/IP에서는 애플리케이션에서 이 기능을 포함한다.

(2) 세션(Session) 계층

두 호스트 간에 애플리케이션을 위한 커넥션 기능 설정, 유지 및 복구시키는 기능을 수행한다.

트랜스포트(Transport) 계층 데이터를 데이터 스트림(data stream) 또는 세그먼트(segment) 단위로 분해하고 조합하는 기능을 수행한다.

네트워크(Network) 계층 데이터를 한 곳에서 다른 곳으로 보내는 최적의 경로를 결정한다. 네트워크 어드레스를 관리한다. 그리고 라우터(Router)가 이 계층에서 작동하는 대표적 장비이다.

(3) 데이터링크(Data link) 계층

장비의 물리적인 어드레스(MAC address)를 관리한다. 오류 체크(error check), 흐름제어 (flow control) 기능을 제공한다. 브리지(Bridge), 스위치(Switch)가 이 계층에서 작동하는 장비이다.

○ 물리(Physical) 계층

시스템 사이에서 물리적인 전송을 담당한다. 전기적이고 물리적인 기능을 수행한다. 리피터 (Repeater), DSU/CSU, Hub 들이 이 계층에서 작동하는 대표적인 장비 등이다.

2.3. OSI 7Layer 각 계층별 구분

2.3.1 애플리케이션 계층(application Layer)

응용계층은 사용자나 소프트웨어를 네트워크에 접근 할 수 있도록 해준다. 사용자 인터페이스를 제공하고 , 전자우편, 원격파일 접근 및 전송, 공유 데이터베이스 관리, 그리고 다양한 형태의 분산정보 서비스를 제공한다.

애플리케이션은 컴퓨터 애플리케이션과 네트워크 애플리케이션 그리고 인터네트워크 애플리케이션으로 구분한다.

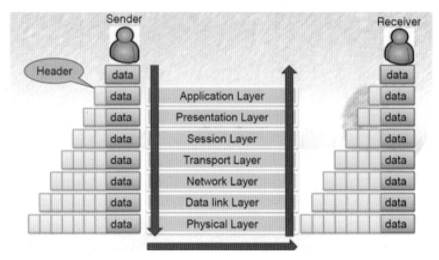

[그림 1-6] 어플리케이션 계층 구조

컴퓨터 애플리케이션 데스크톱(PC) 자원을 활용하는 프로그램을 말한다. 워드프로세서, 스프레드시트, 프레젠테이션 그래픽스, 데이터베이스 등 네트워크 애플리케이션 네트워크와 관련된 통신 구성 요소를 가지고 있어야 한다. 예를 들면 워드 프로세서는 통신 장비를 거쳐 문서자체를 전송매체에 전송할 수 있게 하기 위해서 파일 전송 구성 요소와 결합해야 한다. 이 파일 전송 매체는 워드프로세서 자체를 OSI 내에 애플리케이션으로 구분하게 하며 OSI 참조 모델의 7계층에 속하게 한다.

○ 인터네트워크 애플리케이션

전자문서교환(EDI)은 비즈니스상의 주문, 재고 정리, 회계와 같은 업무의 흐름을 향상 시켜주는 특정 표준과 프로세서를 제공해준다.

월드와이드 웹(WWW)은 텍스트, 그래픽, 비디오와 사운드를 포함하는 다양한 포맷을 사용하는 수많은 서버를 링크시켜 주는 역할을 한다. 넷스케이프(Netscape)와 같은 브라우저들은 액세스 와 검색을 간편하게 해주는 역할을 한다.

E-mail Gateway는 서로 다른 E-mail 애플리케이션 상으로 메시지를 보내기 위해 X.400이나 SMTP와 같은 표준을 사용하게 된다.

수많은 종류의 게시판은 채팅, 메시지 게시, 자료를 공유하게 한다. 최근에는 다른 지역에 위치한 사람들과 실시간으로 비디오나 음성, 데이터, 그래픽 등의 정보를 상호 교환하여 통신회의를 할 수 있는 애플리케이션으로 발전되고 있다.

2.3.2 프리젠테이션 계층(Presentation Layer)

프리젠테이션 계층은 코드 포맷팅(formatting)이나 데이터 표현(data representation) 기능을 가지고 있다. 코드 포맷팅과 데이터 표현은 사용자의 데이터를 애플리케이션이 사용하는 파일로 만들어 준다.

프레젠테이션 계층은 그 자체가 유효한 사용자 데이터의 포맷이나 표시의 역할을 할 뿐만 아니라, 프로그램에서 사용되는 데이터의 구조와도 깊은 관계가 있다. 예를 들면 프레젠테이션 계층은 EBCDIC와 ASCII와 같은 다른 텍스트와 데이터 문자 표현 방식을 가진 시스템 사이에서 구문변환의 역할을 하기도 한다.

프레젠테이션 계층은 데이터 암호화(encryption)를 포함한다.

프레젠테이션 계층은 데이터 압축(compression)을 포함한다.

프레젠테이션 계층은 그래픽과 이미지의 표현에 대한 표준들을 제시한다.

PICT는 매킨토시나 Power PC에서 사용하는 QUICKDraw를 전송하기 위해 사용하는 데이터 그램 포맷이다.

TIFF(Tagged Image File Format)은 높은 해상도의 비트맵 이미지를 위한 표준 그래픽 포맷 이다. JPEG는 Joint Photographic Expert Group에서 기인된 표준이다.

음악·영상에 대한 프레젠테이션 표준은 다음과 같다.

MIDI(Musical Instrument Digital Interface)는 디지털화된 음악을 지원한다.

MPEG(Motion Picture Expert Group)는 1.5Mbps의 전송률까지의 비트 전송률을 위한 비디오 모션의 압축과 코딩의 표준이다.

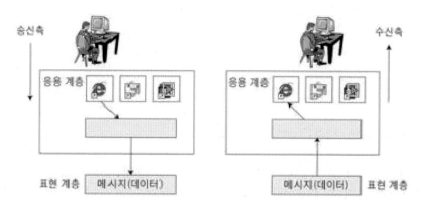

[그림 1-7] 프리젠테이션 계층

2.3.3 세션 계층(Session Layer)

세션계층은 양측 애플리케이션 사이의 연결(connection)을 설정하고 관리하며, 종결시키는 역할을 수행한다. 기본적으로 세션계층은 다른 호스트(host) 사이에서 애플리케이션들이 통신할 때 일어나는 서비스 요청과 응답 형태로 대화한다. 세션계층의 인터페이스는 다음과 같은 것이 있다.

○ NSF(Networking File System) : 썬 마이크로 시스템사가 개발하였으며, TCP/IP나 UNIX 웍스테이션을 사용하여 원격의 네트워크 자원을 액세스하기 위한 분산 파일 시스템이다.

○ SQL(Structured Query Language) : IBM에 의해 개발된 데이터베이스 언어이다.

○ X Windows System : UNIX 시스템을 원격의 터미널이 직접 액세스하여 UNIX 시스템 화면을 원격 터미널에 보여주게 하는 프로토콜이다.

○ AppleTalk Session Protocol : 애플 톡 클라이언트와 서버 사이의 세션을 성립하고 유지시키는 역 할을 수행한다.

○ DNA SCP(Digital Network Architecture Session Control Protocol) : DE Cnet의 세션층의 프로토콜이다.

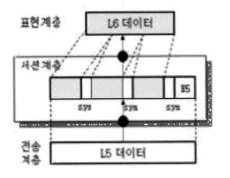

[그림 1-8] 세션계층 구조

2.3.4 트랜스포트 계층(Transport Layer)

○ 전송계층은 전체 메시지의 프로세스 대 프로세스 전달 책임을 진다. 네트워크층은 개별적인 패킷들의 종단 대 종단 전달을 감독하지만, 패킷들 사이의 관계를 전혀 인식하지 못하기 때문에, 마치 각각의 조작이 별개의 메시지속에 있는 것처럼 독립적으로

다룬다. 반면, 전송층은 오류제어와 흐름제어를 발신지 대 목적지 수준에서 감독하면서 전체 메시지가 완전하게 바른 순서대로 도착하는 것을 보장한다. 즉, 전달층은 하나의 프로세스로부터 다른 프로세스로 메시지를 전달하는 책임을 진다.

○ 트랜스포트 서비스는 상위 계층의 애플리케이션을 데이터 스트림(data stream)으로 쪼개거나 (segment) 조합(reassemble)하는 역할을 한다.

○ 트랜스포트 계층은 end to end 전송 서비스를 제공한다. 즉, 인터네트워크의 양 종단 간의 논리적인 연결을 성립하여 end to end 전송 서비스를 제공한다. end to end는 각각 발신지와 착신지 호스트를 말한다.

○ 트랜스포트 계층은 세그먼트를 보낼 때 데이터 흐름 제어를 한다. 흐름제어(flow control)는 목적지 호스트의 버퍼(buffer)에서 오버플로잉(Over flowing)이 되는 것을 방지하는 역할을 한다. 오브플로우는 전송된 데이터의 손실을 가져올 수 있다.

○ 트랜스포트 서비스는 시스템간의 통신에서 신뢰성 있는 데이터 전송을 가능하게 한다. 시스템간에 연결 지향적(connection-oriented) 통신은 신뢰성 있는 전송을 보장한다.

신뢰성 있는 전송이란 송신한 세그먼트에 대해 목적지로부터 수신확인(Ack)을 받는 것을 말한다. 수신확인(Ack)이 되지 않은 세그먼트에 대해서는 재전송을 하게 한다. 목적지에서 수신한 여러 세그먼트를 송신한 순서대로 정렬하는 기능(순서제어)을 제공한다. 데이터의 충돌을 피하거나 제어할 수 있게 한다.

○ 연결지향적인(connection-oriented) 세션

○ 신뢰성 있는 전송 서비스를 제공하기 위해서 사용자는 트랜스포트 계층에 있는 피어 (peer) 시스템 과 연결 지향적인 세션을 맺어야 한다.

○ 데이터 전송을 시작하기 위해서 발신지와 목적지의 애플리케이션 프로그램 모두 각각 의 운영체제 (OS)에게 연결이 시작될 것이라는 것을 서로에게 알린다.

○ 이 연결지향적인 세션에 의해 목적지에서 송신측으로 전송을 시작해도 좋다는 신호를 보내면 송신 측은 송신할 수 있게 된다.

○ 두 운영체제에서 프로토콜 프로그램 모듈(module)들은 네트워크를 통해 전송이 허가 (authorization) 되고 발신 측과 착신 측과의 전송이 준비되었다는 것을 확인하기 위해서 특별한 세그먼트를 전송함으로써 통신을 시작한다.

○ 전송이 이루어지는 동안에 발신 측과 착신 측의 두 호스트들은 데이터 자체가 정확하

게 전해졌는지를 확인할 수 있는 기능을 가지고 있다.

⋯→ 위의 단계를 3 Way Handshake라 한다.

2.3.5 네트워크층 계층(Network Layer)

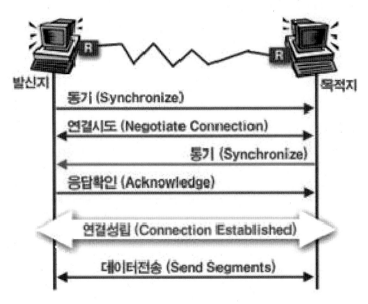

[그림 1-8] 네트워크 계층

네트워크 계층은 패킷을 발신지로부터 여러 네트워크(링크)를 통해 목적지까지 전달하는 책임을 갖는다. 데이터링크 계층은 같은 네트워크에 있는 두 시스템간에 패킷 전달을 제공하는데 반해 네트워크 계층은 각 패킷의 발신지로부터 최종 목적지까지 전송을 제공한다. 즉 네트워크층은 발신지로부터 최종 목적지로 패킷을 전달하는 책임을 갖는다.

공중패킷 교환망 또는 인터네트워크에서 목적지 네트워크로 데이터(패킷)를 전달하기 위해 패킷을 분석 어드레싱(addressing)하여 최적의 경로(best path)를 정의하고 각종 통신망을 통하여 양단의 시스템 사이에서 데이터 교환을 가능케 한다. 때문에 어떤 경로를 통해서 데이터를 전송할 것인가 하는 routing 기능이나, 각 네트워크 사이에서 데이터의 중계 기능을 수행한다.

네트워크 계층은 데이터링크 층과 물리 층의 도움으로 망종 단 즉, End 시스템 사이의 데이터 전송을 수행한다. 구체적인 기능은 다음과 같다.

○ 어 드레싱(addressing) : 통신 상대방 지정
○ 루팅(routing) : 통신 경로 선택
○ 데이터의 전송, 중계

패킷교환(packet switching)이란 전송 데이터를 패킷(Packet)으로 조립하여 네트워크로 보내면 이를 축적해서 최종 목적지까지 전송하는 하나의 데이터통신망 방식이다. 주요 특징은 다음과 같다.

○ 하나의 물리적 회선을 복수의 논리채널로 이용하여 회선 이용률이 높다
○ 패킷 단위 전송에서 오류 제어 및 유연한 경로 방식 선택으로 전송의 신뢰성 확보
○ 노드에서 패킷을 축적해서 전송하므로 속도변환 등 통신처리 서비스 제공 가능

2.3.6 데이터 링크 계층(Data Link Layer)

데이터 링크 계층은 가공되지 않은 내용의 전송을 담당하는 물리층을 신뢰성 있는 링크로 변환시켜 주며 노드 대 노드(node-to-node delivery)을 책임진다. 데이터 링크 층은 상위 계층에서 느끼기에는 오류 없는 물리 층처럼 보이도록 한다. 즉, 데이터 링크층은 한 로드에서 다른 로드로 프레임을 전송 하는 책임을 진다.

물리층의 bit 전송기능을 이용해서 인접한 시스템(node) 사이에서 투과적(transparent)이며, 신뢰성 이 높은 데이터 전송을 수행한다. 대표적인 데이터 링크층의 프로토콜이 HDLC (High Level Data Link Control), Ethernet의 LLC(Logical Link Control) 등이 있으며, 데이터 전송오류 제어절차(IEEE 802.3 LLC에서는 오류 체크기능) 등이 수행된다.

2.3.7 물리 계층(Physical Layer)

물리 계층은 물리적 매체를 통해 비트 흐름을 전송하기 위해 필요한 기능들을 조정한다. 전송로에는 동선 케이블이나 광섬유 등 각종 물리적 매체가 사용되어진다. 이들 물리적 매체를 통해서 "bit열"의 전송기능을 제공하는 것이 물리층 이며, 구체적으로 표현하면 bit 전송에 필요한 물리적 인터페이스 조건이나 전기적 조건 등이 정의되어 있다. 즉 물리층은 개별 비트들을 한 로드에서 다음 로드로 전달하는 책임을 갖는다.

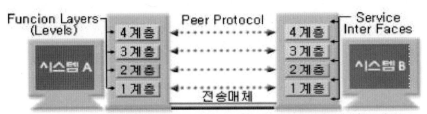

Peer Protocols + Service Interface = Architecture
* Peer Protocol : 동일층 상호간의 통신수행을 위한 규약

[그림 1-9] 물리계층

(1) Peer-to-peer 통신

○ 계층화 모델에서 각 계층은 통신하고자 하는 상대 시스템내의 동일한(peer) 계층프로토콜과 통신을 한다.

○ 각 계층의 프로토콜은 PDU(Protocol Data Units)라고 하는 제어 정보를 상대측peer 계층과 교환 한다.

○ 각 계층들은 인터페이스(interface)를 경계로 서로 구분한다. 케이블과 같은 물리적인 인터페이스가 아닌 논리적인 경계를 말한다.

예를 들어 트랜스포트 계층의 세그먼트(segment)를 네트워크 계층의 데이터 부분으로 encapsulation할 때 그 세그먼트에 대한 종류 표시로 TCP 포트(port) 번호를 부여하여IP 계층으로 encapsulation된다.

이렇게 상위 계층이 하위 계층으로 encapsulation되는 프로세스 통로를 인터페이스라고 한다.

○ 사용자의 데이터는 프레젠테이션 계층으로부터 물리계층에 이를 때까지 각 계층은 상대방의 같은(peer) 계층에서 인식할 수 있도록 데이터에 추가적으로 헤드(head)정보를 더하여 하위 계층으로 넘겨주게 된다.

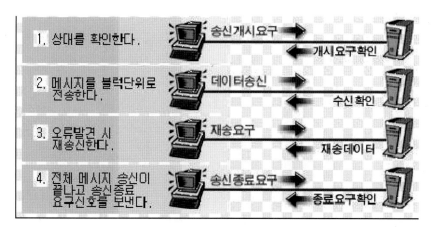

[그림 1-10] 프로토콜 통신 구조

(2) Data Encapsulation(데이터 조립)

○ OSI 계층화 모델의 각 계층은 그 아래에 있는 계층 서비스를 이용하여 기능을 수행하게 된다.

○ 하위 계층이 상위 계층에 서비스를 제공하기 위해 상위 계층으로부터 받은 상위 계층의 헤더를 포함한 데이터를 데이터 필드(field)로 하는 PDU에 집어넣어 encapsulation하고, PDU 헤드나 트레일러(trailer)로 추가한다.

○ 네트워크 계층은 트랜스포트 계층에 서비스를 제공하며 세그먼트에 헤드를 붙여 데이터그램 (datagram)을 생성한다. 이 헤더 내에 발신지 네트워크 어드레스(예 : 발신지의 IP 어드레스) 및 목적지 네트워크 어드레스와 같은 전송에 필요한 정보를 포함한다.

○ 데이터 링크 계층은 네트워크 계층에 서비스를 제공하고 프레임(frame)안에 네트워크 계층에 대 한 정보를 encapsulation한다. 프레임 헤더는 데이터 링크 기능에 필요한 정보를 포함한다. 예를 들면 프레임 헤더 안에 포함된 정보는 물리적 어드레스(발신지와 목적지의 MAC 어드레스)가 그 예이다.

○ 물리계층은 또한 데이터 링크 계층에 서비스를 제공하게 되고 매체(media) 상의 전송을 위하여 데이터 링크 프레임을 이진(binary)의 신호로 인코딩(encoding)하는 서비스를 제공한다.

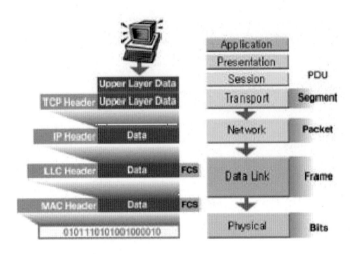

[그림 1-11] 데이터 조립

(3) Data De-Encapsulation(데이터 분해)

송신측에서 전송한 데이터는 물리적인 매체를 통하여 원격장치의 물리층에 일련의 비트 열로 도달하게 된다. 이 비트열은 프레임 단위의 처리를 위하여 데이터 링크층으로 넘겨진다. 데이터 링크층이 해당 프레임을 받으면 다음과 같은 일이 수행된다.

○ 송신측 장치의 동일 계층에 의해서 제공된 제어정보를 읽는다.
○ 프레임으로부터 제어정보(MAC 헤드)를 벗겨낸다.
○ MAC 헤드를 잘라낸 나머지 프레임 부분을 상위 계층으로 전달한다.
○ 상위 계층에서는 다시 데이터 링크 제어 부분인 LLC 헤드를 벗겨서 상위 계층으로 넘긴다.

이와 같은 방법을 반복하여 최종적으로 응용에 송신측의 데이터를 전달하게 된다. 이 때 각 계층의 제어정보는 송수신 장치의 동일 계층 간에 교환하여 필요한 기능을 수행하게 된다. OSI에서의 계층화는 7계층 모델을 규정하고 있다.

이러한 7계층 모델은 구체적으로 높은 신뢰도를 유지하면서 데이터를 효과적으로 전송 하기 위한 하위 계층(물리층, 데이터 링크층, 네트워크층)과 응용에 의존한 통신기능을 취 급하고 있는 상위 계층(세션층, 프리젠테이션층, 응용층)으로 구분하고 있다.

각 계층은 하위 계층과 상위 계층간의 인터페이스를 통하여 서비스를 제공하게 되고, 이 서비스는 하위에 있는 계층이 상대측 동일 계층과 통신하는 peer 프로토콜에 의해 제공된다.

2.4 TCP IP

TCP/IP 프로토콜 체계에서 IP는 서로 다른 유형의 다수의 하부 데이터 통신망 들이 상호 연결된 인터넷상에서 호스트와 호스트간에 비연결형(connectionless) 방식으로 비신뢰적인 데이터그램 전달 서비스를 제공한다.

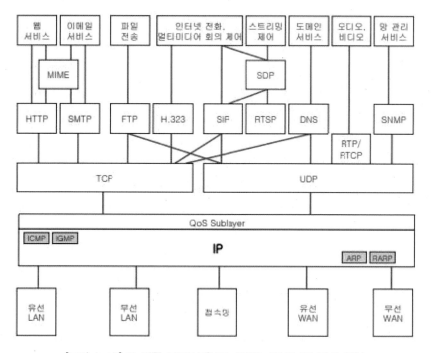

[그림 1-12] IP 지원 프로토콜(ARP, RARP, ICMP, IGMP)의 위치

IP가 다양한 유형의 데이터 통신망을 통해 데이터그램을 전달하기 위해서는 먼저 인터넷 상의 논리적인 IP 주소와 하부의 데이터 통신망의 주소(여기서는 하부망 주소라 표현함)간 의 변환 작업을 수행할 수 있어야 한다. IP 주소와 하부망 주소간 변환은 [그림 1-12]가 보여 주는 바와 같이 TCP/IP 프로토콜 체계의 ARP와 RARP를 통해 수행된다. IP 주소와 하부망 주소간 변환 문제는 특정 하부 데이터 통신망에 국한된 문제이므로 ARP(Address Resolution

Protocol)와 RARP(Reverse Address Resolution Protocol)는 하부망이 상호 연결된 인터넷 상에서 데이터그램을 전달하는 IP상에서 동작할 필요가 없다.

2.4.1 프락시 ARP(Proxy ARP)

프락시 ARP는 자신이 관리하는 다수의 호스트의 ARP를 대신하는 ARP이다. [그림 1-13]은 호스트 A, B, C를 관리하는 프락시 ARP 라우터를 보여준다. 프락시 ARP 라우터가 자신이 관리하는 호스트 A, B, C에 대한 ARP 요청 메시지를 수신하면 프락시 ARP는 자신의 하부망 주소를 담은 ARP 응답 메시지를 송신자에게 전달한다. 그리고 실제 IP 데이터그램을 수신한 프락시 ARP 라우터는 이를 적절한 방법으로 각 호스트에게 전달한다. 프락시 ARP는 전체 시스템의 변경 없이 서브넷팅 효과를 내고자 할 때 사용된다. 서브넷팅을 적용하기 위해서는 전체 네트워크 시스템의 라우팅 테이블 등이 서브넷팅에 맞게 변경하여야 한다. 그러나 서브넷의 라우터를 프락시 ARP 라우터로 설정할 경우, 해당 서브넷에 연결된 호스트를 목적지 IP 주소로 가지는 모든 IP 데이터그램은 프락시 ARP 라우터를 통해 전달할 수 있으므로 서브넷팅을 위한 변경 없이 서브넷팅 효과를 낼 수 있다

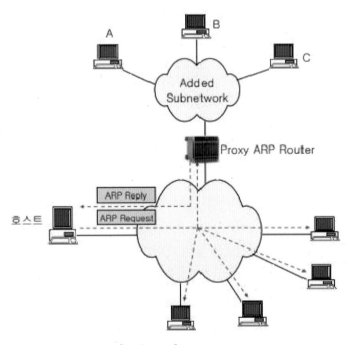

[그림 1-13] Proxy ARP

5G시대 네트워크 - 유무선 네트워크부터 5G까지

Chapter 01 연습문제

1   비동기식 전송 방식에서 Stop Bit의 역할은 무엇인가?

① 다음 문자를 수신할 수 있도록 준비 시간을 제공한다.

② 블록단위로 데이터를 일시에 전송하도록 한다.

③ 헤딩의 시작을 표시한다.

④ 텍스트의 시작을 표시한다.

2   다음 중 OSI 7 계층의 하위 계층에 해당하는 것은?

① 물리계층, 데이터링크계층, 네트워크계층

② 세션계층, 표현계층, 네트워크계층

③ 물리계층, 트랜스포트계층, 표현계층

④ 데이트링크계층, 트랜스포트계층, 세션계층

3   다음 중 프로토콜의 기능이 아닌 것은?

① 흐름 제어(Flow Control)

② 세분화(Fragmentation)

③ 정보 보안(Information Security)

④ 캡슐화(Encapsulation)

4   OSI 7계층 참조모델 중에서 물리계층이 하는 역할을 바르게 나타낸 것은?

① 회선의 제어 규약을 정의

② 회선의 전기적 규약을 정의

③ 회선의 다중화 규약을 정의

④ 회선의 유지보수 규약을 정의

5 IP address 체계의 A class에서 사용 가능한 네트워크 비트수는?

① 7비트   ② 14비트

③ 21비트   ④ 28비트

6 통신프로토콜에 대해 정리하세요.

7 OSI 계층구조에 대해 정리하세요.

8 통신프로토콜 구조에 대해 정리하세요.

9 물리계층에 대해 정리하세요.

10 HDLC 통신프로토콜에 대해 정리하세요.

02

IP 기술

All IP망의 개요

1.1 All IP

All IP란 개별적으로 설치, 운영, 관리되던 유선망 및 무선망 등 개별적인 통신망들이 하나의 단일화된(All) 통신 프로토콜로(IP) 통합되어 음성, 영상, 데이터 등의 다양한 서비스를 제공하게 됨을 뜻한다. 즉, 네트워크에 접속된 모든 Host 및 장치들에 IP Address가 부여되고 앞서 설명하였던 TCP/IP Protocol기반으로 운영됨을 뜻한다. [그림 2-1]과 같이 Tablet PC, Smart Phone, Television, Home Phone, Internet등 우리 생활의 모든 것들이 IP기반으로 통합됨을 의미한다 할 수 있다.

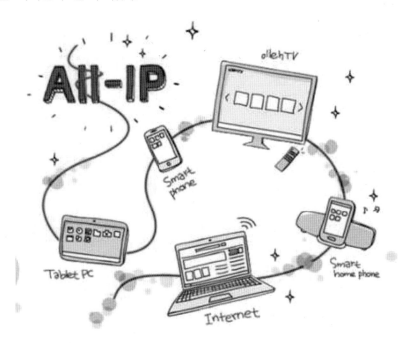

[그림 2-1] All IP의 개념도

1.2 All IP망(Network)

All IP망(Network)이란 All IP를 기반으로 구성된 통신망으로 앞서 설명한 바와 같이 서로 다른 개별 망이 통합된 구조를 갖게 되는 것을 의미한다. All IP[1]망에서는 고품질(High Definition) 음성, 영상, 데이터 서비스를 유, 무선 네트워크에 구분 없이 모든 기기에서 끊김 없이(Seamless) 활용할 수 있고, 데이터 사용량 공유(Share)뿐 아니라 인증도 통합해서 사용할 수 있는 등 기존보다 훨씬 쉽고 편리한 소통을 경험할 수 있다. 초기 All IP환경은 TPS(Triple Play Service)[2]에서 이동통신이 결합된 QPS(Quadruple Play Service)[3]로 진화되었으며, 이는 유선망과 무선망이 All IP기반으로 하나의 단일 망(Network)에서 상호 연동됨을 의미하게 된다.

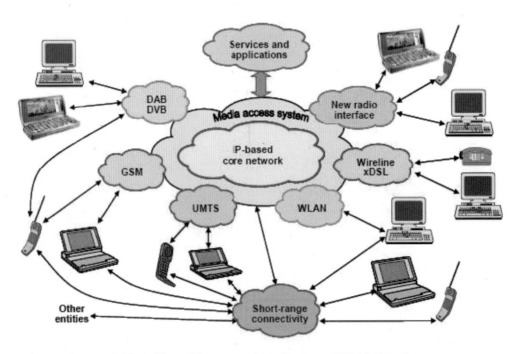

[그림 2-2] All IP망 (www.vtt.fi/inf/pdf/tiedotteet/2007/T2376.pdf)

---

1) 인터넷 프로토콜(IP)을 기반으로 서로 다른 망이 통합된 구조를 갖는 망. ALL-IP망에서는 일반 전화 교환망 (PSTN)과 같은 유선 전화망과 국제 이동 통신-2000(IMT-2000)망, 무선망, 패킷 데이터망과 같은 기존의 통신망 모두가 하나의 IP 기반 망으로 통합되어 음성, 데이터, 멀티미디어 등을 처리하는 패킷 망과 인터넷 전화 방식 (IP Telephony)을 기반으로 하는 망 구조를 갖게 된다.
2) VoIP, IPTV, INTERNET
3) TPS + MOBILE Service

1.3 All IP망 출현배경

All IP의 출현은 인터넷의 급속한 성장과 사용자 환경 개선에 따라 고속 멀티미디어 서비스의 수요를 증대 시키면서 Data Traffic의 폭발적인 증가를 야기시켰다. 이는 통신 사업자의 CAPEX/OPEX[4])증가에 따른 경영악화를 야기 하였고, 결국 개별적으로 운영되던 각각의 통신망들을 하나의 통합 망으로 합쳐야 할 필요성을 절감하게 된다. 이러한 개념으로 출현된 통신망이 IUT-T에서 제안된 유무선 통합망인 NGN(Next Generation Network)[5]이며, 국내는 이전 정부에서 IT839정책에서언급되었던 BcN (Broad-band convergence Network)[6]으로 발전되었다.

1.4 All IP망의 요구사항 및 기대효과

1.4.1 요구사항

○ Seamless Service

○ QoS(Quality of Service)별 요금체계

○ 고부가 Service 및 신규 수익창출

---

4) Capital expenditure/Operating Expenditure(시설투자비용/유지관리비용)

5) ITU-T에서 개발하고 있는 유선 망 기반의 차세대 통신망. 유선 접속 망 뿐만 아니라 이동 사용자 지원까지를 목표로 하며, 이동통신에서 제공하는 완전한 이동성(Full Mobility) 제공을 목표로 개발 중.

6) 통신·방송·인터넷 등의 통합 광 대역 멀티미디어 서비스를 안전하게 제공하는 통합 네트워크를 말한다. 완성될 경우50배나 빠른 속도의 인터넷을 이용할 수 있으며, 통신·방송 서비스의 질도 크게 개선될 것이라고 예측하고 있다.

SECTION 2

All IP망 구조

2.1 All IP망

All IP망은 Best Effort Service 제공을 지원하던 IP망을 이용하여 광대역Multi-media Service의 실시간성을 보장할 수 있는 전송망으로 BcN을 기반으로 All IP망을 설명할 수 있으며 서비스계층, 제어계층, 전달계층, 접속계층, 단말계층의 총 5개의 계층으로 구분되며, 개별적인 Service들이 Total Solution Service형태로 발전됨을 의미한다.

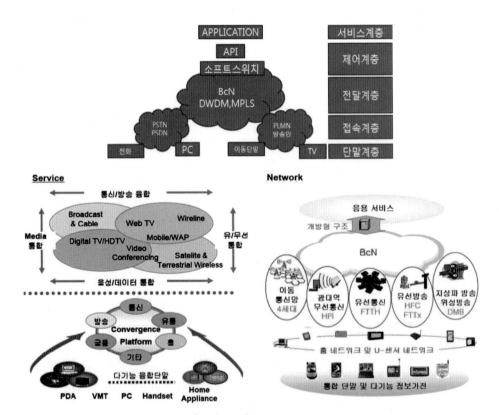

[그림 2-3] BcN 구조도

2.2 All IP 망 계층구조

2.2.1 서비스 계층

○ 다양한 응용 서비스를 제공하며 서비스의 종류에 상관없이 전송 시스템을 통해 사용
  자에게 제공함
○ Application Server로 구성되며 응용Service제공

2.2.2 제어계층

○ API(Application Platform Interface)와 Soft Switch로 구성
○ API는 상위 계층인 Service계층의 Service를 효율적으로 제공 가능 하도록 변환하는
  역할을 수행하며, Soft Switch는 서로 다른 통신망간을 유기적으로 결합하며 호 설정,
  호 제어, 망 자원관리 기능을 수행함

2.2.3 전달계층

○ DWDM7)기반의 고속전달기능과 MPLS8)를 이용한 QoS보장.
○ BEST EFFORT SERVICE - QoS보장형 전송지원

2.2.4 접속계층

○ 기존의 개별적인 통신망(PSTN, PSDN, PLMN, 방송망)을 전송 망 계층과 결합하여 사
  용자에게 광대역 통합 서비스를 제공.

2.2.5 단말계층

○ ALL IP기반 전송 시스템을 통해 사용자의 단말(TV, 이동단말, 전화, PC등)과 연결.[7,8]

---

7) Dense Wavelength Division Multiplexing, 파장분할다중화(WDM) 기술이 발전함에 따라 분할되는 파장간 사
  이 밀도가 좁아져 용량과 채널을 대폭 늘어나게 한 기술을 말한다. 파장분할다중화(WDM)은 광 전송 시스템의
  하나로, 빛의 파장을 달리하는 여러 채널을 묶어 하나의 광섬유를 통해 전송하는 것이다. 광섬유를 통해 전달되는
  빛의 파장을 일정한 간격으로 분할해서 채널을 배치하여 각 채널에 신호를 실은 후, 여러 채널을 광학적으로 다중
  화 하여 한 개의 광섬유를 통해 전송하게 된다. 수신 측에서는 각 채널을 다시 파장 별로 분해하여 각 채널을
  별도로 활용한다. 지금까지는 한 개의 광섬유에 한 개의 파장만을 실어 보냈으나, WDM 전송에서는 여러 개의

2.3 All IP망의 장·단점

2.3.1 장점

(1) CAPEX/OPEX절감

○ 단일 통합 망구조로서 시설투자비용 및 유지관리비용 절감
○ 망구성 자원의 효율적 사용

(2) 유연성

○ Voice(음성), Data(데이터), Video(영상)등의 Multi-media Service를 통합
○ 신규 Service의 개발 및 제공이 용이

(3) 확장성

○ 통신망의 기능적 분리 개념 추구로 Network/Service 진화가 용이
○ Access구간의 독립적 성격으로 Multi Access수용가능

(4) 수익성

○ 신규 Multi-media Service 제공에 따른 신규 Business Model 확보
○ Service Convergence 따른 수익 증대

파장을 가진 광 신호를 하나로 묶어서 전송함으로써 기존 망을 그대로 이용하면서도 마치 새로운 케이블 망을 설치한 것과 같은 효과를 낼 수 있다. 이와 같은 WDM기술을 한 단계 발전시킨 것인 고밀도파장분할다중(DWDM)이다.

8) 인터넷 엔지니어링 태스크포스(IETF)가 표준화 작업 중인 cut and through 방식의 패킷 전송의 계층 3 라벨 스위칭 기술. 비동기 전송 방식(ATM)과 같은 접속형 통신망에서는 패킷 전송 처리와 경로 계산 처리를 분리함에 따라 패킷의 고속 전송을 실현할 수 있다. MPLS는 노드 간에 종단(終端)된 연결기의 사용을 전제로 하는데, 노드 간에 설정된 연결은 망 계층의 경로 정보와 관련이 있다. 관련된 연결은 레이블이나 태그를 붙여 식별할 수 있도록 하며, 레이블이 표시된 패킷을 수신한 스위치는 레이블을 기초로 패킷을 전송한다. 즉, 일단 경로 정보에 따라 레이블이 할당되면 패킷의 전송 처리는 경로 계산 처리와 관계없게 된다. 경로 정보가 변경되면 새로운 레이블을 할당하게 되는데, 기술로는 미국 시스코 시스템사 의 태그 교환이나 IBM사의 ARIS가 있다. [multiprotocol label switching]

2.3.2 단점

(1) 보안

○ 악성코드, Dos등의 공격 증대

(2) 과도한 Traffic

○ 영상기반의 과도한 Traffic의 지속적인 증가

(3) QoS대책

○ Service 및 수익창출을 위한 확실한 QoS대책 필요

　　→ 가장 중요한 문제는 다양한 보안위협에 대한 대응을 필요로 함

SECTION 3

Network 보안

3.1 Network보안의 개념

Network보안이란 "통신 네트워크에 관해서 부당한 액세스, 우발적 고장에 의한 조작의 개입이나 파괴로부터 네트워크를 보호하기 위한 수단의 총칭이라는 사전적 의미 외에도 특정 사용자(인가 또는 허용된 사용자)만이 네트워크의 접속과 사용을 허락한다는 것으로서 이를 위해 다양한 보안기술들이 활용된다. [그림 2-4]과 같이 Network보안은 성의 방어 개념과 유사하게 표현할 수 있는데 비인가 접근을 다단계로 차단/검출하고, 외부의 침입자에 대한 상시 경계와 핵심자산(장비)를 가장 깊은 곳(안전한 곳)에 보호하는 것으로 설명할 수 있겠다.

[그림 2-4] Network보안 개념

3.2 Network보안 요구사항

3.2.1 기밀성(Confidentiality)

○ 인가되지 않은 제 3자로부터 데이터를 보호 하는 것
○ 데이터 소유자 외에 비밀유지(인증되지 않은 데이터는 공개불가)
○ 네트워크 내에서 전송되는 거의 모든 데이터는 기밀성이 보장되어야 함

3.2.2 무결성(Integrity)

○ 인증되지 않은 사용자에 의한 데이터 임의변경, 수정, 삭제 불가
○ 원래의 데이터가 네트워크를 통한 전송 중 변경 또는 파괴되지 않을 것

3.2.3 가용성(Availability)

○ 권한이 주어진 사용자가 데이터 및 자원을 필요로 할 시 방해 없이 접근할 수 있는 권한
○ Network내에서 연속적 또는 정상적으로 동작해야 한다는 의미. 즉, 사용자의 서비스 요청 시 언제든 사용할 수 있어야 함

3.3 Network보안의 필요성 및 위협요인

3.3.1 Network보안의 필요성

○ 네트워크 보안 공격의 증가와 공격기술의 고도화
○ 네트워크를 활용 의존도의 증대와 상반된 보안 정책의 부재
○ 네트워크를 이용한 다양한 Service증대(ex] : 금융서비스 등)
○ 개인정보 악용

3.3.2 Network보안 위협요인

○ 바이러스(악성코드, 스파이웨어, 웜 바이러스 등)

○ 해킹(Packet Sniffer, Spoofing Attack, 비밀번호 크래킹, DOS 등 Black hat)

○ 사이버테러(Network자체 공격 - 해킹, 바이러스 제작/유포 등)

SECTION 4

Network 보안기술

4.1 방화벽(Fire-Wall)

방화벽은 외부의 불법 침입으로부터 내부의 정보를 보호하고 유해 정보 유입을 차단하는 시스템을 말한다. 해킹 등으로 인한 외부로의 정보 유출을 막고 내부로의 침입을 차단하는 역할을 수행하며, 네트워크 출입로를 단일화함으로써 보안관리 범위를 좁히고 침입을 차단하며 이로 인해 내부 네트워크는 자유롭게 사용하게 된다. 방화벽의 종류에는 Packet Filtering, Circuit Gateway, Proxy Application Gateway, Hybrid방식 등이 있다.

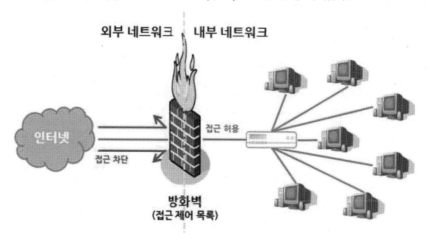

[그림 2-5] 방화벽의 개념

4.1.1 Packet Filtering방식

○ Packet Filtering을 통해 IP주소, TCP Port등을 확인하여 OSI 7Layer중 네트워크 계층과 전송계층에서 접속제어 하는 방식임

○ OSI 7 Layer 중 3, 4계층에서 처리됨, 처리 속도가 빠르며 투명성을 제공함

○ TCP/IP헤더는 쉽게 조작이 가능하고 해킹으로부터 쉽게 노출될 수 있는 단점이 있음

4.1.2 Circuit Gateway

○ 내부 망에서 외부 망으로의 접속 의뢰 시 요구에 따라 외부 망으로의 접속을 수행하는 방식

○ 내부 IP주소를 숨길 수 있으며 투명한 서비스 제공

○ 전체 Server를 관할하는 구조이기에 Circuit Gateway의 부하가 증대되는 단점이 있음

4.1.3 Proxy Application Gateway방식

○ 각 Server 별로 Gateway를 별도로 두어 접속 허용 여부를 제어하는 방식

○ 개별 Server를 운영함으로 보안 성능이 뛰어남

○ 개별 Server운영으로 인한 구축비용이 증대되며 새로운 Service 도입에 대한 유연성이 떨어짐

4.1.4 Hybrid방식

○ Hybrid방식은 여러 유형의 방화벽 구성방 식들을 경우에 따라 복합적으로 구성하는 방식이며 대부분의 시스템들이 Hybrid방식을 사용하고 있음

○ 사용속도가 빠르며 보안 정책 변경이 빠름

○ 관리가 복잡하고 보안에 비례하여 복잡성이 증대됨

4.2 IDS(침입탐지 시스템 ; Intrusion Detection System)

IDS(침입탐지 시스템 ; Intrusion Detection System)이란 침입의 패턴을 Database화하여 시스템을 실시간 모니터링 하여 침입을 탐지하는 시스템으로, 관리자 등에게 침입탐지사 실을 경보 하는 기능을 수행하며 방화벽에서 한발 더 나아간 기술로서 H-IDS와 N-IDS가 있음.

4.2.1 H-IDS(Host기반)

○ 호스트 컴퓨터에 저장된 로그정보를 이용하여 침임 탐지
○ 시스템 내부, 서버 공격탐지
○ 스위칭 환경에서 적합
○ 정확한 탐지 가능
○ 추가 하드웨어 불필요
○ 해당 호스트의 성능저하와 설치, 관리 비용이 많이 소요

4.2.2 N-IDS(Network기반)

○ 통신망을 통해 전송되는 패킷을 분석하여 침입탐지
○ 저렴한 투자비용
○ 패킷을 분석하므로 모든 종류의 공격을 탐지 가능
○ 운영체제 독립적
○ 실패한 공격 탐지
○ 암호화된 내용일 경우 탐지 불가
○ H-IDS대비 오탐율 높음

4.2.3 성능관리

○ 시스템의 성능에 관한 정보 수집 및 평가
○ 성능 정상여부 모니터링, 제어, 분석, 조정

4.2.4 보안관리

○ 패스워드, 보안로고, 암호화 장치
○ 네트워크 접속권한 부여, 권한검사, 접속자 감시 추적

SECTION

5

NMS 구현 장비의 조건 및
망 관리 프로토콜

5.1 NMS 구현 장비의 조건

○ 네트워크상의 장비들에 대해 중앙감시, Monitoring, Planning및 분석
○ Ethernet 및 FDDI(Fiber Distributed Data Interface)[9] 등 다양한 접속방법의 자원관리

5.2 망 관리 프로토콜

○ CMIP(Common Management Information Protocol)
○ TCP/IP기반의 기본관리는 SNMP프로토콜 사용
○ 표준화 지연으로 CMIP에서 SNMP로 암묵적인 표준화 진행
○ 상업적으로 SNMP가 크게 성공
○ 분산처리 환경을 지원하는 형태로 변화되고 있음.

5.3 SNMP(Simple Network Management Protocol)

TCP/IP환경의 인터넷 망 관리를 위해 초기에는 ICMP Protocol을 이용하여 양끝 장비간의 연결 상태 등을 파악하였는데, 이는 단순히 상대방 HOST가 작동하고 있는지에 대한 정보나 응답시간을 측정하는 등의 단순한 기능만을 제공하였다. 인터넷에 접속되는 HOST가 증가되고 Network구성 복잡도가 증대되면서 새로운 표준 프로토콜이 필요하였으며, SNMP가 출현하였다. SNMP란 네트워크를 통해 원격지에 있는 여러 자원들을 관리할 수 있는 프로토콜로서 SNMP Manager와 SNMP Agent간 UDP 161, 162Port를 사용하여 관리를 수행한다.

---

9) LAN과 LAN 사이 혹은 컴퓨터와 컴퓨터 사이를 광섬유 케이블로 연결하는 고속 통신망 구조이다.

SNMP Protocol은 인터넷 망을 사용하기 때문에 쉽고 저렴하게 원격지 자원을 제어할 수 있다.

5.3.1 SNMP구성

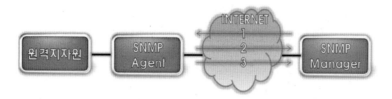

[그림 2-6] SNMP구성 및 동작과정

○ 원격지 자원 : 서버, 라우터, Server 등의 네트워크 자원(원격제어를 필요로 하는 모든 장비)

○ SNMP Agent : 원격지 자원의 상태값을 Manager에게 보고(UDP이용 실시간 보고)

○ SNMP Manager : Agent로부터 수집된 정보들을 수집, 분석, 관리

5.3.2 SNMP동작과정

○ Manager는 UDP Port 161번을 통해 Get Request

○ Agent는 UDP Port 161번을 통해 Get Response

○ 장애 및 특수상황 시(TRAP) U에 162번을 통해 별도의 Request없이 전송

5.3.3 SNMP Version

[그림 2-7] SNMP Version

○ SNMP v1은 NMS 구조에서 EMS와 장비간의 단순한 구조

○ SNMP v2는 Manager간 통신기능과 보안기능 향상

○ SNMP v3는 Manager와 Agent간 상호 변환이 가능하며, 성능 및 보안성도 향상됨

SECTION
6

IPv6

6.1 IPv6주소란?

IPv6주소는 IPv4의 주소 고갈 문제를 해결하기 위하여 기존의 IPv4주소 체계를 128비트 크기로 확장한 차세대 인터넷 프로토콜 주소이다. 군사 및 학술 연구 목적을 고려하여 탄생한 IPv4 기반 인터넷이 상업적 목적으로 사용되면서 많은 문제점이 발생하자 이를 대폭 보완 및 개선하기 위하여 IPv6가 표준화되었다. 4자리 16진수로 변환되고 콜론으로 구분 되어진다.

RFC 2373에 의거한 기술적 경계인 64비트를 기준으로 앞 64비트를 네트워크 주소로, 뒤 64비트를 네트워크에 연결된 랜 카드 장비 등에 할당하는 인터페이스 주소로 활용한다. 네트워크 주소 부분인 64비트 내에서 RIR(Regional Internet Registry)간 협의에 기초하여 정책적 경계를 나누었으며, 앞 48비트는 상위 네트워크 주소로 뒤 16비트는 하위 네트워크 주소로 활용한다.

6.1.1 IPv6 주소체계

IPv6 주소는 기존 32비트의 IPv4 주소가 고갈되는 문제를 해결하기 위하여 개발된 새로운 128비트 체계의 무제한 인터넷 프로토콜 주소를 말한다.
IPv6 주소는 다음 그림과 같이 16비트 단위로 구분하며, 각 단위는 16진수로 변환되어 콜론(:)으로 구분하여 표기한다. 128비트의 IPv6 주소에서 앞의 64비트는 네트워크 주소를 의미하며, 뒤의 64비트는 네트워크에 연결된 통신장비 등에 할당되는 인터페이스 주소를 의미한다.

6.1.2 IPv6 주소 표기

[표 2-1] IPv6 주소표기

	/0 ~/16	~/32	~/48	~/64	~/80	~/96	~/112	~/128
16진수 표기법	0000:	0000:	0000:	0000:	0000:	0000:	0000:	0000:
기술적 경계	64비트 네트워크 주소 부문				64비트 네트워크 주소 부문			

IPv6 주소 장점

6.1.3 IPv6 주소 표기 방식

IPv4 주소 체계는 총 32비트로 각 8비트씩 4자리로 되어 있으며, 각 자리는 '.'(dot)으로 구분하고, IPv6 주소 체계는 총 128비트로 각 16비트씩 8자리로 각 자리는 ':'(콜론)으로 구분한다.

> 예) 2001:0DB8:1000:0000:0000:0000:1111:2222
> 각 필드의 맨 앞에 연속되는 0은 생략될 수 있으며 연속되는 0은 '::'으로 표현될 수 있다.
> 예) 2001:DB8:1000::1111:2222
> IPv6 주소를 정확히 표기하는 방법은 'RFC4291, RFC 5952'에 정의되어 있다.

프리픽스는 IPv6 주소의 '프리픽스'는 기존 IPv4 주소에서 사용하던 '서브넷'과 유사한 개념으로 생각하면 된다. IPv4 주소에서 사용하던 /16, /24, /32 등의 서브넷이 IPv6 주소에서는 길어진 주소 체계를 이용한 /48, /64, /128 등으로 표현된다.

> 예) 2001:DB8::/32
> 2001:0DB8:0000:0000:0000:0000:0000:0000 ~ 2001:0DB8:FFFF:FFFF:FFFF:FFFF:FFFF:FFFF
> 예) 2001:DB8:4567::/48
> 2001:0DB8:4567:0000:0000:0000:0000:0000 ~ 2001:0DB8:4567:FFFF:FFFF:FFFF:FFFF:FFFF
> 예) 2001:DB8:1234:0::/64
> 2001:0DB8:1234:0000:0000:0000:0000:0000 ~ 2001:0DB8:1234:0000:FFFF:FFFF:FFFF:FFFF

6.1.4 IPv6 주소 장점

[표 2-2] IPv6 주소 장점

구분	주요내용
확대된 주소 공간	주소 길이가 128비트로 증가형 2^{128} 개의 주소 생성 가능
단순해진 헤더 포맷	IPv4 헤더의 불필요한 필드를 제거하여 보다 빠른 처리 가능
간편해진 주소 설정기능	IPv6 프로토콜에 내장된 주소 자동 설정 기능을 이용하여 플러그 앤 플레이 설치가 가능
강화된 보안 기능	IPv6에서는 IPSec 기능을 기본 사항으로 제공
개선된 모바일 IP	IPv6 헤더에서 이동성 지원

6.2 기본헤더

IPv6의 헤더는 기존 IPv4의 헤더보다 단순해짐으로써 성능이 향상되고 효율적인 라우팅이 가능하게 되었다. IPv6의 기본헤더의 크기는 총 40바이트로 IPv4 기본헤더의 크기인 20바이트의 두 배이다. 가장 큰 차이점이라면 기존 IPv4 헤더에 있던 체크섬(header checksum)필드가 IPv6 헤더에서 삭제되었으며, 이 기능은 하위 계층과 상위 계층 프로토콜들에게 맡겨지게 되었다.

6.2.1 IPv4와 Ipv6의 헤더 비교

IPv4 기본 헤더

Version	Hd Len	Type of Service	Total Length	
Identification			Flags	Fragment Offset
Time to Live		Protocol	Header Checksum	
Source Address				
Destination Address				
Options				
Data Portion				

20 octets

variable length

← 32 bits →

6.2.2 IPv6 기본 헤더

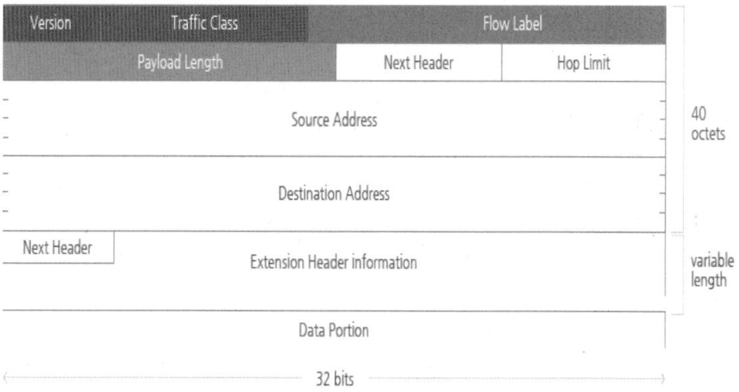

[그림 2-8] IPv4 기본 헤더

6.3. 유니캐스트

IPv6에서의 유니캐스트는 IPv4에서의 유니캐스트와 유사한 개념의 주소이며, 그 종류로는 글로벌주소, 링크 로컬 주소, 사이트 로컬 주소가 있다

글로벌 주소(Aggregatable Global Address)는 IPv4에서 공인 IP 주소와 유사한 개념의 주소 범용적으로 IPv6 인터넷상에서 사용하는 주소로 현재 사용 중인 IPv6 글로벌 대역은 2001::/16, 2002::/16, 2003::/18, 3FFE::/16 등을 사용한다.

6.3.1 IPv6 글로벌 주소 Format

[표3] IPv6 주소 종류

네트워크 대역	종류
2001::/16,2003::/18등	일반 글로벌 주소
2002::/16	6to4 tunnel 주소
3FFE::/16	6bone 주소

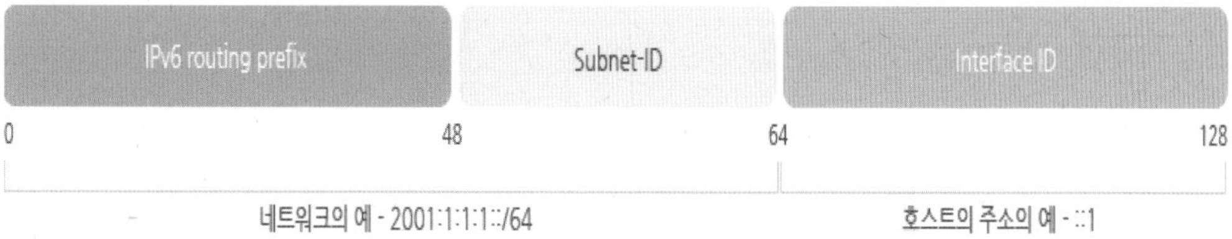

6.3.2 링크 로컬 주소(Link Local Address)

직접 연결된 동일 링크 및 subnet에서 사용하는 주소

링크 로컬 주소는 다른 링크의 글로벌 주소 및 링크 로컬 주소와는 통신이 불가능

링크 로컬 주소는 FE80::/10의 고정된 대역과 interface의 EUI-64 ID의 결합으로 이루어짐

6.3.3 IPv6 링크 로컬 주소 Format

[표4] IPv6 러컬주소

FE80	Subnet-ID		Interface ID
0 10		64	128
	네트워크의 예 - FE80::/64		호스트의 주소의 예 - ::1

6.4 멀티캐스트

IPv4의 브로드캐스트를 대체하는 기능을 수행하기 위해 멀티캐스트에서 새로이 추가된 그룹은 다음과 같다.

Solicited Node Multicast는 이더넷 환경에서 Neighbor 탐색 과정(IPv4의 ARP과정과 유사)에 사용-Auto configuration 과정에서 DAD(Duplicate Address Detection) 과정을 거칠 때 사용 Solicited Node Multicast 주소의 112비트 부분은 FF02::1:FF로 정해져 있으며, 나머지 24비트는 IPv6의 최하위 24비트 부분을 차용하여 사용(예 : IPv6 주소-2001:1:1:1::1234:5678 → Solicited node multicast 주소- FF02::1:FF34:5678)된다.

All node multicast는 노드의 모든 IPv6 호스트와 라우터들이 소속되어 있는 그룹으로 All node multicast주소는 FF02::1 사용한다.

All router multicast는 모든 IPv6 라우터들이 소속되어 있는 그룹 All router multicast 주소는 FF02::2 사용한다.

6.5 애니캐스트

유니캐스트가 1:1 통신방식이고 멀티캐스트는 1:N 통신방식이라고 한다면 애니캐스트는 '1:1가장 가까운 1'간의 통신방식이라고 정의할 수 있다. 동일한 주소를 가지는 여러 목적지 장비들 중 출발지 장비와 가장 가까운 장비가 응답을 하는 통신방식이다.

이러한 통신방식은 멀티캐스트와 유사하지만 멀티캐스트의 경우 동일 그룹에 소속된 장비들이 응답을 하는 반면, 애니캐스트의 경우는 동일 주소를 가지는 장비들 중 가장 가까운 장비 하나만 응답을 한다는 차이가 있다.

TCP/IP(Transport Control Protocol/Internet Protocol)

TCP/IP는 패킷 통신 방식의 인터넷 프로토콜인 IP (인터넷 프로토콜)와 전송 조절 프로토콜인 TCP (전송 제어 프로토콜)로 이루어져 있다. IP는 패킷 전달 여부를 보증하지 않고, 패킷을 보낸 순서와 받는 순서가 다를 수 있다. (unreliable datagram service) TCP는 IP 위에서 동작하는 프로토콜로, 데이터의 전달을 보증하고 보낸 순서대로 받게 해준다. HTTP, FTP, SMTP 등 IP를 기반으로 한 많은 수의 애플리케이션 프로토콜들이 TCP 위에서 동작하기 때문에, 묶어서 TCP/IP로 부르기도 한다.

ISO의 OSI 7계층 모델을 조금 간소화하여 네트워크 인터페이스(Network interface), 인터넷(internet), 전송(Transport), 응용(Application) 등 네 개의 계층구조 구성한다.

7.1 TCP/IP의 개요

TCP/IP는 컴퓨터 네트워크에서 사용되는 메시지 교환 규칙을 정의한 프로토콜의 모음을 말한다. 컴퓨터 상호간 메시지를 전송 및 수신하여 원래의 정보로 변환하는 것을 약속한 규약이다. 이 기종 간의 컴퓨터 간에도 데이터를 전송할 수 있어 인터넷에서 정보 전송을 위한 표준 프로토콜로 사용되고 있다.

인터넷 프로토콜 중 가장 중요한 역할을 하는 TCP와 IP의 합성어이며 인터넷 동작의 중심이 되는 통신규약으로 데이터의 흐름 관리, 데이터의 정확성 확인(TCP 역할), 패킷을 목적지까지 전송하는 역할(IP 역할)을 담당한다.

7.2 등장배경

1990년대 이전까지 OSI RM이 데이터 통신의 최종 표준이 될 것으로 예상되었었다. 그러나 인터넷의 급속한 확산에 따라 TCP/IP프로토콜이 등장되면서 보급률에서 앞서게 된다. TCP/IP프로토콜은 개방성과 컴퓨터에서 실제적으로 발생되는 현상을 구조화함으로 현재의 대표적인 통신 프로토콜로 자리매김 하게 되었다.

7.3 TCP/IP 프로토콜 계층구조

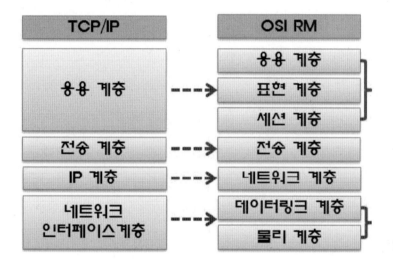

[그림 2-9] OSI RM과 TCP/IP 계층구조

TCP/IP는 네트워크 인터페이스, 인터넷, 전송, 응용의 4개 계층으로 OSI RM대비 간략하게 구성된다. TCP/IP의 응용계층은 OSI RM의 응용, 표현 및 세션의 일부분을 관장하고, 네트워크 인터페이스 계층은 물리 및 데이터링크 계층을 포함한다.

	OSI 7 계층	TCP/IP 계층	관련 프로토콜					
7	Application	Application	SMTP	FTP	TELNET	DNS	NSP	SNMP
6	Presentation							
5	session	Transport	TCP					UDP
4	Transport							
3	Network	Internet Protocol	IP		ICMP	ARP		RARP
2	Data Link	Network	Ethernet	Token	X.25			FDDI
1	Physical		Medium					

[그림 2-10] TCP/IP 계층

7.3.1 TCP/IP 계층의 특징

(1) 네트워크 인터페이스(Network Interface) 계층

상위 계층(IP)에서 패킷이 도착하면 그 패킷의 헤더부분에 프리앰블(preamble)과 CRC (Cyclic Redundancy Check)를 추가한다. 프리앰블은 프레임의 시작을 정의하는 바이트의 일련번호이며, CRC : 프레임이 손상되지 않았음을 검증하는 수학적 계산 값을 나타낸다. 프레임이 수신측의 호스트에 도착하였을 때 수신측 호스트는 CRC를 다시 계산하여서 결과 값과 실제 도착한 프레임의 크기가 일치하면 정상적인 프레임으로 판단한다. 오류가 없는 정상적인 프레임의 헤더부분에 있는 목적지의 MAC 주소(Media Access Control : LAN 카드 물리적 주소)를 참조하여 자신의 MAC주소와 일치하면 상위의 계층으로 올려 보내고, 다르면 프레임을 버린다.

(2) 인터넷(Internet) 계층

인터넷 주소(Internet Address)를 결정하고, 경로배정(routing) 역할을 담당한다.

대표적인 프로토콜은 IP(Internet Protocol)이며, "연결 없이 이루어지는 전송서비스 (Connectionless delivery service)"를 제공한다.

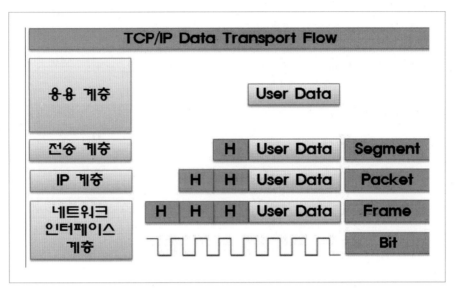

[그림 2-11] TCP/IP DATA전송과정

　응용 계층의 사용자가 데이터(예를 들어 사용자가 인터넷 익스플로러를 클릭했다고 가정하자.)를 입력 시 계층별 헤더를 첨가하여 상위 계층의 정보를 하위 계층으로 전달한다. 전송단위는 계층별로 Segment, Packet, Frame으로 명칭하며, 종단에는 전기신호 즉, Bit단위로 물리매체(광, 구리동선, 동축케이블)를 통해 인접한 장치(라우터 및 스위치)로 전달된다. 전달된 장치에서는 역 과정을 통해 데이터를 분석하고 다시 역 과정을 통해 인접한 장치로 전달하여, 사용자가 원하는 메인 페이지를 사용자의 디스플레이에 표출하게 된다.

Chapter 02 연습문제

1 네트워크상에서 발생한 트래픽을 제어하며, 네트워크상의 경로설정 정보를 가지고 최적의 경로설정을 하는 장치는 무엇인가?

① 브리지(Bridge) ② 라우터(Router)
③ 리피터(Repeater) ④ 허브(Hub)

2 IPv6의 주소체계는 몇 비트로 구성되어 있는가?

① 32 ② 48
③ 64 ④ 128

3 IP address 체계의 A class에서 사용 가능한 네트워크 비트 수는?

① 7비트 ② 14비트
③ 21비트 ④ 28비트

4 다음 중 비트 동기 방식의 프로토콜이 아닌 것은?

① DDCMP ② HDLC
③ LAP-B ④ SDLC

5 한 건물 안이나 제한된 지역 내에서 컴퓨터 및 주변장치 등을 연결하여 정보와 프로그램을 공유할 수 있도록 해주는 네트워크를 무엇이라 하는가?

① LAN ② MAN
③ WAN ④ PON

6 Class 단위 IP주소 지정 방법의 문제점을 개선한 기술이 아닌 것은?

① DNS   ② IPv6

③ NAT   ④ 서브네팅(Subnetting)

7 다음 중 라우팅 테이블에 포함되어 있지 않은 정보는?

① 송신지 IP address   ② 목적지 네트워크 주소

③ 다음 홉(hop) IP address   ④ 로컬 인터페이스

8 입력되는 정보 마지막에 1[bit]를 추가하여 추가된 Bit로 에러를 검사하는 것을 무엇이라고
하는가?

① ASCII   ② Parity Check

③ CRC   ④ ARQ

9 다음 중 문자 방식의 대표적인 프로토콜은?

① DDCMP   ② LAP-B

③ BSC   ④ SDLC

10 다음 중 문자 동기 전송방식에서 SYN 문자의 기능으로 맞는 것은?

① 수신측이 문자 동기를 맞추도록 한다.

② 데이터의 완료를 표시한다.

③ 데이터의 시작을 표시한다.

④ 질의가 끝났음을 알린다.

11 스테틱 라우팅(Static Routing) 프로토콜에 대한 설명으로 옳지 않은 것은?

① 라우팅 경로가 자주 변경되거나 라우터가 자주 추가되는 상황에 적합하다.

② 라우터의 메모리 낭비가 적어 메모리 사용에 유리하다.

③ 일반적으로 다이나믹 라우팅 프로토콜에 비해 우선순위가 높다.

④ 우회 경로가 없는 Stub 네트워크에서 사용하기에 좋은 프로토콜이다.

12 라우터에 대한 설명 중 가장 옳지 않은 것은?

① 하나의 네트워크를 서브넷 마스크에 의해 분할 할 때 서브넷 단위로 분할하는 방법을 말한다.

② 조직 내의 네트워크와 인터넷을 접속시킬 때 필요한 장비이다.

③ 라우팅 기능에 의해 서로 다른 네트워크 어드레스를 사용하고 있는 네트워크 사이에 통신을 가능하게 한다.

④ 접속되어 있는 네트워크 어드레스의 정보인 라우팅 테이블을 작성 및 관리한다.

13 리피터(Repeater)에 대한 설명으로 올바른 것은?

① 콜루젼 도메인(Collision Domain)을 나누어 주는 역할을 한다.

② 필터링과 포워딩 기능을 수행한다.

③ 전송거리 연장을 위한 장비이다.

④ 브로드캐스트 도메인(Broadcast Domain)을 나누어 주는 역할을 한다.

14 변환기(Translator)로서 동작하며 다른 운영 시스템(UNIX, Windows) 사이에서 통신을 제공하는 네트워크 장비는?

① Router

② Gateway

③ Brouter

④ Access Point

15 네트워크 관리 시스템(NMS)에 대한 설명으로 옳지 않은 것은?

① 원격에서 네트워크 장비를 관리하는데 사용된다.

② 장비의 현재 상태, 접속 현황, 에러 현황 까지도 알 수 있다.

③ 장비의 리부팅까지 가능하다.

④ 주로 SMTP라는 프로토콜을 사용하여 관리한다.

16 인터넷프로토콜(IP)의 역할과 특징을 설명하시오.

17 인터넷프로토콜(IP)의 체계를 설명하시오.

18 RARP를 설명하시오.

무선 네트워크 구조

무선 네트워크 구조

LTE 네트워크 모델은 LTE 엔터티들과 EPC 엔터티들로 구성된다. [그림 3-1]에서 LTE 엔터티는 UE와 eNB이고, EPC 엔터티로는 S-GW, P-GW, MME, HSS, PCRF, SPR, OCS 및 OFCS가 해당한다. PDN은 사업자 외부 또는 내부 IP 망으로 인터넷이나 IMS와 같은 서비스 기능을 제공한다. 아래에서 [표 3-1]은 LTE 엔터티들의 기능을 [표 3-2]는 EPC 엔터티들의 기능을 나타낸다. [표 3-3]은 LTE 네트워크 참조 모델의 참조점을 나타낸 것으로 엔터티 간 인터페이스를 설명한다.

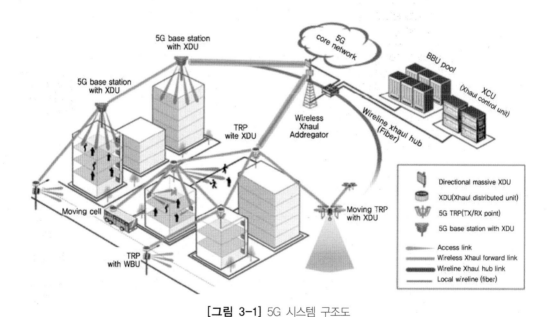

[그림 3-1] 5G 시스템 구조도

[표 3-1] LTE 엔터티

엔터티명	설명
UE	LTE-Uu 무선 인터페이스를 통하여 eNB와 접속한다.
eNB	사용자에게 무선 인터페이스를 제공한다. 무선 베어러 제어, 무선 수락 제어, 동적 무선 자원 할당, load balancing 및 셀 간 간섭제어(ICIC)와 같은 무선 자원 관리(RRM) 기능을 제공한다.

[표 3-2] EPC 엔터티

엔터티명	설명
MME	E-UTRAN 제어 평면 엔터티로, 사용자 인증과 사용자 프로파일 다운로드를 위하여 HSS와 통신하고, NAS 시그널링을 통해 UE에게 EPS 이동성 관리(EMM) 및 EPS Session 관리(ESM) 기능을 제공한다(EMM 및 ESM 기능은 다른 문서에서 다룬다). 주요 기능은 다음과 같다. • NAS 시그널링(EMM, ESM, 보안) • HSS와 S6a 인터페이스를 통해 사용자 인증 및 로밍 기능 제공 • ECM 및 EMM 상태 관리 • EPS 베어러 관리
S-GW	E-UTRAN과 EPC의 종단점이 된다. eNB 간 핸드오버 및 3GPP 시스템 간 핸드오버시 anchoring point가 된다.
P-GW	UE를 외부 PDN 망과 연결해주며 패킷 filtering을 제공한다. UE에게 IP 주소를 할당하고 3GPP와 non-3GPP 간 핸드오버시 mobility anchoring point로 동작한다. PCRF로부터 PCC 규칙을 수신하여 적용하며(Policy Enforcement) UE 당 과금 기능을 제공한다. 주요 기능은 다음과 같다. • IP 라우팅 및 forwarding • Per-SDF / Per-User 기반 패킷 filtering • UE IP 주소 할당 • 3GPP와 non-3GPP 간 Mobility anchoring • PCEF 기능 • Per-SDF/Per-User 과금
HSS	사용자 프로파일을 갖는 중앙 DB로 MME에게 사용자 인증 정보와 사용자 프로파일을 제공한다.
PCRF	정책 및 과금 제어 엔터티로 정책 제어 결정과 과금 제어 기능을 제공한다. PCRF에서 생성된 PCC 규칙은 P-GW로 전달된다.
SPR	PCRF에게 가입자 및 가입관련 정보를 제공한다. PCRF는 이를 수신하여 가입자 기반 정책을 수행하고 과금 규칙을 생성한다.
OCS	실시간 credit 제어를 제공하고 volume, time, event 기반 과금 기능을 제공한다(상세내용은 과금 기술문서 참조).
OFCS	CDR 기반 과금 정보를 제공한다(상세내용은 과금 기술문서 참조).

[표 3-3] LTE 인터페이스

참조점	프로토콜	설명
LTE-Uu	E-UTRA (제어 평면, 사용자 평면)	UE와 eNB 간 무선 인터페이스로 제어 평면 및 사용자 평면을 정의한다.
X2	X2-AP(제어 평면) GTP-U(사용자 평면)	두 eNB 간 인터페이스로 제어 평면 및 사용자 평면을 정의한다. 제어 평면에서는 X2-AP 프로토콜이 사용되며, 사용자 평면에서는 X2 핸드오버 시 데이터 forwarding을 위해 베어러 당 GTP 터널링 을 제공한다.
S1-U	GTP-U	eNB와 S-GW 간 인터페이스로 사용자 평면을 정의한다. 베어러 당 GTP 터널링을 제공한다.
S1-MME	S1-AP	eNB와 MME 간 인터페이스로 제어 평면을 정의한다.
S11	GTP-C	MME와 S-GW 간 인터페이스로 제어 평면을 정의한다. 사용자 당 GTP 터널링을 제공한다.
S5	GTP-C(제어 평면) GTP-U(사용자 평면)	S-GW와 P-GW 간 인터페이스로 제어 평면 및 사용자 평면을 정의 한다. 사용자 평면에서 베어러 당 GTP 터널링을 제공하고 제어 평면에서 사용자 당 GTP 터널 관리를 제공한다. Inter-PLMN 경우에는 S8 인터페이스가 사용된다. S8 인터페이스는 본 문서 범위 밖으로 인터워킹 문서에서 다룬다.
S6a	Diameter	HSS와 MME 간 인터페이스로 제어 평면을 정의한다. UE 가입 정보 및 인증 정보를 교환한다.
Sp	Diameter	SPR과 PCRF 간 인터페이스로 제어 평면을 정의한다.
Gx	Diameter	PCRF와 P-GW 간 인터페이스로 제어 평면을 정의한다. QoS 정책 및 과금 제어를 위한 인터페이스로 정책 제어 규칙 및 과금 규칙을 전달한다.
Gy	Diameter	OCS와 P-GW 간 인터페이스로 제어 평면을 정의한다.
Gz	GTP'	OFCS와 P-GW 간 인터페이스로 제어 평면을 정의한다.
SGi	IP	P-GW와 PDN 간 인터페이스로 사용자 평면과 제어 평면을 정의한다. 사용자 평면에서는 IETF 기반 IP 패킷 forwarding 프로토콜이 사용되고 제어 평면에서는 DHCP와 RADIUS/Diameter와 같은 프로토콜이 사용된다.

LTE 프로토콜 스택

LTE프로토콜 스택은 본장에서 정의한 EPS 엔터티와 인터페이스를 기반으로 2장에서는 사용자 평면과 제어 평면에서 LTE 프로토콜 스택을 기술한다.

2.1 사용자 평면 프로토콜 스택

[그림 3-2]는 LTE 네트워크 참조 모델에 대해 사용자 평면의 프로토콜 스택을 나타낸다. 인터페이스 별로 주요 계층 기능을 간단히 기술한다.

2.1.1 LTE-Uu 인터페이스

○ PDCP : IP 패킷이 무선링크를 통하여 효율적으로 전송될 수 있도록 한다. 헤더 압축, AS 보안 (ciphering 및 integrity protection)을 수행하고 핸드오버 동안 패킷 re-ordering 및 재전송을 처리 한다.

○ RLC : PDCP에서 수신한 패킷을 무선링크를 통해 전송하기 위하여 분할하고 무선링크를 통해 수신한 패킷을 PDCP로 전송하기 위하여 재결합한다. 패킷 re-ordering 및 재전송을 처리한다.

○ MAC : 무선 자원을 UE들에게 동적으로 할당하고, 각 무선 베어러 별로 협상된 QoS를 보장받을 수 있도록 QoS 제어 기능을 수행한다. 물리 계층으로 전송하기 위하여 무선 베어러들을 다중화 한다.

2.1.2 S1-U 인터페이스/S5 인터페이스/X2 인터페이스

○ GTP-U : S1-U, S5 및 X2 인터페이스 상에서 사용자 IP 패킷을 전송하기 위하여 사용된다.[10]

---

10) GTP-U 터널이 핸드오버 forwarding 터널인 경우에는 End Marker를 삽입할 수 있다.

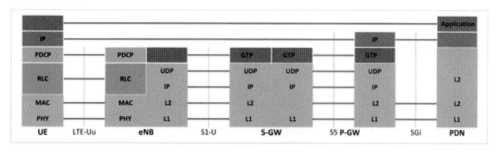

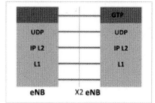

[그림 3-2] LTE 프로토콜 사용자 스택 평면

2.2 제어 평면 프로토콜 스택

[그림 3-3]은 LTE 네트워크 참조 모델에 대해 제어 평면의 프로토콜 스택을 보여준다. 인터페이스 별로 주요 계층 기능을 간단히 기술한다.

2.2.1 LTE-Uu 인터페이스

○ NAS : 이동성 관리 기능과 베어러 제어 기능을 수행한다.
○ RRC : E-UTRAN 무선 시그널링 연결에 대한 제어를 수행한다.

2.2.2 X2 인터페이스

○ X2-AP : E-UTRAN 내에서 UE mobility를 다루는 기능으로 사용자 데이터 forwarding, SN 상태 전달, UE context 해제 기능을 제공한다. eNB 간에 자원 상태 정보, 트래픽 로드 정보 및 eNB 구성 update 정보를 교환하고 mobility 파라미터 설정을 위해 협력한다.

2.2.3 S1-MME 인터페이스

○ S1-AP : EPS 베어러 설정시 초기 UE context를 전달한다. 이 후 mobility, paging 및 UE context 해제 기능을 수행한다.

2.2.4 S11 인터페이스/ S5 인터페이스/ S10 인터페이스

○ GTP-C : GTP 터널을 생성, 유지 및 삭제하기 위한 제어 정보를 교환한다. LTE 간 핸드오버시에는 데이터 forwarding 터널을 생성한다.

2.2.5 S6a 인터페이스

○ Diameter : 가입 및 가입자 인증을 위한 정보 교환을 지원한다.

2.2.6 Gx 인터페이스

○ Diameter : PCRF로부터 PCEF(P-GW)로의 PCC 규칙 전달을 지원한다.

2.2.7 Gy 인터페이스

○ Diameter : P-GW와 OCS 간 실시간 credit 제어 정보 교환을 지원한다.

2.2.8 Gz 인터페이스

○ GTP' : P-GW로부터 OFCS로 CDR 전송을 지원한다.

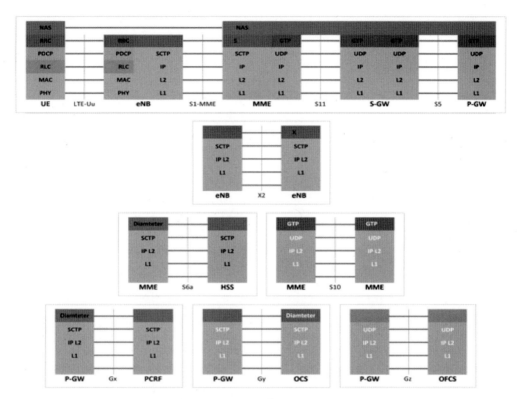

[그림 3-3] LTE 프로토콜 제어 스택 평면

LTE 네트워크 상의 트래픽 흐름

[그림 3-4]는 LTE 네트워크 참조 모델의 사용자 평면에서 인터넷 트래픽 흐름을 나타낸다. (a)는 UE 로부터 인터넷으로의 트래픽 흐름을, (b)는 인터넷에서 UE로의 트래픽 흐름을 나타낸다. IP 패킷은 S1-U 및 S5 인터페이스 상에서 각각 GTP 터널을 통하여 전송된다. 이들 GTP 터널은 UE가 LTE망 에 초기 접속 시 제어 시그널 링을 통해 EPS 베어러 별로 설정된다.

하나의 S1-U 및 S5 인터페이스 상에는 여러 EPS 베어러가 설정된다. 따라서 이들을 구별하기 위하여 각 GTP 터널 설정 시 상향 및 하향으로 터널 종단점 식별자(TEID)가 할당된다. S1-U 인터페이스에서 GTP 터널이 설정될 때는 상향으로 S-GW에 종단점을 갖는 TEID ([그림 3-4(a)] UL S1-TEID)가 할당 되고, 하향으로 eNB에 종단점을 갖는 TEID([그림 3-4(b)] DL S1-TEID)가 할당된다. 마찬가지로 S5 인터페이스에서 GTP 터널이 설정될 때는 상향으로 P-GW에 종단점을 갖는 TEID([그림 3-4(a)] UL S5-TEID)와 하향으로 S-GW에 종단점을 갖는 TEID([그림 3-4(b)] DL S5-TEID)가 할당된다.

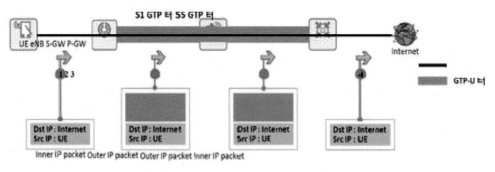

[그림 3-4] (a) 네트워크 상의 트래픽 흐름도

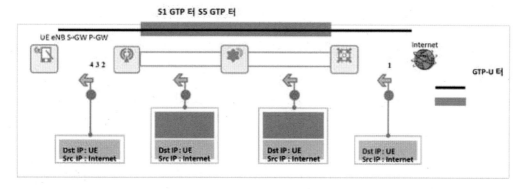

[그림 3-4] (b) 네트워크 상의 트래픽 흐름도

사용자 IP 패킷이 S1-U와 S5 인터페이스 상에서 GTP 터널을 통해 전송될 때 eNB, S-GW 및 P-GW는 GTP 패킷 헤더에 GTP 터널 생성 시 할당 받은 TEID를 삽입하여 전송한다. S-GW는 상향에서 S1-GTP 터널을 종단하고 사용자 IP 패킷을 S5-GTP 터널로 전송하기 위하여 UL S1-TEID와 UL S5-TEID 간 맵핑 정보를 갖고 있어야 한다. 마찬가지로 하향에서는 DL S5-TEID와 DL S1-TEID 간 맵핑 정보를 갖고 있어야 한다. [그림 3-4]에서 각 엔터티가 상향 및 하향 인터넷 트래픽 흐름을 처리하는 과정을 다음과 같다.

3.1 상향 트래픽 흐름(UE에서 인터넷으로)

UE는 발생한 IP 패킷을 LTE-Uu를 통하여 eNB로 전송한다.

eNB는 S-GW IP 주소를 목적지 주소로 하고 eNB IP 주소를 소스 주소로 하며, UL S1-TEID를 TEID로 하여 S1 GTP 헤더를 구성한 후, 수신한 사용자 IP 패킷에 추가하여 S1 GTP 터널을 통하여 S-GW로 전송한다.

S-GW는 S1 GTP 터널을 통하여 사용자 IP 패킷을 수신한 후 P-GW IP 주소를 목적지 주소로 하고 S-GW IP 주소를 소스 주소로 하며, UL S5-TEID를 TEID로 하여 S5 GTP 헤더를 구성 한다. 이를 사용자 IP 패킷에 추가하여 S5 GTP 터널을 통하여 P-GW로 전송한다.

P-GW는 S5 GTP 헤더를 제거한 후 사용자 IP 패킷을 얻고, IP 라우팅을 통하여 인터넷으로 전송한다.

3.2 하향 트래픽 흐름(인터넷에서 UE로)

P-GW는 인터넷으로부터 UE로 향하는 IP 패킷을 수신한다.

P-GW는 S-GW IP 주소를 목적지 주소로 하고 P-GW IP 주소를 소스 주소로 하며, DL S5-TEID를 TEID로 하여 S5 GTP 헤더를 구성한 후, 사용자 IP 패킷에 추가하여 S5 GTP 터널을 통하여 S-GW로 전송한다.

S-GW는 S5 GTP 터널을 통하여 IP 패킷을 수신한 후 eNB IP 주소를 목적지 주소로 하고 S-GW IP 주소를 소스 주소로 하며, DL S1-TEID를 TEID로 하여 S1 GTP 헤더를 구성한다. 이를 IP 패킷에 추가하여 S1 GTP 터널을 통하여 eNB로 전송한다.

EMM(EPS Mobility Management) 개요

사용자가 단말기로 LTE망에 처음으로 접속하는 사용자에 대한 초기 접속 절차를 여러 초기 접속 형태를 구분하고 초기 접속 절차를 구성하는 기능 단위를 구별하여, 초기 접속 형태별로 다른 초기 접속 절차를 설명한다.

4.1 시스템 접속

사용자(단말기)가 망에 접속할 때 MME에서 접속 절차가 진행되는 유형을 살펴보고자 한다. 접속 절차 첫 단계는 사용자가 망에 접속 요청을 함으로써 이루어지는데, 성공적인 접속 절차를 간단히 설명하면 단말기가 MME로 접속 요청(Attach Request) 메시지를 전송함으로써 시작되고, MME가 단말기로 접속 승낙(Attach Accept) 메시지를 전송하면서 접속된다. 이때 UE는 MME로 Attach Request(UE ID) 메시지를 전송하면서 자신이 누구인지 UE ID(IMSI 또는 Old GUTI3)를 통해 알리고, MME는 UE로 Attach Accept(GUTI, TAI list) 메시지를 전송하면서 UE가 IMSI 대신 사용할 ID로 GUTI를, 위치 갱신 범위로 TAI list4를 알려 준다.

UE로부터 Attach Request 메시지를 수신하여 UE로 Attach Accept 메시지를 전송하기 전까지 MME는 다음과 같은 절차를 거칠 수 있다.

○ UE ID 획득
○ 가입자 인증(Authentication)
○ NAS Security Setup(NAS Security Key 설정)
○ 위치 등록(Location Update)
○ EPS 세션 설정

이들 절차 중 어떤 절차를 거치는가는 초기 접속 유형에 따라 달라진다. UE ID 획득과 EPS 세션 설정 절차는 모든 초기 접속 유형에서 공통으로 수행된다. 나머지 절차들, 즉 가입자 인증, NAS Security Setup 및 위치등록 절차는 초기 접속 유형에 따라 선택적으로 수행되는데 UE ID가 무엇인가(IMSI or Old GUTI)와, 이전 사용자 접속 정보가 망(MMEs)에 남아 있는가/없는가 등에 영향을 받는다. 이 글에서는 초기 접속 유형을 다음과 같은 기준으로 구분하기로 한다. [그림 3-5]은 초기 접속 유형 구별을 위해 적용한 판단기준을 나타낸다.

○ UE가 망 접속 요청을 어떤 UE ID를 사용하여 하는가? (IMSI or Old GUTI)
○ UE가 망 접속 요청을 어떤 MME로 하는가? (이전5에 접속했던 MME or 이전에 접속하지 않은 MME)
○ MME가 "이전 사용자 접속 정보(UE Context)"를 망으로부터 얻을 수 있는가? (Yes or No)

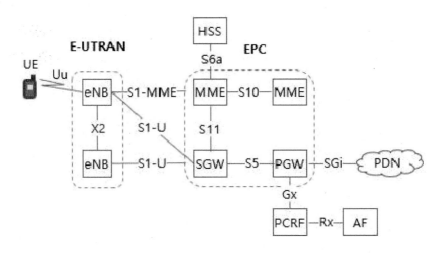

[그림 3-5] EPC 시스템 구조

망(MME)에 UE ID를 포함한 "이전 사용자 접속 정보"가 없는 경우에 사용자를 Unknown UE, 있는 경우에 사용자를 Known UE로 정의하고, 이어지는 장 5.1절에서 Unknown UE에 대한 초기 접속 유형을 5.2절에서는 Known UE에 대한 초기 접속 유형을 설명한다. UE가 "이전 망 접속 정보"를 갖고 있는 경우 Attach Request 메시지는 무결성 보호되어 전송되는 것으로 설명한다.

단말기

5.1 Unknown UE

[그림 3-6]은 사용자(UE)가 Attach Request 메시지를 전송하여 망에 접속을 요청하였을 때 망(MME) 이 사용자에 대한 정보를 갖고 있지 않는 경우에 대한 초기 접속 유형을 나타낸다. 아래에서 각 유형을 정의하고 유형별로 다른 점을 설명한다(EPS 세션 설정 절차는 공통이므로 생략한다). UE가 현재 접속을 요청하는 MME를 New MME, 이전에 접속했던 MME를 Old MME로 부르기로 한다.

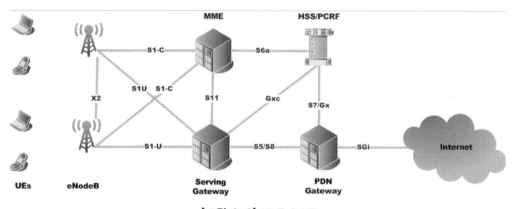

[그림 3-6] MME & UE

Attach Case 1   IMSI를 갖고 접속하는 UE는 사용자와 망 모두 사용자의 이전 접속 정보가 없는 경우로 2편에서 설명할 EMM Case 1은 여기에 해당한다. 시나리오는 다음과 같다.

① UE는 UE ID를 IMSI로 하여 MME로 Attach Request 메시지를 전송하고 MME는 Attach Request 메시지로부터 IMSI를 획득한다.

② MME는 모르는 UE이므로(UE가 IMSI를 전송했으므로) 인증 및 NAS Security Setup을 수행 한다.

③ MME는 HSS로 위치 등록을 수행한다. 즉, HSS에게 사용자가 자신에게 등록했음을 알리고 HSS로부터 사용자의 가입자 정보를 다운로드 받는다.

Attach Case 2 이전에 접속했던 이전망으로 접속하는 UE(New MME = Old MME)와 "이전 사용자 접속 정보"가 없는 MME UE는 이전에 망에서 detach된 후에도 "이전 망 접속 정보(Old GUTI, NAS Security Context6)"를 갖고 있고 같은 MME로 다시 접속했는데, MME는 UE 정보를 갖고 있지 않은 경우이다. 시나리오는 다음과 같다.

① UE는 New MME로 Old GUTI를 사용하여 Attach Request 메시지를 전송한다. 이 Attach Request 메시지는 NAS 무결성 키(KNASint)에 의해 무결성 보호되어(NAS-MAC을 포함하여) 전송된다.

② GUTI는 MME ID인 GUMMEI를 포함하므로, New MME는 Old GUTI를 보고 자신이 할당했던 GUTI 임을 안다. New MME는 Old GUTI를 찾아보았으나 Old GUTI에 대한 "이전 사용자 접속 정보"가 없다.

③ MME는 UE에게 Identity Request 메시지를 전송하여 IMSI를 요청한다.

④ UE는 Identity Response 메시지를 통해 MME에게 IMSI를 전달한다.

⑤ 이제 MME는 이 IMSI를 이용하여 Attach Case 1에서처럼 인증 및 NAS Security Setup을 수행하고 위치 등록을 수행한다.

Attach Case 3 이전에 접속했던 MME가 아닌 다른 MME로 접속하는 UE(New MME ≠ Old MME)와 "이전 사용자 접속 정보"가 없는 MME UE는, 이전에 망에서 detach된 후에도 "이전 망 접속 정보"를 갖고 있고 이전과 다른 MME(New MME)로 접속했는데, 이전 MME(Old MME)에 UE 정보가 없는 경우이다. 시나리오는 다음과 같다.

① UE는 New MME로 Old GUTI를 사용하여 Attach Request 메시지를 전송한다. 이 Attach Request 메시지는 무결성 보호되어 전송된다.

② New MME가 Old GUTI를 수신하고 보니 다른 MME(Old MME)가 할당했던 GUTI이다.

③ New MME는 Old MME에게 Old GUTI와 Attach Request 메시지를 포함하는 Identification Request (Old GUTI, Complete Attach Request Message) 메시지를 전송하여 Old GUTI 에 대한 "이전 사용자 접속 정보"를 요청한다.

④ 이를 수신한 Old MME는 해당 사용자 정보를 찾아보았으나 없다(이러면 IMSI도 없다).

⑤ Old MME는 New MME에게 Identification Response(error cause) 메시지를 통해 사용자 정보가 없음을 알린다.

여기까지 오면 Attach Case 2와 상황이 같아지고 이후 절차는 Attach Case 2에서 3), 4), 5)와 같다.

New MME는 UE에게 Identity Request 메시지를 전송하여 IMSI를 요청하고 이를 수신한 UE는 Identity Response 메시지를 통해에게 IMSI를 전달한다. MME는 이 IMSI를 이용하여 인증 및 NAS Security Setup을 수행하고 위치 등록을 수행한다.

5.2 Known UE

[그림 3-7]은 사용자(UE)가 Attach Request 메시지를 전송하여 망에 접속을 요청하였을 때, 망(MME)이 사용자에 대한 정보를 갖고 있는 경우에 대한 초기 접속 유형을 나타낸다. Unknown UE의 경우와는 달리 Known UE의 경우에는 UE가 IMSI를 사용하여 접속하는 경우는 없다고 가정한다. [그림 3-7]에서 UE와 MME는 사용자의 이전 접속 정보를 가지고 있고, UE는 Attach Request 메시지를 무결성 보호하여 전송한다.

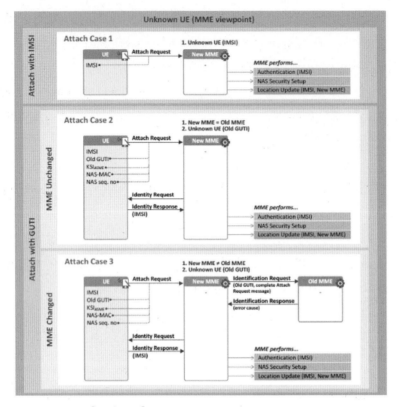

[그림 3-7] Initial Attach Cases for Known UE

Attach Case 4 이전에 접속 했던 대로 접속하는 UE(New MME = Old MME)와 "이전 사용자 접속 정보를 갖고 있는 MME UE는 "이전 망 접속 정보(Old GUTI, NAS Security Context)"를 갖고 있고 같은 MME로 다시 접속했는데, MME가 UE 정보를 갖고 있는 경우이다. 시나리오는 다음과 같다.

① UE는 New MME로 Old GUTI를 사용하여 Attach Request 메시지를 전송한다. 이 Attach Request 메시지는 NAS 무결성 키(KNASint)에 의해 무결성 보호되어(NAS-MAC 을 포함하여) 전송된다.
② New MME는 Old GUTI를 보고 자신이 할당했던 GUTI임을 안다. Old GUTI를 찾아보니 해당 사용자의 "이전 사용자 접속 정보(IMSI, MM Context(NAS Security Context, UE-AMBR))"가 있다.
③ MME는 Attach Request 메시지에 대한 무결성 검증을 한다.

- NAS-MAC에 대한 무결성 검증이 실패하면, MME는 IMSI를 이용하여 가입자 인증을 하고 UE와 NAS Security Setup을 수행해야 한다.
- NAS-MAC에 대한 무결성 검증이 성공하면, MME는 가입자 인증 및 NAS Security Setup을 생략할 수 있다.

Attach Case 5 이전에 접속했던 MME가 아닌 다른 MME로 접속하는 UE(New MME ≠ Old MME)와 "이전 사용자 접속 정보"를 갖고 있는 MME UE는 "이전 망 접속 정보"를 갖고 있고 다른 MME(New MME)로 접속했는데, 이전 MME(Old MME)에 UE 정보가 있는 경우이다. 시나리오는 다음과 같다.

① UE는 New MME로 Old GUTI를 사용하여 Attach Request 메시지를 전송한다. 이 Attach Request 메시지는 무결성 보호되어 전송된다.
② New MME가 Old GUTI를 수신하고 보니 다른 MME(Old MME)가 할당했던 GUTI이다.
③ New MME는 Old MME에게 Old GUTI와 Attach Request 메시지를 포함하는 Identification Request (Old GUTI, Complete Attach Request Message) 메시지를 전송하여 Old GUTI의 "이전 사용자 접속 정보"를 요청한다.
④ 이를 수신한 Old MME는 해당 사용자 정보를 찾아본다. Old GUTI를 찾아보니 해당 사용자의 IMSI와 MM Context(NAS Security Context, UE-AMBR)가 있다.
⑤ Old MME는 Attach Request 메시지에 대한 무결성 검증을 한다.
⑥ Old MME는 New MME에게 Identification Response 메시지를 통해 무결성 검증 결과를 전달한다.
  ➡ 무결성 검증이 실패한 경우 error cause를 전달한다.
  ➡ 무결성 검증이 성공한 경우 사용자 정보(IMSI, Old GUTI와 MM Context)를 전달한다.

무결성 검증이 실패한 경우 Attach Case 3과 상황이 같아지고 이후 IMSI 획득, 가입자 인증 및 NAS Security Setup 절차는 Attach Case 3과 같다. 무결성 검증이 성공한 경우 New MME는 Old MME 로부터 IMSI와 MM Context를 수신하고, Attach Case 4에서 무결성 검증이 성공한 경우처럼 가입자 인증 및 NAS Security Setup 을 생략할 수 있다. Attach Case 4와 다른 점은 UE가 새로운 MME 로 접속하였으므로 New MME는 HSS와 통신하여 위치 등록을 수행한다.

Simplified Call Flows
of Each Case

이 장에서는 II장에서 설명했던 초기 접속 유형별로 망 접속 절차의 호 흐름을 기능 단위로 간단히 기술한다. [그림 3-8]는 UE가 어떤 UE ID로 초기 접속을 시도하는가를 기준으로 초기 접속 유형별 호 흐름을 보여준다. Known UE의 경우 NAS-MAC 무결성 검증이 성공한 경우만을 나타내었다. 망 접속 절차를 구성하는 기능 단위는 다음과 같다.

○ UE ID 획득 (UE ID Acquisition) : 망(MME)은 가입자 식별 및 인증을 위한 UE ID를 획득한다. UE ID로는 IMSI와 Old GUTI가 있다. IMSI는 Attach Request 또는 Identity Response 메시지를 통하여 UE로부터 얻는다. Old GUTI는 Attach Request 메시지를 통하여 UE로부터 얻거나 Identification Response 메시지를 통하여 Old MME로부터 얻는다.

○ 가입자 인증 (Authentication) : 망이 Attach Request 메시지를 수신하여 i) UE ID로 IMSI를 획득하였거나, ii) UE ID로 Old GUTI를 획득하였으나 메시지 무결성 검증에 실패한 경우, 망은 EPS-AKA 절차에 따라 망 접속이 허용된 가입자인지를 확인한다. HSS는 인증 벡터를 생성하여 MME에게 전송함으로써 MME 베이스 키인 KASME를 전달하고, MME는 HSS를 대신하여 UE와 상호인증을 수행한다.

○ NAS 보안 키 설정 (NAS Security Setup) 가입자 인증을 마쳤으면, UE와 MME간 NAS 메시지를 안전하게 전송하기 위한 NAS Security 키를 생성한다.

○ 위치 등록 (Location Update) : MME는 HSS로부터 사용자 가입정보를 다운로드 받고 HSS는 사용자가 위치한 MME 정보를 갱신한다. MME가 위치 등록을 수행하는 경우는, i) UE가 attach 하는 MME가 최근에 detach했던 MME와 다른 MME이거나, ii) MME에 유효한 가입 정보가 없거나, iii) UE가 UE ID로 IMSI를 전달하거나, iv) MME에 유효한 "이전 사용자 접속 정보(UE Context)"가 없는 경우이다.

○ EPS 세션 설정(EPS Session Establishment)PS 세션 및 Default EPS 베어러를 생성한다.

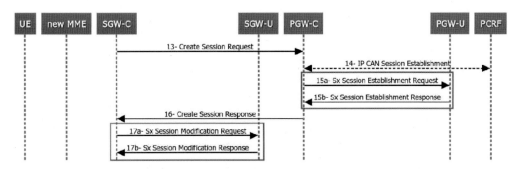

[그림 3-8] Simplified Call Flows of Cases of Initial Attach

Attach Case 1 Unknown UE는 IMSI로 접속 요청을 하고, MME는 Attach Request 메시지로부터 사용자 IMSI를 획득한다.

○ [UE → MME] Attach Request (IMSI) : UE가 IMSI로 접속을 요청한 경우 MME는 가입자 인증, NAS Security Setup, 위치 등록을 수행하고, EPS 세션/Default EPS 베어러를 설정한다.

6.1 Initial Attach with IMSI

6.2 Initial Attach with GUTI

Attach Case 2 Unknown UE, MME Unchanged

UE는 Old GUTI로 접속 요청을 하고, MME는 Old GUTI가 없으므로 UE에게 UE ID를 요청하여 IMSI를 획득한다.

○ [UE → MME]   **Attach Request** (Old GUTI)

○ [MME]   No IMSI

○ [UE ← MME]   **Identity Request** (UE ID = IMSI)

○ [UE → MME]   **Identity Response (IMSI)**

나머지 절차는 Attach Case 1과 같은 순서로 처리된다. 즉, 가입자 인증, NAS Security Setup, 위치 등록을 수행하고, EPS 세션/Default EPS 베어러를 설정한다.

Attach Case 3 Unknown UE, MME Changed

UE는 Old GUTI로 접속 요청을 하고, MME(New MME)는 Old MME에게 "이전 사용자 접속 정보"를 요청하였으나 받지 못하였으므로 UE에게 UE ID를 요청하여 IMSI를 획득한다.

- ○ [UE → New MME]　　　　　　**Attach Request** (Old GUTI)
- ○ [New MME → Old MME]　　　**Identification Request** (Old GUTI)
- ○ [Old MME]　　　　　　　　　No IMSI
- ○ [New MME ← Old MME]　　　**Identification Response** (error cause)
- ○ [UE ← New MME]　　　　　　**Identity Request** (UE ID = IMSI)
- ○ [UE → New MME]　　　　　　**Identity Response (IMSI)**

나머지 절차는 Attach Case 1과 같은 순서로 처리된다. 즉, 가입자 인증, NAS Security Setup, 위치 등록을 수행하고, EPS 세션/Default EPS 베어러를 설정한다.

Attach Case 4 Known UE, MME Unchanged의 UE는 Old GUTI로 접속 요청을 하고, MME는 Old GUTI에 해당하는 "이전 사용자 접속 정보"를 갖고 있으므로 별도의 IMSI 획득 절차가 필요 없다.

- ○ [UE → MME] Attach Request (Old GUTI)
- ○ [MME] IMSI, Old GUTI, MM Context

MME는 NAS-MAC에 대한 무결성 검증이 성공하면 가입자 인증, NAS Security Setup 및 위치 등록을 수행하고, EPS 세션/Default EPS 베어러를 설정한다.

Attach Case 5 Known UE, MME Changed

UE는 Old GUTI로 접속 요청을 하고, MME(New MME)는 Old MME에게 "이전 사용자 접속 정보"를 요청하여 IMSI와 MM Context를 획득한다.

○ [UE → New MME]   **Attach Request** (Old GUTI)
○ [New MME → Old MME]   **Identification Request** (Old GUTI)
○ [Old MME]   **IMSI**, Old GUTI, MM Context
○ [New MME ← Old MME]   **Identification Response**
                            (**IMSI**, Old GUTI, MM Context)

Old MME가 NAS-MAC에 대한 무결성 검증에 성공하면 New MME는 IMSI와 MM Context 정보를 수신하여 가입자 인증 및 NAS Security Setup을 수행하지 않으나, MME가 바뀌었으므로 HSS와 통신하여 위치 등록을 수행하고, 이어서 EPS 세션/Default EPS 베어러를 설정한다. HSS는 사용자의 위치를 Old MME에서 New MME로 갱신하고 Old MME에게 해당 사용자의 MM Context를 해제하도록 Cancel Location 메시지를 보낸다.

Chapter 03 연 습 문 제

1. 5G 네트워크 구조도를 도시하시오.
2. GX 인터페이스를 설명하시오.
3. EPS 시스템 구조도를 도시하시오.
4. LTE 프로토콜 스택에 대해 설명하시오.
5. MME 역할에 대해 설명하시오.

1 다음 중 마이크로파 다중 통신 시스템의 중계 방식이 아닌 것은?

① 직접 중계 방식　　　　　　　② 간접 중계 방식

③ 검파 중계 방식　　　　　　　④ 헤테로다인 중계 방식

2 우리나라의 LTE 이동통신시스템에서 기지국과 단말국간이 상향/하향 신호 전송 방식과 Duplex 방식으로 각각 옳은 것은?

① TDD – Half Duplex　　　　　② FDD – Half Duplex

③ TDD – Full Duplex　　　　　④ FDD – Full Duplex

3 통신 프로토콜이란 통신을 위하여 약속된 절차이 집합이다. 다음 중 계층과 기능이 다른 것은?

① 물리계층 – 통신회선의 종류

② 네트워크 – 통신 경로 결정

③ 응용계층 – 시스템의 관리

④ 세션 – 데이터의 변환

4 다음 설명의 빈 칸에 들어갈 적당한 말은 무엇인가?

> DDCMP(Digital Data Communications Message Protocol)는 (   )방식의 대표적인 프로토콜이다.

① 문자   ② 비트
③ 부호   ④ 바이트

5 다음 중 인터넷에 접속할 수 있는 새로운 단말기기를 개발하는 경우 단말기 특성을 반영해서 반드시 개발해야 하는 최소한의 프로토콜(Protocol) 계층은 무엇인가?

① 트랜스포트층   ② 데이터링크층
③ 네트워크층   ④ 애플리케이션층

6 프로토콜에 대한 다음 설명 중 빈칸( )에 적합한 것은?

> 프로토콜은 두 지점 간의 통신을 원활히 수행할 수 있도록 하는 통신 상의 (   )들의 집합이다.

① 규약   ② 링크
③ 요소   ④ 기능

7 전파가 자유공간에서 전파할 때 거리가 2배로 증가하면 손실은 약 얼마나 증가하는가?

① 2[dB]   ② 3[dB]
③ 6[dB]   ④ 9[dB]

8 다음 중 무선통신시스템의 설계 계획 시 요구되는 시스템의 암호화 도입 방식이 아닌 것은?

① 링크 대 링크(Link-by-Link)방식
② 트리 대 트리(Tree-by-Tree)방식
③ 엔드 대 엔드(End-by-End)방식
④ 노드 대 노드(Node-by-Node)방식

9 통신망시스템이 고장이 난 시점부터 수리가 완료되는 시점까지의 평균시간을 의미하는 것을 무엇이라 하는가?

① MTTF(Mean Time To Failure)

② MTTR(Mean Time To Repair)

③ MTBF(Mean Time Between Failure)

④ MTBSI(Mean Time Between System Incident)

10 다음 중 이동통신 시스템에서 셀의 크기를 결정하는 요인으로 관련이 가장 적은 것은?

① 기지국 송신 전력

② 사용자 밀집도

③ 주변 기지국으로부터의 전파 간섭

④ 평균적인 통화시간

11 다음 중 방향 탐지기(Direction Finder)에 대한 설명으로 틀린 것은?

① 항행 보조 장치로 사용한다.

② 야간방향 오차, 해안선 오차, 4분원 오차가 존재한다.

③ 루프(Loop)안테나와 Goniometer의 특성을 이용한다.

④ 마이크로파(극초단파) 정도의 전자기파를 물체에 발사시켜 그 물체에서 반사되는 전자기파를 수신하여 물체와의 거리, 방향, 고도 등을 알아내는데 사용한다.

12 다음 중 이동통신시스템 기지국의 VLR(Visitor Location Register)기능으로 틀린 것은?

① 가입자 번호 및 식별자 관리

② 호처리 기능(루팅 정보 제공)

③ 위치 등록 및 삭제(Registration Notification/Cancellation)

④ 신호음 및 Ring 기능

13 다음 중 국내에서 UWB(Ultra Wide Band) 용도로 사용할 수 없는 주파수는?

① 4.1[GHz]　　　　　② 6.1[GHz]

③ 8.1[GHz]　　　　　④ 10.1[GHz]

IP 네트워크 기술

IP 주소 할당 개요

    LTE망이 유동 IP 주소를 할당하는 경우, 사용자 단말은 어디에서 접속하든 해당 도시에서 동적으로 IP 주소 (PDN 주소)를 할당 받고 P-GW를 통하여 PDN으로 연결된다. 어느 도시에서든 IP 주소 할당 절차는 1편과 동일하게 수행된다. 반면에 고정 IP 주소를 할당하는 경우에는 사용자 단말은 어디에서 접속하든 항상 같은 IP 주소를 할당 받고 정해진 P-GW를 통하여 PDN으로 연결된다. 가입 프로파일에 의해 영구적인 IP 주소가 할당 되는 점은 1편과 같으나 PDN 접속 점인 P-GW가 고정 됨에 따라 default 베어러(사용자끼리 상호 간에 음성 음향 데이터 영상 등과 같은 정보를 내용의 변경 없이 실시간으로 전달하는 능력 수단을 제공하는 서비스) 경로는 UE가 접속한 도시에서 설정 될 수도 있고 다른 도시를 향해 설정한다.

IP 주소 할당 종류(Types of IP Address Allocation)

IP 주소 할당은 LTE망 환경으로 EMM 시나리오에서 다룬 두 도시(서울, 대전) 모델을 적용하였다. 서울과 대전에는 각각 MME, S-GW, P-GW가 있다. 각 P-GW는 독립된 IP pool을 가지며 HSS는 서울에만 위치한다. 사용자 단말은 하나의 PDN(인터넷)을 이용하고, PDN 연결을 요청할 때 PDN 주소(IP 주소)와 함께 DNS 서버 IP 주소를 같이 요구하며, IP 주소 유형은 IPv4인 경우이다. 사용자 동작 시나리오는 다음과 같다.

서울에서 UE를 power-on하고 LTE망에 접속하여 PDN(인터넷) 서비스를 이용한다.

서울에서 인터넷 서비스 이용을 마치고 UE를 power off한 후 대전으로 이동한다.

대전에 도착 후 UE를 power-on하고 LTE망에 접속하여 PDN(인터넷) 서비스를 이용한다.

사용자 단말(UE)이 서울 또는 대전에서 LTE망에 초기 접속시 MME에게 PDN으로의 연결을 요청 한다1. PDN 연결을 요청 받은 MME는 PDN으로 접속할 P-GW를 선택하고, P-GW는 해당 PDN에 서 UE가 사용할 IP 주소(즉, PDN 주소)를 결정한다. P-GW는 default 베어러(사용자끼리 상호 간에 음성 음향 데이터 영상 등과 같은 정보를 내용의 변경 없이 실시간으로 전달하는 능력 수단을 제공 하는 서비스)가 활성화 되는 과정에서 IP 주소를 UE에게 전달하고, UE는 이 IP 주소를 사용하여 PDN 서비스를 이용한다.

두 도시 모델에서 LTE망이 IP 주소를 할당하는 방법은 [표 4-1]에서 살펴본 것처럼 유동 IP 주소(dynamic IP address) 할당 방법과 고정 IP 주소(static IP address) 할당 방법이 있다. 유동 IP 주소 할당 방법은 section 3에서 고정 IP 주소 할당 방법은section 4에서 설명한다. IP 주소 할당 방법 별로 P-GW를 선택하는 방법과 IP 주소를 할당하는 주체는 [표 4-1]에서 나타낸다.

[표 4-1] IP 주소 할당 방법

	유동 IP 주소(Dynamic IP Addr)	고정 IP 주소(Static IP Addr)
IP 주소 할당	P-GW (Local IP pool에서 IP 주소를 할당)	HSS (HSS에 저장되어 있는 IP 주소를 할당)
P-GW 선택	MME가 동적으로 선택 (P-GW 선택 정책에 따라 동적으로 P- GW를 선택)	HSS에 있는 고정 P-GW를 선택 (HSS에 저장되어 있는 고정 P-GW를 선택)

유동 IP 주소 할당(Dynamic IP Address Allocation)

유동 IP 주소 할당인 경우, 망은 사용자가 망에 초기 접속할 때마다 동적으로 IP 주소를 할당한다.

MME는 PDN에 접속할 P-GW를 선택하여 EPS 세션(즉 PDN 연결) 생성을 요청하고, P-GW는 PDN에서 UE가 사용 할 IP 주소를 동적으로 결정한다. [그림 4-1]은 두 도시 모델에서 유동 IP 주소가 할당되는 과정을 보여준다.

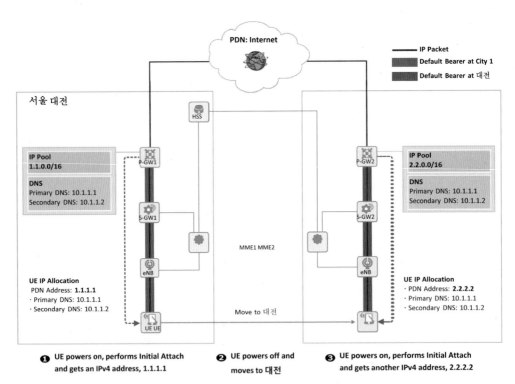

[그림 4-1] 유동 IP 주소 할당(Dynamic IP Address Allocation)

3.1 IP Provisioning at P-GW

P-GW1과 P-GW2에는 UE에게 할당할 IP 주소를 가진 IP Pool과 DNS 서버 IP 주소가 사업자에 의해 미리 설정되어 있다.

P-GW1
- IP Pool: 1.1.0.0/16 (1.1.1.1 ~ 1.1.255.254)
- DNS 서버 IP 주소 Primary DNS: 10.1.1.1
  Secondary DNS: 10.1.1.2

P-GW2
- IP Pool: 2.2.0.0/16 (2.2.1.1 ~ 2.2.255.254)
- DNS 서버 IP 주소 Primary DNS: 10.1.1.1
  Secondary DNS: 10.1.1.2

3.2 IP 주소(PDN 주소) 획득과 PDN 연결

Power on 후 UE는 해당 도시에 있는 MME로 PDN 연결을 요청한다. MME는 HSS로부터 가입 프로파일을 다운로드 받아 UE가 고정 IP 주소를 사용하지 않음을 확인한다. MME은 local P-GW(P-GW1 또는 P-GW2)를 선택하고, P-GW는 IP pool에서 가용한 IP 주소를 선택하여 UE에게 할당한다. Default 베어러(사용자끼리 상호 간에 음성 음향 데이터 영상 등과 같은 정보를 내용의 변경 없이 실시간으로 전달하는 능력 수단을 제공하는 서비스)가 설정되는 과정에서 UE는 local P-GW로부터 UE IP 주소와 DNS 서버 IP 주소를 전달받고, local P-GW를 통해 PDN(인터넷)으로 연결되어 인터넷 서비스를 이용한다.

고정 IP 주소 할당
(Static IP Address Allocation)

고정 IP 주소 할당 방법에서는 UE가 PDN에서 사용할 IP 주소(PDN 주소)와 PDN으로 접속할 P-GW의 ID가 미리 정해져서 가입 프로파일로 HSS에 저장되어 있다. 사용자가 어디에서 LTE망에 접속하던지 MME는 가입 프로파일에 있는 고정 P-GW를 선택하고, P-GW는 가입 프로파일에 있는 고정 IP 주소를 할당한다. UE는 어디에서 망에 초기 접속하든 같은 IP 주소를 할당 받고 default 베어러(사용자끼리 상호 간에 음성 음향 데이터 영상 등과 같은 정보를 내용의 변경 없이 실시간으로 전달하는 능력 수단을 제공하는 서비스)는 UE와 고정 P-GW간에 설정된다. [그림 4-2]는 두 도시 모델에서 고정 IP주소가 할당되는 과정을 보여준다.

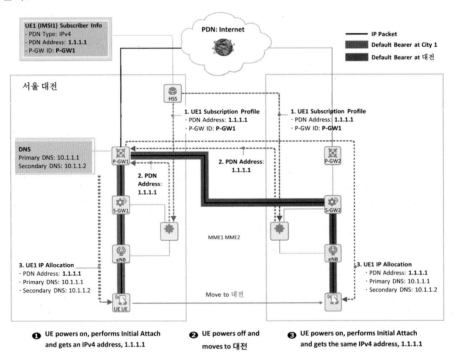

[그림 4-2] 고정 IP 주소 할당 (Static IP Address Allocation)

4.1 IP Provisioning at HSS

HSS에는 가입자 별로 가입 프로파일이 제공되어 있다. 가입 프로파일은 PDN 접속에 사용되는 PDN 타입, PDN 주소(IP 주소) 및 P-GW ID를 포함한다.

HSS

- UE1: PDN타입: IPv4, PDN 주소: 1.1.1.1, P-GW ID: PGW1
- UE2: PDN타입: IPv4, PDN 주소: 1.1.1.2, P-GW ID: PGW2
- …

4.2 IP Provisioning at P-GW

P-GW에는 UE에게 할당할 DNS 서버 IP 주소가 미리 설정되어 있다.

P-GW1

- DNS 서버 IP 주소: Primarty DNS: 10.1.1.1
              Secondary DNS: 10.1.1.2

P-GW2

- DNS 서버 IP 주소: Primarty DNS: 10.1.1.1
              Secondary DNS: 10.1.1.2

4.3 PDN 주소(IP 주소) 획득과 PDN 연결

Power on 후 UE1은 해당 도시에 있는 MME로 PDN 연결을 요청한다. MME는 HSS로부터 가입 프로파일을 다운로드 받아 UE가 고정 IP 주소와 고정 P-GW를 사용함을 확인한다. 이들을 이용하여 EPS 세션(PDN 연결) 생성 및 EPS 베어러(사용자끼리 상호간에 음성 음향 데이터 영상 등과 같은 정보를 내용의 변경 없이 실시간으로 전달하는 능력 수단을 제공하는 서비스) 설정 절차를 시작한다.

이로써 UE1은 어디에서 LTE망에 접속하든 고정 IP 주소를 할당 받고, P-GW1으로 default 베어러(사용자끼리 상호 간에 음성 음향 데이터 영상 등과 같은 정보를 내용의 변경 없이 실시간으로 전달하는 능력 수단을 제공하는 서비스) 경로가 설정되고, P-GW1을 통해 PDN(인터넷)으로 연결되어 인터넷 서비스를 이용한다. 각 도시에서 default 베어러(사용자 끼리 상호간에 음성 음향 데이터 영상 등과 같은 정보를 내용의 변경 없이 실시간으로 전달 하는 능력 수단을 제공하는 서비스) 경로는 다음과 같이 설정된다.

　　○ 서울 : UE1 - eNB - S-GW1 - P-GW1
　　○ 대전 : UE1 - eNB - S-GW2 - P-GW1

4.4 고정 IP 주소 할당 절차

그림4-3은 두 도시 모델에서 고정 IP 주소 할당 절차를 나타낸다.

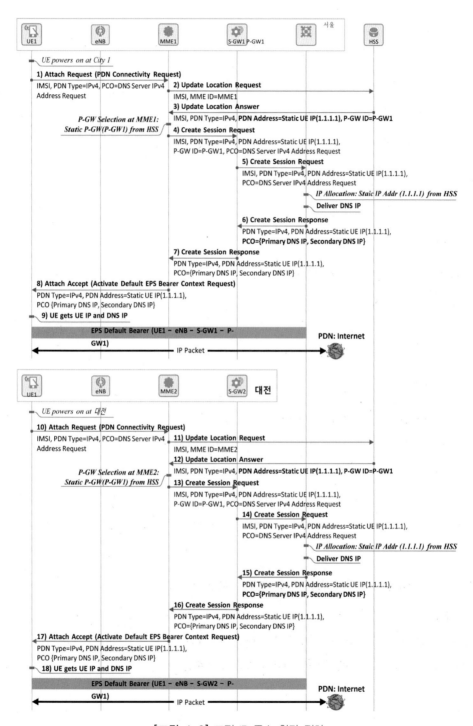

[그림 4-3] 고정 IP 주소 할당 절차

4.5 서울에서

1) [UE1 → MME1] PDN (인터넷) Connectivity 요청

City1에서 power on 후 UE1은 MME1으로 PDN Connectivity Request(PDN Type=IPv4, PCO=DNS Server IPv4 Address Request) 메시지를 전송하여 PDN 연결을 요청한다. IPv4 주소와 함께 PCO 필드에 의해 DNS 서버 IP 주소가 요청된다.

2) [MME1 → HSS] LTE망에 등록 요청

MME1은 HSS로 Update Location Request 메시지를 전송하여 UE1이 MME1의 제어를 받음을 알리고 망에 등록한다.

3) [MME1 ← HSS] 가입 프로파일 전달

HSS는 UE1이 MME1에 등록되어 있음을 파악하고, MME1으로 Update Location Answer (IMSI, PDN Type=IPv4, PDN Address=Static UE IP(1.1.1.1), P-GW ID=P-GW1) 메시지를 전송하여 UE1의 가입 프로파일을 전송한다. 이 가입 프로파일은 UE1에게 부여한 고정 IP 주소와 P-GW ID를 포함한다.

4)~5) [MME1 → S-GW1 → P-GW1] 세션 생성 요청

MME1은 HSS로부터 UE1의 가입 프로파일을 수신하여 UE가 고정 IP 주소(1.1.1.1)와 고정 P- GW ID(P-GW1)를 가짐을 파악한다. HSS로부터 수신한 고정 IP 주소와 UE로부터 수신한 PCO를 포함하는 Create Session Request(IMSI, PDN Type=IPv4, PDN Address=Static UE IP(1.1.1.1), PCO=DNS Server IPv4 Address Request) 메시지를 발생하고 P-GW1으로 전송 한다.

6) ~ 7) [MME1 ← S-GW1 ← P-GW1] 세션 생성 응답

P-GW1은 UE1이 부여 받은 고정 IP 주소와 DNS 서버 IP 주소를 포함하는 Create Session Response (IMSI, PDN Type=IPv4, PDN Address=Static UE IP(1.1.1.1), PCO={Primary DNS IP, Secondary DNS IP}) 메시지를 MME1으로 전송한다.

8) [UE1 ← MME1] Default 베어러 Context 활성화 요구

MME1은 UE1에게 Activate Default EPS Bearer Context Request (PDN Type=IPv4, PDN Address=Static UE IP(1.1.1.1), PCO={Primary DNS IP, Secondary DNS IP}) 메시지를 전송하여 default 베어러(사용자끼리 상호 간에 음성 음향 데이터 영상 등과 같은 정보를 내용의 변경 없이 실시간으로 전달하는 능력 수단을 제공하는 서비스) context를 활성화 시킬 것을 요청한다. 이 ESM 메시지는 UE1 고정 IP 주소(1.1.1.1)와 DNS 서버 IP 주소를 포함하며, EMM 메시지인 Attach Accept 메시지에 포함되어 전송된다.

9) [UE1] PDN 서비스를 이용할 IP 주소 획득 : 고정 IP 주소

UE1은 고정 IP 주소와 함께 DNS 서버 IP 주소를 획득하고, UE1과 P-GW1 간(UE1-eNB-S-GW1-P-GW1)에 default 베어러(사용자끼리 상호 간에 음성 음향 데이터 영상 등과 같은 정보를 내용의 변경 없이 실시간으로 전달하는 능력 수단을 제공하는 서비스)가 설정된다. 이제 UE1은 서울에서 PDN(인터넷)에 연결되고 고정 IP 주소를 이용하여 언제든 인터넷 서비스를 이용할 수 있다. UE1이 인터넷 서비스 이용을 끝내고 power off하여 LTE망에서 detach되고, 대전으로 이동하여 다시 power on 한다.

4.6 대전에서

10) [UE1 → MME2] PDN (인터넷) Connectivity 요청

UE1은 MME2로 PDN Connectivity Request(PDN Type=IPv4, PCO=DNS Server IPv4 Address Request) 메시지를 전송하여 PDN 연결을 요청한다. IPv4 주소와 함께 PCO 필드에 의해 DNS 서버 IP 주소가 요청된다.

12) [MME2 → HSS] LTE망에 등록 요청

MME2는 HSS로 Update Location Request 메시지를 전송하여 UE1이 MME2의 제어를 받음을 알리고 망에 등록한다.

13) [MME2 ← HSS] 가입 프로파일 전달

HSS는 UE1이 MME2에 등록되어 있음을 파악하고, MME1에서 UE1 context를 삭제하고 (그림에서는 생략됨) MME2로 Update Location Answer(IMSI, PDN Type=IPv4, PDN Address= Static UE IP(1.1.1.1), P-GW ID=P-GW1) 메시지를 전달하여 UE1의 가입 프로파일을 전달한다.

13)~14) [MME2 → S-GW2 → P-GW1] 세션 생성 요청

MME2는 HSS로부터 UE1의 가입 프로파일을 수신하여 UE가 고정 IP 주소(1.1.1.1)와 고정 P-GW ID(P-GW1)를 가짐을 파악한다. HSS로부터 수신한 고정 IP 주소와 UE1으로부터 수신한 PCO를 포함하는 Create Session Request(IMSI, PDN Type=IPv4, PDN Address=Static UE IP(1.1.1.1), PCO=DNS Server IPv4 Address Request) 메시지를 발생하여 P-GW1으로 전송한다. 이 메시지는 S-GW2를 거쳐 City 1에 있는 P-GW1으로 전달된다.

15)~16) [MME2 ← S-GW2 ← P-GW1] 세션 생성 응답

P-GW1은 UE1이 사용하는 고정 IP 주소와 DNS 서버 IP 주소를 포함하는 Create Session Response (IMSI, PDN Type=IPv4, PDN Address=Static UE IP(1.1.1.1), PCO={Primary DNS IP, Secondary DNS IP}) 메시지를 MME2로 전송한다.

17) [UE1 ← MME2] Default 베어러 Context 활성화 요구

MME2는 UE1에게 Activate Default EPS Bearer Context Request (PDN Type=IPv4, PDN Address=Static UE IP(1.1.1.1), PCO={Primary DNS IP, Secondary DNS IP}) 메시지를 전송하여 default 베어러(사용자끼리 상호 간에 음성 음향 데이터 영상 등과 같은 정보를 내용의 변경 없이 실시간으로 전달하는 능력 수단을 제공하는 서비스) context를 활성화시킬 것을 요청한다. 이 ESM 메시지는 Attach Accept 메시지에 포함되어 전송된다.

18) [UE1] PDN 서비스를 이용할 IP 주소 획득 : 고정 IP 주소

UE1은 고정 IP 주소와 함께 DNS 서버 IP 주소를 획득하고, UE1과 P-GW1간(UE1-eNB -S-GW2-P-GW1)에 default 베어러(사용자끼리 상호 간에 음성 음향 데이터 영상 등과 같은 정보를 내용의 변경 없이 실시간으로 전달하는 능력 수단을 제공하는 서비스)가 설정된다. 대전에 있는 UE1은 서울에서 PDN(인터넷)에 연결되어 인터넷 서비스를 이용한다.

SECTION

5

LTE망은
사용자 단말이 망에 초기 접속

LTE망은 사용자 단말이 망에 초기 접속할 때 사용자가 가입한 서비스에 따라 PDN(예, Internet, IMS)으로 PDN connectivity(IP connectivity)를 제공하고 detach될 때까지 유지함으로써 사용자에게 "always-on IP connectivity"를 제공한다. PDN connectivity는 UE에게 PDN에서 사용할 IP 주소를 할당함을 의미하며, PDN 별로 PDN connectivity를 제공하므로 PDN 별로 IP 주소를 할당하게 된다.

본 장에서는 EMM 시나리오[2]의 두 도시 모델에서 LTE망에서 IP 주소를 할당하는 방법을 살펴보았다. 유동 IP 주소 할당인 경우, 언제 어디에서 망에 초기 접속하든 접속망의 MME가 선택한 P-GW가 IP 주소를 동적으로 할당하고, 사용자는 매번 다른 IP 주소를 할당 받게 된다. 고정 IP 주소 할당인 경우에는 HSS에 provisioning된 가입 정보(고정 IP 주소, 고정 P-GW ID)에 의해 매번 같은 IP 주소가 할당되고, 같은 P-GW를 통해 PDN으로 연결된다.

Visit http://www.netmanias.com to view and download more technical documents.

차례	분류	문서명	본 문서
1	네트워크 구조	LTE 네트워크 구조 : 기본	
2	Identification Security	LTE Identification I : UE 및 ME 식별자	
3		LTE Identification II : NE 및 Location 식별자	
4		LTE Identification III : EPS Session/Bearer 식별자	
5		LTE Security I : LTE Security 개념 및 LTE 인증	
6		LTE Security II : NAS 및 AS Security	
7	QoS	LTE QoS : SDF 및 EPS 베어러 QoS	
8	EMM	LTE EMM 및 ECM 상태	
9		LTE EMM : 사용자 경험에 기반한 EMM 시나리오와 11가지 EMM Case	

차례	분류	문서명	본문서
10		LTE EMM Procedure : 1. Initial Attach (1편) – 초기 접속 종류 식별	
11		LTE EMM Procedure : 1. Initial Attach (2편) – 초기 접속 호 흐름	
12		LTE EMM Procedure : 2. Detach	
13		LTE EMM Procedure : 3. S1 해제 (S1 Release)	
14		LTE EMM Procedure : 4. 서비스 요청 (Service Request)	
15		LTE EMM Procedure : 5. 주기적 Tracking Area 갱신 (Periodic TAU)	
16		LTE EMM Procedure : 6. TAU 절차없는 핸드오버 (1편) – LTE 핸드오버 개요	
17		LTE EMM Procedure : 6. TAU 절차없는 핸드오버 (2편) – X2 핸드오버	
18		LTE EMM Procedure : 6. TAU 절차없는 핸드오버 (3편) – S1 핸드오버	
19		LTE EMM Procedure : 7. TAU 절차없는 셀 재선택	
20		LTE EMM Procedure : 8/9. TAU 절차를 동반한 핸드오버/셀 재선택	
21		LTE EMM Procedure : 10/11. Toward Another City	
22	PCC	LTE Policy and Charging Control (PCC)	
23	과금	LTE 과금 I : Offline	
24		LTE 과금 II : Online (TBD)	
25	IP 주소 할당	LTE망에서 IP 주소 할당 방법 I : 기본	
26		LTE망에서 IP 주소 할당 방법 II : 두 도시 모델	O

IP 주소 유형

LTE망은 all IP 망으로 모든 사용자 트래픽은 IP 패킷으로 전달되며 사용자에게 "always-on IP connectivity"를 제공한다. 사용자 단말(UE)이 LTE망에 접속할 때, 패킷 데이터 망(PDN ; Packet Data Network)으로 연결하기 위하여 UE에게 PDN 주소(즉, PDN에서 사용할 IP 주소)가 할당되고, LTE망에는(즉, UE와 P-GW 간에는) default 베어러가 생성된다. 이 default 베어러는 사용자 단말이 LTE망에서 detach 되기 전까지 유지 된다(즉 초기 접속 시 UE에게 할당한 IP 주소가 유지된다).

Default 베어러는 APN(Access Point Name)1 별로 생성되므로 사용자는 APN 별로 IP 주소를 할당 받게 된다. 사용자가 할당 받는 IP 주소 유형은 IPv4, IPv6 또는 IPv4/IPv6 주소일 수 있다.

IP 주소 할당 방법은 두 편으로 나누어 작성된다. IP 주소 할당 방법과 절차에 대한 기본적인 사항을 다룬다. 지리적으로 같은 장소에서 여러번 망에 초기 접속하는 경우(예, UE가 power off 후 다시 power on), IP 주소 할당 방법에 따라 사용자에게 IP 주소가 어떻게 할당되는 지 설명한다. 지리적으로 다른 장소(두 도시)에서 초기 접속하는 경우, IP 주소 할당 방법에 따라 IP 주소가 어떻게 할당되는지 공부한다.

IP 주소 할당 종류(Types of IP Address Allocation)

사용자 단말(UE)이 LTE망으로 초기 접속 시, LTE망으로 PDN 연결을 요청한다. 사용자 단말에게 PDN 연결을 제공하기 위하여 P-GW는 사용자가 PDN에서 사용할 IP 주소(즉, PDN 주소)를 할당하고 이를 UE에게 전달해 준다. PDN 주소는 P-GW와 UE 간에 default 베어러가 활성화되는 과정에서 P-GW로부터 UE에게로 전달되고, UE는 이 IP 주소를 사용하여 PDN이 제공하는 서비스를 이용한다.

P-GW가 사용자 단말에게 IP 주소를 할당하는 방법은 첫째, 사용사 단말이 망에 접속할 때마다 망(P-GW)에 서 자동으로 할당하는 방법이 있고 둘째, 사용자가 가입할 때 IP 주소를 부여하고 망에 접속할 때마다 가입 시 부여 받은 IP 주소를 할당 받는 방법이 있다. 첫 번째 방법을 유동 IP 주소(dynamic IP address) 할당 방법이라 하고 두 번째 방법을 고정 IP 주소(static IP address) 할당 방법 이라 한다. [그림 4-4]은 IP 주소 할당 방법의 종류와 특징을 나타낸다.

유동 IP 할당 방법에서는 UE에게 할당할 IP 주소는 망(예, P-GW)이 자동적으로 결정한다. 사업자는 P-GW에 미리 IP pool을 provisioning해 놓고, UE가 LTE망에 초기 접속하면 P-GW가 동적으로 IP 주소를 결정하여 UE에게 할당한다. 따라서 UE는 망에 초기 접속할 때마다 다른 유동 IP 주소를 할당 받는다.

반면에 고정 IP 할당 방법에서는 사용자가 사업자 망에 가입 시, 사업자가 UE가 영구적으로 사용할 IP 주소를 할당해준다. 사업자는 UE에게 할당한 고정 IP를 다른 가입 정보와 함께 망(HSS)에 가입 정보로 provisioning 해 놓고, UE가 LTE망에 초기 접속하면 P-GW는 HSS로부터 고정 IP 주소를 수신하여 이를 UE에게 전달해 준다. 따라서 UE는 망에 초기 접속할 때마다 같은 IP 주소를 할당 받는다.

사용자는 초기 접속 시 PDN 연결을 요구하는 과정에서 PCO(Protocol Configuration Options)2 파라미터를 이용 하여 외부 프로토콜/어플리케이션과 관련된 프로토콜 데이터(예, configuration 파라미터)를 요구할 수 있다(예, DNS 서버 주소 요청, P-CSCF 주소 요청). 본 문서에서는 사용자 단말이IP 주소와 함께 DNS 서버 주소를 같이 요구하는 경우를 설명한다.

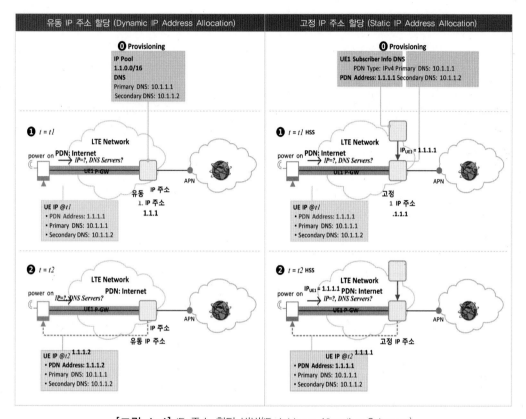

[그림 4-4] IP 주소 할당 방법(IP Address Allocation Schemes)

유동 IP 주소 할당 방법에서는, 망(P-GW)이 사용자 단말들에게 할당할 IP pool을 갖고, 사용자 단말이 LTE망에 초기 접속할 때마다 동적으로 IP 주소를 할당한다. [그림 4-5]는 유동 IP 주소 할당 절차를 나타낸다.

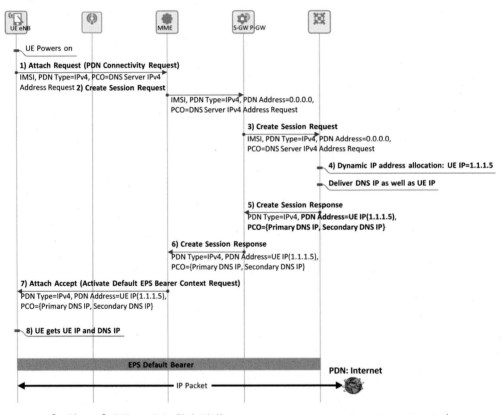

[그림 4-5] 유동 IP 주소 할당 절차(Procedure for a Dynamic IP Address Allocation)

8.1 IP Provisioning at P-GW

P-GW에는 UE에게 할당할 IP 주소를 가진 IP Pool과 DNS 서버 IP 주소가 미리 설정되어 있다.

P-GW
- IP Pool: 1.1.0.0/16(1.1.1.1 ~ 1.1.255.254)
- DNS 서버 IP 주소: Primary DNS 10.1.1.1
          Secondary DNS: 10.1.1.2

8.2 유동 IP 주소 할당

8.2.1 유동 IP 주소 할당 절차

사용자가 단말(UE)을 power on하여 LTE망으로 초기접속을 시도한다. 일반적인 초기 접속 절차는 이전 기술 문서[2]를 참조하고, 여기서는 IP 주소 할당에만 초점을 맞추어 설명한다.

1) [UE → MME] PDN (인터넷) Connectivity 요청

UE는 MME로 PDN Connectivity Request(PDN type=IPv4, PCO=DNS Server IPv4 Address Request) 메시지를 전달하여 PDN 연결을 요청한다. IPv4 주소와 함께 PCO 필드에 의해 DNS 서버 IP 주소가 요청된다. PDN Connectivity Request 메시지는 ESM 메시지로 EMM 메시지인 Attach Request(IMSI3, ESM Message Container) 메시지의 ESM Message Container 필드에 포함되어 전달된다.

2) ~ 3) [MME → S-GW → P-GW] 세션 생성 요청

MME는 HSS로부터 받은 가입 프로파일(subscription profile)을 기반으로 EPS 세션을 생성하기 위하여 Create Session Request(IMSI, PDN Type=IPv4, PDN Address=0.0.0.0, PCO= DNS Server IPv4 Address Request) 메시지를 P-GW로 전달한다. 유동 IP 할당 방법이므로 가입 프로 파일에는 IP 주소 정보가 없다. Create Session Request 메시지는 PDN 주소 필드에 0.0.0.0 값을 갖고 PCO 필드에 UE로부터 수신한 PCO 정보를 그대로 포함한다.

4) [P-GW] PDN 주소 및 DNS 서버 주소 할당

P-GW는 PDN 타입과 PDN 주소(0.0.0.0)를 보고 UE에게 IPv4 주소를 할당해야 함을 인지하고, IPv4 pool에서 IP 주소를 선택하여 UE에게 할당한다(예, UE IP=1.1.1.5). PCO 필드에 의해 DNS 서버 IP 주소가 요청되었으므로 DNS 서버 IP 주소를 같이 할당한다.

5) ~ 6) [MME ← S-GW ← P-GW] 세션 생성 응답 단계

2)와 단계 3)에 대한 응답으로 Create Session Response 메시지를 MME로 전달한다. 이 메시지는 PDN 주소에 local P-GW가 동적으로 할당한 UE IP 주소를 포함하고, 사용자가 PCO 필드를 통해 요청한 DNS 서버 IP 주소를 PCO 필드에 포함하여 전달한다.

7) [UE ← MME] Default 베어러 Context 활성화 요구

MME는 UE에게 Activate Default EPS Bearer Context Request (PDN Type=IPv4, PDN Address=UE IP(1.1.1.5), PCO={Primary DNS IP, Secondary DNS IP}) 메시지를 전달하여 default 베어러 context를 활성화 시킬 것을 요청한다. 이 ESM 메시지는 UE IP 주소와 DNS 서버 IP 주소를 포함하며, EMM 메시지인 Attach Accept 메시지에 포함되어 전달된다.

8) [UE] PDN 서비스를 이용할 IP 주소 획득

유동 IP 주소사용자 단말은 IP 주소(유동 IP 주소 : 1.1.1.5)와 함께 DNS 서버 IP 주소 (Primary DNS IP=10.1.1.1, Secondary DNS IP=10.1.1.2)를 획득한다. UE와 P-GW 간에는 default 베어러가 설정되고, 이제 UE는 PDN(인터넷)으로 연결되어 유동 IP 주소를 이용하여 언제든 인터넷 서비스를 이용할 수 있다.

고정 IP 주소 할당
(Static IP Address Allocation)

고정 IP 주소 할당 방법에서는 사용자가 가입할 때 사업자가 UE IP 주소를 할당하고 사용자의 가입 프로파일을 구성하여 HSS에 저장하고, 사용자 단말이 LTE망에 초기 접속할 때마다 가입 프로파일에 있는 고정 IP 주소를 할당한다. [그림 4-6]은 고정 IP 주소 할당 절차를 나타낸다.

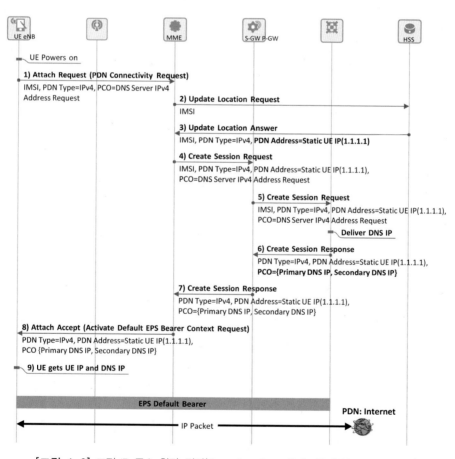

[그림 4-6] 고정 IP 주소 할당 절차(Procedure for a Static IP Address Allocation)

9.1 고정 IP 주소 할당

9.1.1 IP Provisioning at HSS

HSS에는 가입자 별로 가입 프로파일이 제공되어 있다. 가입 프로파일은 PDN 접속에 사용되는 PDN 타입, PDN 주소를 포함한다.

HSS
- UE1: PDN 타입: IPv4, PDN 주소: 1.1.1.1
- UE2: PDN 타입: IPv4, PDN 주소: 1.1.1.2
- ...

9.1.2 IP Provisioning at P-GW

P-GW에는 UE에게 할당할 DNS 서버 IP 주소가 미리 설정되어 있다.

P-GW
- DNS 서버 IP 주소: Primary DNS 10.1.1.1
  Secondary DNS: 10.1.1.2

9.1.3 고정 IP 주소 할당 절차

사용자가 단말(UE)을 power on 하여 LTE망으로 초기접속을 시도한다.

1) [UE → MME] PDN (인터넷) Connectivity 요청

UE는 MME로 PDN Connectivity Request(PDN Type=IPv4, PCO=DNS Server IPv4 Address Request) 메시지를 전달하여 PDN 연결을 요청한다. IPv4 주소와 함께 PCO 필드에 의해 DNS 서버 IP 주소가 요청된다.

2) [MME → HSS] LTE망에 등록 요청

MME는 HSS로 Update Location Request 메시지를 전달하여 UE가 해당 MME(예, MME1)의 제어를 받음을 알리고 망에 등록한다.

3) [MME ← HSS] 가입 프로파일 전달

HSS는 UE가 해당 MME1에 등록되어 있음을 파악하고, MME1으로 Update Location Answer (IMSI, PDN Type=IPv4, PDN Address=Static UE IP(1.1.1.1)) 메시지를 전달하여 UE의 가입 프로파일을 전달한다. 이 가입 프로파일은 UE에게 부여한 고정 IP 주소를 포함한다.

4)~5) [MME → S-GW → P-GW] 세션 생성 요청

MME는 HSS로부터 UE의 가입 프로파일을 수신하여 UE가 고정 IP 주소(1.1.1.1)를 가짐을 파악한다. MME는 PDN 주소 필드에는 HSS로부터 수신한 고정 IP 주소를 포함하고, PCO 필드에는 UE로부터 수신 한 PCO 정보를 그대로 포함하여 Create Session Request(IMSI, PDN Type=IPv4, PDN Address=Static UE IP(1.1.1.1), PCO=DNS Server IPv4 Address Request) 메시지를 발생하여 P-GW로 전달한다.

6)~7) [MME ← S-GW ← P-GW] 세션 생성 응답 단계

4)~5)단계에 대한 응답으로 P-GW와 S-GW는 Create Session Response (IMSI, PDN Type=IPv4, PDN Address=Static UE IP (1.1.1.1), PCO={Primary DNS IP, Secondary DNS IP}) 메시지를 MME로 전달한다. 이 메시지는 PDN 주소 필드에 UE가 부여 받은 고정 IP 주소를 포함하고, PCO 필드에 사용자가 요청한 DNS 서버 IP 주소를 포함한다.

8) [UE ← MME] Default 베어러

Context 활성화 요구 MME는 UE에게 Activate Default EPS Bearer Context Request (PDN Type=IPv4, PDN ddress=Static UE IP(1.1.1.1), PCO={Primary DNS IP, Secondary DNS IP}) 메시지를 전달하여 default 베어러 context를 활성화 시킬 것을 요청한다. 이 ESM 메시지는 사용자의 고정 IP 주소(1.1.1.1)와 DNS 서버 IP 주소를 포함하며, EMM 메시지인 Attach Accept 메시지에 포함되어 전달된다.

9) [UE] PDN 서비스를 이용할 IP 주소 획득

고정 IP 주소사용자 단말은 IP 주소(고정 IP 주소 : 1.1.1.1)와 함께 DNS 서버 IP 주소 (Primary DNS IP= 10.1.1.1, Secondary DNS IP=10.1.1.2)를 획득한다. UE와 P-GW 간에는 default 베어러가 설정되고, 이제 UE는 PDN(인터넷)으로 연결되어 고정 IP 주소를 이용하여 언제든 인터넷 서비스를 이용할 수 있다.

5G시대 네트워크 - 유무선 네트워크부터 5G까지

Chapter
04 연 습 문 제

1 다음 중 프로토콜의 기본 구성요소로 틀린 것은?

① 구분 ② 의미

③ 타이밍 ④ 규칙

2 패킷 교환 방식에 대한 설명으로 틀린 것은?

① 대화형 데이터 통신에 적합하도록 개발된 교환 방식이다.

② 패킷 교환은 저장-전달 방식을 사용한다.

③ 데이터 그램과 가상 회선 방식으로 구분된다.

④ 데이터 그램 방식은 패킷이 전송되기 전에 가상회선 연결 설정이 이루어져야 한다.

3 IPv6 헤더 형식에서 네트워크 내에서 데이터그램의 생존 기간과 관련되는 필드는?

① Version ② Priority

③ Next Header ④ Hop Limit

4 ICMPv6에서 IPv4의 ARP 역할 및 특정 호스트로의 전달 가능 여부 검사 기능을 하는 메시지는?

① 재지정 메시지(Redirection)

② 에코 요청 메시지(Echo request)

③ 이웃 요청과 광고 메시지(Neighbor Solicitation and Advertisement)

④ 목적지 도달 불가 메시지(Destination unreachable)

5   IPv4와 비교하였을 때, IPv6 주소체계의 특징으로 옳지 않은 것은?

① 64비트 주소체계

② 향상된 서비스품질 지원

③ 보안기능의 강화

④ 자동 주소설정 기능

6   TCP가 제공하는 기능으로 옳지 않은 것은?

① 종단 간 흐름 제어를 위해 동적 윈도우(Dynamic Sliding Window) 방식을 사용한다.

② 한 번에 많은 데이터의 전송에 유리하기 때문에 화상 통신과 같은 실시간 통신에 사용
된다.

③ 송수신되는 데이터의 에러를 제어함으로서 신뢰성 있는 데이터 전송을 보장한다.

④ Three Way Handshaking 과정을 통해 데이터를 주고받는다.

7   인터넷에서 멀티캐스트를 위하여 사용되는 프로토콜은?

① IGMP   ② ICMP

③ SMTP   ④ DNS

8   TCP 헤더 중에서 에러 제어를 위한 필드는?

① Offset   ② Checksum

③ Source Port   ④ Sequence Number

9   UDP 세션을 이용하여 네트워크를 관리하는데 사용되는 프로토콜은?

① CMIP   ② SMTP

③ SNMP   ④ TFTP

10 TCP/IP에서 데이터 링크층의 데이터 단위는?

① 메시지　　　　　　　　　　　② 세그먼트

③ 데이터그램　　　　　　　　　④ 프레임

11 IOSI 7 Layer에 따라 프로토콜을 분류하였을 때, 다음 보기들 중 같은 계층에서 동작하지 않는 것은?

① SMTP　　　　　　　　　　　② RARP

③ ICMP　　　　　　　　　　　④ IGMP

12 UDP 헤더에 포함이 되지 않는 항목은?

① 확인 응답 번호(Acknowledgment Number)

② 소스 포트(Source Port) 주소

③ 체크섬(Checksum) 필드

④ 목적지 포트(Destination Port) 주소

13 SSH에 대한 설명으로 올바른 것은?

① 데이터 전송 시 UDP 프로토콜만을 사용한다.

② 패스워드가 암호화되지 않으므로 패스워드가 보호되지 않는다.

③ Secure Shell 이라고 부른다.

④ 쌍방 간 인증을 위해 Skipjack 알고리즘이 이용된다.

14 TFTP 프로토콜에 대한 설명 중 옳지 않은 것은?

① Trivial File Transfer Protocol의 약어이다.

② 네트워크를 통한 파일 전송 서비스이다.

③ 3방향 핸드셰이킹 방법인 TCP 세션을 통해 전송한다.

④ 신속한 파일의 전송을 원할 경우에는 FTP보다 훨씬 큰 효과를 얻을 수 있다.

15 IPv6 헤더 형식에서 네트워크 내에서 혼잡 상황이 발생되어 데이터그램을 버려야 하는 경우 참조되는 필드는?

① Version　　　　　　　　② Priority

③ Next Header　　　　　　④ Hop Limit

16 SNMP에 대한 설명 중 옳지 않은 것은?

① UDP 상에서 작동한다.

② 비동기식 요청/응답 메시지 프로토콜이다.

③ 4가지 기능(Get, Get Next, Set, Trap)을 수행한다.

④ E-Mail을 주고받기 위해 사용되는 프로토콜이다.

17 SNMP에 대한 설명 중 옳지 않은 것은?

18 SNMP에 대한 설명 중 옳지 않은 것은?

05

코어 네트워크 핵심기술

차세대 이동통신 액세스 기술

1.1 차세대 이동통신 후보 주파수 대역

LTE 주파수로 사용 중인 450MHz ~ 3.5GHz 대역 인근 영역은 이미 다양한 무선통신 용도로 사용 되고 있어 미사용 대역을 결합하여 사용한다고 하여도 ITU-R에서 정의한 차세대 이동통신최고 속도 20Gbps, 체감 속도 100Mbps 이상의 성능을 낼 수 없는 상황이다.

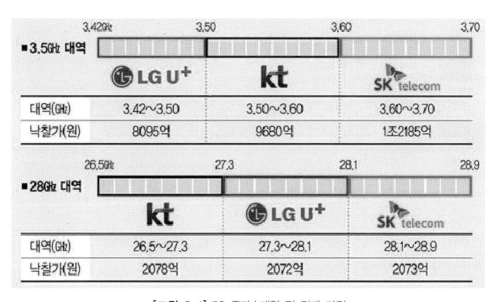

[그림 5-1] 5G 주파수대역 및 경매 가격

그림5-1과 같이 통신사업자별 5G 주파수 배정 및 경매 가격으로 확정 하였으며, 또한 이동통신 후보 주파수 대역으로 6GHz 미만 대역과 6GHz 이상 대역 모두 검토되고 있으며 국내에서는 6GHz 미만의 주파수로서 1,452 ~ 1,492MHz 대역과 3.6 ~ 4.2GHz 대역이 현재 5G 서비스를 진행하고 있다. 6GHz 미만의 주파수에서는 현재 4G 규격의 최신 릴리즈를 적용할 수 있으며 기존 무선망 설계 방식을 활용할 수 있을 것으로 보인다.

광대역 주파수 확보를 위해서 검토되고 있는 6GHz 이상의 대역에서는 높은 MCS (Modulation and Coding Scheme)와 CA(Carrier Aggregation) 기술 없이도 500MHz ~ 1GHz의 연속된 광대역을 이 용하여 초고속 데이터 전송이 가능할 것으로 기대된다. 6GHz 이상의 주파수에서는 특히 밀리미터 웨이브(millimeter wave)라 불리는 30GHz 이상 및 그 인근 주파수 사용이 활발히 검토되고 있으며, ITU-R WP5D의 주요 후보 주파수 대역은 28GHz, 39GHz, 60GHz, 72GHz이고 국내 5G포럼에서는 27GHz~29.5GHz 및 72GHz를 주요 후보 주파수 대역으로 검토하고 있다. [그림 5-2]는 현재 5G 주파수대역을 도시하고 있다. 2019년 5G 서비스 시작은 통신3사별로 band 77,78,79 주파수대역을 사용하고 25년 부터는 band 258를 서비스 예정이다.

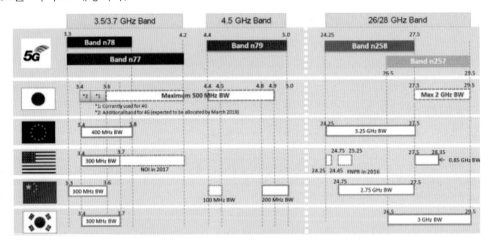

[그림 5-2] 5G 주파수 현황

1.2 Spectral Efficiency

주파수 대역의 확장과 더불어 데이터의 전송 속도를 높일 수 있는 또 다른 방법은 주파수의 효율을 높이는 것으로, 본 절에서는 주파수 효율 향상 기술인 Massive MIMO, Modulation, New Waveform, Multiple Access, Full Duplex Radio 기술을 설명한다.

1.2.1. Massive MIMO

Massive MIMO는 송수신 안테나 수를 늘리고 고지향성 빔을 수직 또는 수평으로 자유롭게 생성하여, 단말기별로 독립적인 빔을 송수신하여 단말 간의 간섭을 줄여 전송 속도를 올리고 무선 용량을 향상시키는 기술이다.

밀리미터웨이브는 파장이 짧아 직진성이 강하여 원하는 방향으로 신호 전송이 쉽고 안테나 소자의 크기가 작아 안테나 수를 늘릴 수 있어 Massive MIMO 구현에 유리하다. 좁은 빔폭을 갖는 다수의 송수신 안테나를 이용하여 신호를 원하는 곳에만 선택적으로 전달하는 빔포밍 기술을 이용하여 서로 다른 곳에 위치한 많은 사용자들에게 동시에 데이터를 전송하여 기지국의 전송 용량을 증가시키는 Multi-User MIMO 효과가 있다.

[그림 5-3]과 같이 LTE-A(4G) 안테나는 고도를 고려하지 않은 2차원 구조였던 반면 Massive MIMO 안테나는 3차원 구조의 빔을 활용하여 고층 빌딩과 같이 여러 단말이 수직, 수평으로 위치한 경우에도 동시 서비스가 가능하며 이를 Full Dimensional MIMO라고도 한다. Massive MIMO의 구현을 위해서는 Horizontal 방향뿐만 아니라 Vertical 방향으로 확장한 3D 채널 모델링, 이동하는 단말을 효과적으로 트래킹 할 수 있는 기술 등의 추가 연구가 진행중이다.

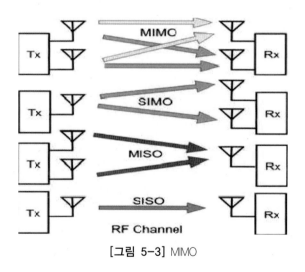

[그림 5-3] MIMO

1.2.2 Modulation

LTE에서는 QPSK, 16QAM, 64QAM 변·복조 기술을 사용하고 있으며, 보다 주파수 효율을 향상시키는 기술로 SINR이 높은 지역에서 적용할 수 있는 256QAM(Quadrature Amplitude Modulation), 셀 경계 지역에 적용할 수 있는 FQAM(Frequency & Quadrature Amplitude Modulation) 기술이 있다.

[그림 5-4]와 같이 256QAM은 하나의 Symbol로 8Bit를 전송하므로 기존 6Bit를 전송하는 64QAM 대비 이론상 주파수 효율은 33.3% 증가시킬 수 있다. [그림 5-5]와 같이 256QAM은 Constellation 상각Symbol 간 거리가 짧아 져서 잡음에 영향을 많이 받기 때문에 셀 중심이나 Indoor 같은 SINR이 높은 환경에서만 사용할 수 있다.

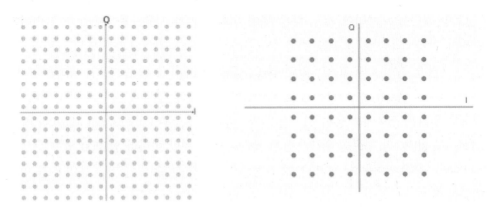

[그림 5-4] 256QAM

[그림 5-5] 256QAM 커버레이지

간섭(Interference) 신호는 전체 네트워크의 용량을 결정하는 중요한 요소 중 하나로 특히 셀 경계 지역에서는 셀 간 간섭 때문에 네트워크의 성능이 떨어지게 된다.

FQAM은 셀 간 간섭 신호의 영향을 줄여 셀 경계 지역 단말의 속도를 향상시키기 위해 주파수 효율이 좋은 QAM과 셀 간섭에 강한 FSK(Frequency Shift Keying)의 장점을 합친 기술이다. 4-ary QAM과 4-ary FSK의 조합으로 만들 수 있는 16-ary FQAM은 데이터 비트를 4개의 QAM 심볼 중 하나에 매핑 하고, 각 심볼을 FSK 4개 중 하나의 주파수에 매핑

하는 방식이다. 하지만 이 기술은 셀 경계 지역에 있는 사용자에게만 성능 개선 효과가 있어서 셀 중심에 있는 사용자는 [그림 5-6]과 같이 QAM 방식을 사용해야 한다.

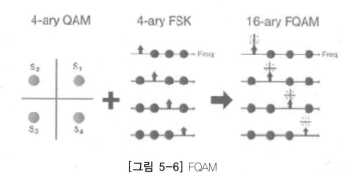

[그림 5-6] FQAM

1.3 New waveform

[그림 5-7]의 주파수 도메인 처럼 OFDM 주파수 효율을 더욱 높이기 위해 OFDM의 반송파(Subcarrier)에 필터를 적용하는 기술의 연구가 활발히 진행되고 있으며, 필터를 적용시키는 범위에 따라 FBMC(Filter Bank Multi-Carrier)와 UFMC(Universal Filtered Multi-Carrier)로 나눌 수 있다.

FBMC는 OFDM의 반송파마다 필터를 적용하여 불필요한 side lobe들을 줄임으로써, OFDM에서 사용하는 CP를 사용하지 않아도 되어 주파수 효율을 향상시키는 기술이다. 이를 통해 Cyclic Prefix의 사용 없이도 ICI(Inter Carrier Interference), ISI(Inter Symbol Interference)등 간섭 영향을 줄일 수 있으므로 주파수 효율을 향상시킬 수 있다. 하지만 필터 사용으로 인해 구현 복잡도가 증가하고, 현재 검토 중인 필터로는 OFDM 신호의 허수부가 직교성을 유지할 수 없어 이를 보완하기 위해 허수부의 심볼 주기를 1/2만큼 이동 시킨 offset QAM을 사용해야 하고 이에 따라 추가적인 채널 추정이 필요하다.

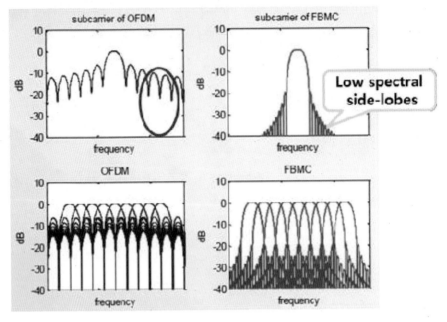

[그림 5-7] OFDM 주파수 도메인

UFMC는 여러 개의 연속적인 반송파들을 묶어 Sub-band 단위로 Filtering하는 기술로 FBMC와 마찬가지로 필터링을 통하여 ICI, ISI를 효율적으로 극복할 수 있고, Sub-band 단위의 필터링을 통해 복잡도는 더 낮은 장점이 있다. 또한 QAM 방식을 사용하는 LTE 기술에 적용이 가능하여 FBMC보다 기존 시스템과 높은 호환성을 보이며 짧은 Filter length로 인해 FBMC 보다 Latency가 작아진다.

1.3.1 Multiple Access 기술

기존 OFDMA 방식보다 많은 수의 기기를 수용하고 셀 용량 증대를 위해 NOMA(Non-Orthogonal Multiple Access), SOMA(Semi Orthogonal Multiple Access), SCMA(Sparse Code Multiple Access)와 같은 새로운 형태의 다중 접속 기술 (Multiple Access)들이 활발하게 연구되고 있다.

NOMA는 Power Domain 상에서 다른 사용자들의 간섭 신호를 제거하여 용량을 증가시키는 다중 접속 기술로 다수의 사용자를 같은 주파수 대역에서 동시에 할당하여 넓은 주파수 대역 활용이 가능 하다. 이 기술은 각 사용자의 기지국으로부터 거리에 따른 Path Loss

를 고려하여 거리가 가까운 사용자에게는 약한 출력으로 먼 사용자에게는 강한 출력으로 신호를 전송하고 SIC(Successive Interference Cancellation)를 통해 다른 사용자의 신호를 제거하는 방식이다. 하지만 SIC 방식 사용에 따라 복잡도가 증가하고, 동일 주파수 자원을 여러 사용자에게 할당함에 따라 셀 내 간섭에 취약 하다.

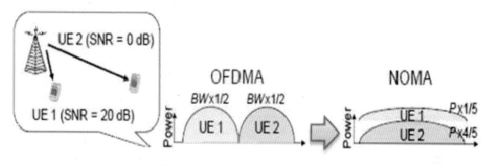

[그림5-8] NOMA & OFDMA 차이점

[그림 5-8], [그림 5-9] 같이 SOMA는 와 NOMA의 전송 방법과 동일하게 셀 내에서 사용자의 송수신 거리에 따라 출력을 다르게 할당하여 전송하지만 Gray Coding과 Maximum Likelihood 방식을 사용하여 복조 시 SIC 기법을 이용하지 않으므로 복잡도를 낮추는 방법이며, NOMA에 비해 복잡도는 낮지만 성능은 비슷하다.

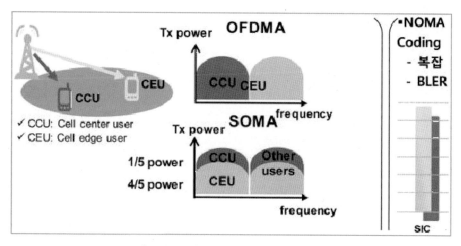

[그림 5-9] SOMA & OFDMA 차이점

SCMA는 Multi-dimensional code book을 이용하여 주파수 효율을 높이는 다중 접속기술로, 각 data stream마다 서로 다른 Multi-dimensional code book을 사용으로 자원의 중첩할당이 가능하여 기존 LTE 기술에 비해 많은 기기의 수용이 가능하고 [그림 5-10]과 같이 주파수의 효율을 높일 수 있다.

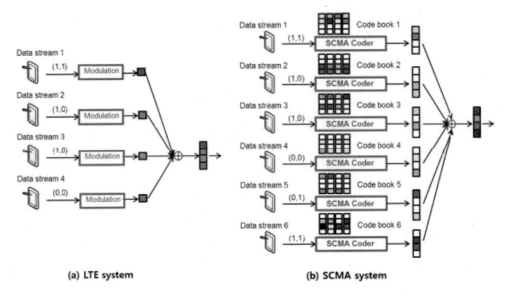

(a) LTE system **(b) SCMA system**

[그림 5-10] SCMA와 LTE의 차이점

1.3.2 Full Duplex Radio

4G에 사용되는 두 가지 대표 송수신 방식은 TDD(Time Division Duplex)와 FDD(Frequency Division Duplex)로 각각 시간 혹은 주파수 사용을 다르게 송수신을 한다. [그림 5-11] 처럼 Full Duplex Radio는 같은 시간, 같은 주파수 자원에서 송수신을 동시에 수행하여 주파수 효율을 높이는 기술로 FDD 방식에 비해 주파수 효율을 최대 2배 증가시킬 수 있으며, 동일한 주파수상에서 같은 시간에 전송하므로 기존 TDD 방식에 비해서 Latency가 작다. 하지만 송수신이 동시에 이루어짐에 따라 송신 신호가 수신 신호에 간섭으로 작용하므로 이를 제거하기 위한 Interference Cancellation 성능이 전체 성능을 좌우 할 것이다.

- More spectral-efficient management than FDD
- Lower latency Operation than TDD

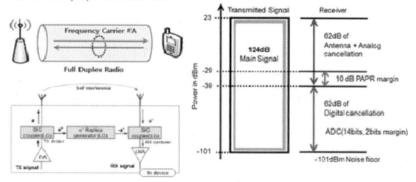

[그림 5-11] Full Duplex Radio 동작

1.4 Low Latency Technology

Mission-Critical 서비스 수용을 위한 핵심 기술 조건 중 하나인 무선 구간 1ms Latency를 만족하기 위해, 기존 LTE Frame의 최소 단위인 1ms TTI(Transmission Time Interval)에 비해 더 짧은 TTI를 사용하는 Short TTI 기술이 고려되고 있다.

3GPP에서 [그림 5-12]와 같이 User-plane Latency는 Packet을 처리하는 기지국과 단말 사이의 단방향 지연을 의미하고, 차세대 이동통신 Latency Requirement를 만족하기 위해서는 기지국, 단말 모뎀 Processing 성능, 재 전송 RTT에 대한 고려가 필요하다. 이를 바탕으로 ITU-R에 기고된 LTE Latency [2]를 고려하여 무선 구간에서 1ms Latency를 만족하기 위한 신규 TTI를 계산해보면 0.25ms 이하가 되어야 할 것으로 예상할 수 있다.

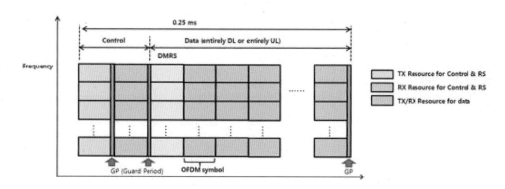

[그림 5-12] New Radio frame 구조 예

1.5 Multi-Radio Access Technology

차세대 이동통신 서비스가 제공되는 시기에는 4G, 5G, Wi-Fi 등 서로 다른 망들이 혼재할 것이며, 이러한 네트워크들을 효율적으로 사용하기 위해서는 서로 다른 무선 접속 기술들 간의 Coordination 기법이 필요하다. Multi-RAT 환경에서 사용자 체감 성능을 향상시킬 수 있는 기술로는 Dual Connectivity, LTE-Wi-Fi Integration, Licensed Assisted Access using LTE(LAA)가 주로 거론되고 있다.

1.5.1 Dual Connectivity

스몰셀의 성능 향상을 위해 3GPP Release 12에 도입된 Dual Connectivity(DC)는 코어 망과 non-ideal 백홀로 연결된 두 개 이상의 기지국(Master eNB, Secondary eNB)을 통해 단말이 서비스를 받는 기술이다. 이 때 컨트롤 시그널 링은 Master eNB(MeNB)를 통해서만 전송하고, 데이터는 MeNB와 Secondary eNB(SeNB)를 통해 전송하는 Control/User-plane Split 구조를 갖는다. 이 기술의 동작을 위해서는 MeNB가 SeNB의 RRC 기능을 대행하기 위해 정보를 교환하는 Xn 인터페이스가 필요하다.

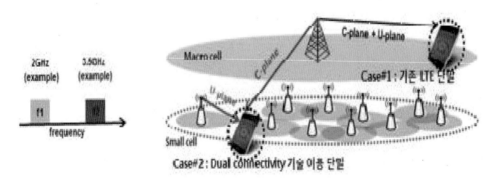

[그림 5-13] Dual Connectivity 구조

DC는 MeNB가 바뀌지 않는 경우에는 핸드오버가 발생하지 않으므로 코어망의 시그널링 부하를 줄일 수 있으며, 이동하는 단말에게 안정적인 서비스를 제공할 수 있는 장점을 갖는다. 또한 MeNB와 SeNB는 서로 다른 주파수를 사용하기 때문에 주파수 간의 간섭을 제거할 수 있고 무선 자원을 결합하는 효과를 얻을 수 있으므로, 데이터 속도의 증가를 기대 할 수 있다는 것은 [그림 5-13] DC 구조에서 알 수 있다.

무선 자원을 결합한다는 점에서 기존의 CA와 유사해 보인다 하지만 CA의 경우 Component Carrier들이 동일한 MAC 계층에서 HARQ 단위로 분리되고 DC의 경우 eNB와S eNB가 RLC 계층에서부터 분리된 구조로, [그림 5-14] 처럼 서로 다른 MAC 계층을 갖는 이종 기지국 간에도 쉽게 무선 자원을 결합하여 속도를 높일 수 있다.

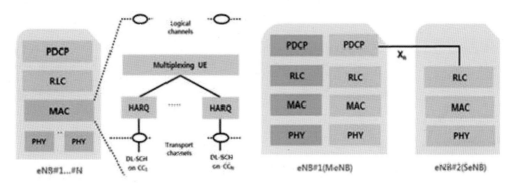

[그림 5-14] Dual Connectivity와 Carrier Aggregation의 차이점

1.5.2 비 면허 대역 활용 기술

전송 속도 향상을 위한 Wi-Fi와 4G 망과의 결합 기술 중 하나인 LTE-Wi-Fi Integration은 단말과 무선망 간 데이터 전송은 eNB와 AP 양측에서 발생하나 코어망과 무선망 간 시그널링 및 데이터 전달은 eNB만을 통해 처리되며, 데이터의 분리x결합, 스케줄링과 혼잡제어도 eNB가 수행한다.

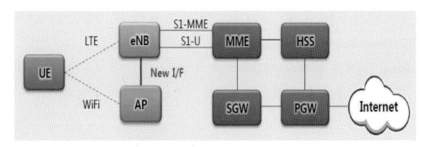

[그림 5-15] LTE WiFi Integration

LAA는 비 면허 대역과 기존 LTE 대역의 결합을 통해 속도를 향상시키는 기술로 면허 대역을 Primary Carrier, 비 면허 대역을 Secondary Carrier로 활용하는 Carrier Aggregation

(CA) 기술이다.

[그림 5-15]와 같이 비 면허 대역에서 주로 활용하고 있는 Wi-Fi와의 공존 이슈 해결을 위해 Listen-Before- Talk(LBT) 기술 등에 대한 연구가 진행되고 있으며, 비 면허 대역은 대부분의 LTE 대역에 비해 사용 하는 주파수가 높고 기지국 송신 전력이 낮아 스몰 셀 [그림 5-16]과 같이 사용한다.

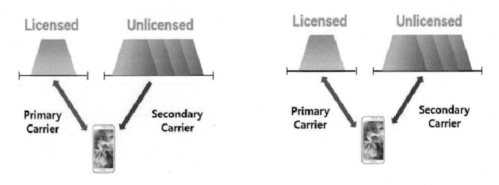

[그림 5-16] Unlicensed LTE의 두 가지 시나리오

1.6 Massive Connectivity Technology

사물인터넷의 다양한 기기 장치들의 수용과 장치 간의 통신 지원을 위한 기술로는 Machine-Type Communication(MTC), Device To Device(D2D)를 들 수 있다.

가전제품, 센서, 계측기 등과 같은 기계 장치가 LTE 네트워크를 이용하여 통신하도록 지원하기 위해서는 기지국은 수많은 기기들의 접속을 효율적으로 수용할 수 있어야 하며 기기의 모뎀 칩셋은 월등한 가격 경쟁력과 낮은 전력 소모 특성을 가져야 한다.

MTC(Release 12)에서 업 링크, 다운링크 각각 1Mbps의 최대 속도를 갖는 UE Category 0 단말이 새롭게 정의되었고 이 단말은 모듈의 가격을 낮추고자 하나의 안테나 만을 사용한다.

현재 표준화 중인 enhanced MTC(eMTC)(Release 13)에서는 채널 대역폭을 1.4MHz로 제한하고, 가격은 기존 UE Category 1 단말의 20 ~ 25% 수준을 목표로 하며 훨씬 더 넓은 커버리지를 제공할 수 있는 기술이다. [표 5-1] 참조

[표 5-1] MTC, eMTC 단말 특성

	Cat-1	Cat-0(MTC)	eMTC	Further eMTC
3GPP	Rel-8	Rel-12	Rel-13	Rel-14
DL Throughput	10Mbps	1Mbps	1Mbps	~200kbps
UL Throughput	5Mbps	1Mbps	1Mbps	~200kbps
Rx Antennas	2	1	1	1
Duplex mode	Full duplex	Half duplex (opt)	Half duplex (opt)	Half duplex (opt)
Bandwidth	20MHz	20MHz	1.4MHz	200KHz
Tx power	23dBm	23dBm	~20dBm	~20dBm
Cost	100%	50%	25%	15~20%
MCL*	141dB	141dB	161dB	

 [그림 5-17]과 같이 서로 다른 단말기가 기지국을 거치지 않고 직접 통신을 하도록 지원하는 기술로서 단말 간 직접 통신을 통해 네크워크 사용률을 줄여 트래픽의 오프로딩 효과가 있다. D2D 기술은 3GPP Release 12에 포함되어 Proximity-based Service(ProSe)라는 명칭으로 2013년부터 재난망과 상업 용도의 Discovery와 Communication에 대한 표준화 작업이 진행되었으며, 현재는 재난 상황에서의 그룹 통신과 네트워크 커버리지가 없는 경우의 단말 간 직접 통신에 관한 연구가 진행 중에 있다.

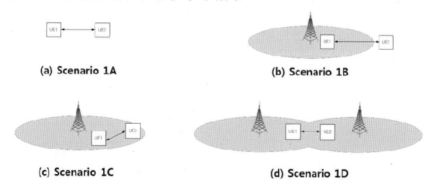

Scenarios	UE1	UE2
1A: Out-of-Coverage	Out-of-Coverage	Out-of-Coverage
1B: Partial-Coverage	In-Coverage	Out-of-Coverage
1C: In-Coverage-Single-Cell	In-Coverage	In-Coverage
1D: In-Coverage-Multi-Cell	In-Coverage	In-Coverage

[그림 5-17] D2D 시나리오

IoT 서비스의 원활한 지원을 위해서는 MTC, D2D 등의 기술과 더불어 4G 대비 최대 10배까지 증가할 것으로 예상되는 단말을 수용할 수 있도록 대규모 연결성(Massive Connectivity)을 제공해야 한다. 4G에서는 다운링크의 제어영역인 PDCCH 자원 1ms당 최대 3개의 심볼만이 사용 가능하며 나머지 심볼은 모두 데이터영역(PDSCH)으로 사용해야 한다. 따라서 셀 내 사용자 수가 폭발적으로 증가하게 되면 이 PDCCH 자원이 먼저 고갈되어 사용자 수용 제약이 발생하므로 PDSCH 영역의 일부 자원을 PDCCH 자원으로 활용할 수 있게 하여 단말 수용 용량을 더욱 늘릴 수 있는 enhanced PDCCH(ePDCCH)(Release 11)가 제안되었다. ePDCCH 외에도 FBMC, UFMC, NOMA, SOMA, SCMA 등 스펙트럼 효율 향상 기술의 적용으로 4G 대비 동일 대역폭에서 수용할 수 있는 단말 수를 크게 늘릴 수 있을 것이다.

Analytic 기반 Self-Organizing Network(SON)

기존의 액세스 망 구축은 망 설계 후 기지국 하드웨어 설치, 구성정보 입력, 코어망 연동, 소프트웨어 패키지 적용, 개통인수 시험을 거쳐 상용 서비스 제공이 일반적인 절차로, 로그와 통계를 기반으로 고장, 성능 저하, 장애, 무선망 품질 등을 실시간으로 감시하고 있다. 그러나 현재 사업자당 약 20만 개 정도인 4G용 셀 수는 차세대 이동통신 서비스가 본격화될 경우 5G의 상대적으로 좁은 커버리지, 기지국의 소형화를 고려할 경우 훨씬 늘어날 수밖에 없으며, 이 경우 셀 구축 및 운영비를 줄이기 위한 Self-Organizing Network(SON) 기술의 중요성은 [그림 5-18]과 같은 형태로 더 증가할 것으로 예상된다.

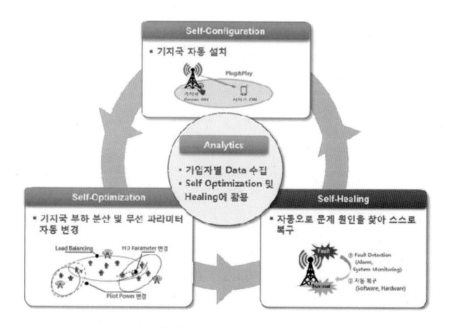

[그림 5-18] Advanced SON

SON은 기지국 설치를 자동으로 할 수 있도록 도와주는 Self-Configuration, 운영 최적화에 도움을 주는 Self-Optimization, 장애 발생시 자동으로 복구할 수 있는 Self-Healing의 3가지로 요약할 수 있다.

Self-Configuration은 Plug & Play 기능으로 기지국을 설치하고 전원을 켜면 시스템 구성 정보, 파라 미터 설정, 코어망과의 연동을 자동으로 수행하여 설치와 동시에 서비스를 할 수 있도록 하는 기술 이다. 자동으로 IP주소 및 인터페이스를 설정하고 소프트웨어 패키지 다운로드를 수행한다. 또한 PCI와 같은 초기 구성 정보, 네이버 데이터와 파라미터를 획득하여 자동으로 설정함으로써 운영자의 실수나 미숙으로 인한 설정 오류를 원천적으로 방지할 수 있으며 운영비용 또한 절감할 수 있다.

Self-Optimization 기능은 주변의 무선 환경을 지속적으로 측정하여 상황 변화에 따라 네트워크의 운영, 전력, 핸드오버 파라미터들을 최적화하는 것을 의미하며 Mobility LoadBalancing (MLB), Mobility Robust Optimization(MRO), Coverage and Capacity Optimization(CCO)이 주요 요소이다.

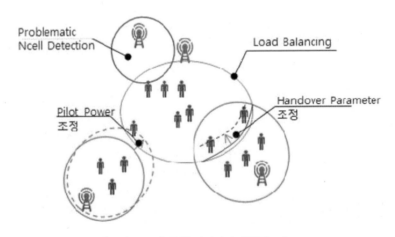

[그림 5-19] 무선 파라미터 최적화 기능

MLB는 Resource Block 사용량과 가입자 수를 기반으로 셀의 부하를 판단하고 부하가 높은 셀의 단말을 다른 주파수를 사용하는 부하가 낮은 셀로 핸드 오버시켜서 과부하 셀의 부하를 줄이는 기능 이다. MRO는 단말의 이동 속도에 맞추어 핸드오버 파라미터를 자동으로 변경하고, CCO는 특정 셀의 커버리지를 조정할 필요가 있을 경우에 운영자가 최적화하고자 하는 알고리즘을 적용하여 기지국의 출력과 안테나의 Tilt 값을 변경한다.

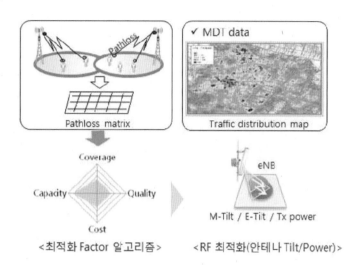

[그림 5-20] CCO RF 최적화 기능

Self-Healing은 장애 알람이 발생하거나 KPI 모니터링을 통하여 특정 셀의 품질이나 성능의 저하가 검출된 경우, 리셋을 통해 자동 복구 또는 주변 셀의 도움으로 Cell outage를 회복하는 기능이다.

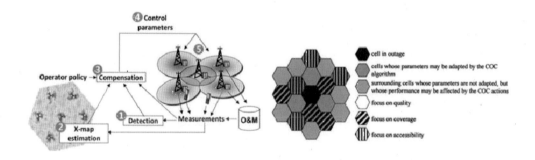

[그림 5-21] Self- Healing of Cell Outage동작 Process

SON은 위 기본 기능 외에 기지국의 호 통계, 가입자별 로그, 가입자의 무선 환경을 알 수 있는 MDT 로그, 그리고 위치 정보 등을 수집·분석함으로써, 정확한 투자 위치 찾기, 최적 무선망 파라미터 도출, 가입자의 불만콜 해결에도 활용할 수 있는 수준으로 진화하게 된다. 그리고 [그림 5-19], [그림 5-20], [그림 5-21] 처럼 환경변화에 적절하게 사용 된다.

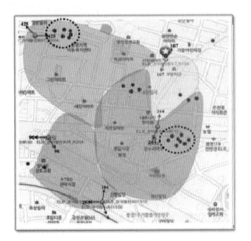

[그림 5-22] Defect 위치 제공 / Grid 단위 트래픽 사용량 제공

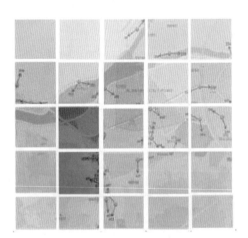

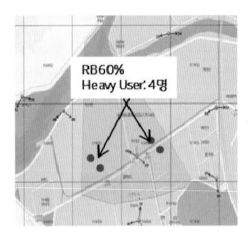

[그림 5-23] Grid별 Max THP 통계 / 트래픽 유형 분석

Interference Cancellation

셀 밀도의 증가, 접속 단말 수의 증가, 고속 수용을 위한 좁은 빔폭의 사용으로 간섭의 양과 수준 또한 증가할 수밖에 없다. 특히 홀로그램, 8K UHD와 같은 높은 속도를 요하는 서비스, Mission critical 서비스의 경우 간섭 신호의 세기가 일정 수준을 넘어설 경우 차세대 이동통신의 장점인 고속, 초저지연 제공이 사실상 어려우므로 망 성능 열화 방지를 위한 간섭 제거가 매우 중요하다.

NAICS(Network-Assisted Interference Cancellation and Suppression)는 백홀을 통해 간섭 신호 제거에 필요한 인접 셀의 UE에 할당되는 스케줄링 정보, 하향링크 제어 정보를 네트워크 보조 정보(Network Assisted Information)로서 교환하고 이를 이용해서 간섭 신호를 제거하는 기술이다. [그림 5-24]에서 UE1의 수신에 UE2의 신호가 섞여서 수신될 경우 UE2의 신호는 셀 간 간섭 신호로 작용한다.

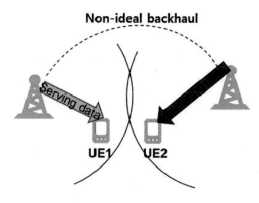

[그림 5-24] NAICS 시나리오

[그림 5-25]와 같이 단말기(UE1) 수신부에서 단말기(UE2) 간섭신호를 수신부에서 UE2 간섭 신호를 제거하기 위하여 기지국 간의 신호 전달 경로인 백홀을 통하여 네트워크 보조 정보를 전달하고, 원하는 신호를 검출하기 전에 간섭신호를 제 거해 줌으로써 셀 간 경계

영역에서 수신율을 향상시킬 수 있다.

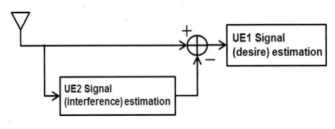

[그림 5-25] NAICS 수신기 개념도

셀 간 간섭뿐만 아니라 셀 안에서 SU-MIMO 또는 MU-MIMO를 사용할 때 서로 다른 안테나에서 전파되는 신호들의 간섭을 NAICS를 이용하여 제거할 수 있기 때문에 망 성능의 향상을 기대할 수 있다.

3.1 Virtualized Radio Access Network

LTE 기지국은 제조사가 만든 전용 하드웨어 기반으로 Digital Unit(DU)과 Remote Radio Head (RRH)로 구성되어 있다. DU 하나에 6~18개의 RRH를 연결할 수 있는 구조로 설계되어 있어 RRH를 연결할 포트가 부족할 경우, DU 자원에 여유가 있더라도 DU 증설이 필요한 경우가 있어, [그림 5-26], [그림 5-27]과 같이 기지국 자원을 효율적으로 활용하기 위해서는 Pooling 가능한 가상화 기지국 구조로 사용하는 기술이다.

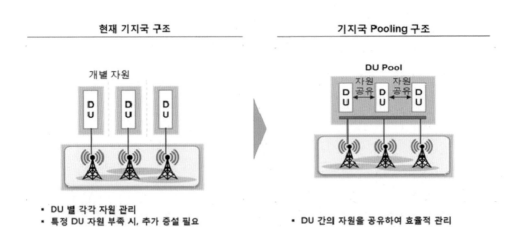

[그림 5-26] 기지국 Pooling

가상화 기지국은 범용 서버에 DU 소프트웨어를 적용하여 대용량의 DU를 만들고 수백대의 RRH를 연결할 수 있는 기지국 기술로 DU의 프로세서 자원 활용률을 높임으로써 네트워크 투자비와 운영비를 절감할 수 있다.

가상화 기지국은 Physical layer, MAC layer, Layer3를 모두 가상화시키는 방식과 MAC layer, Layer3는 가상화 하고 Physical layer는 RRH에 구현하는 방식이 있다.

세 계층을 모두 가상화하는 방식은 DU의 대용량화로 인한 성능 이슈와 CPRI로 구현되는 프론트홀에서의 대량 트래픽 처리가 관건이다. 완전 가상화는 아니지만 이보다 구현이 상대적으로 용이한 방식으로 MAC layer, Layer3는 가상화 하고 Physical layer는 RRH에 구현하는 구조가 우선적으로 논의되고 있는데, 이 경우 DU 기능을 처리하는 서버의 성능 부담과 DU와 RRH 간 프론트홀의 트래픽 전송 부하를 줄일 수 있다.

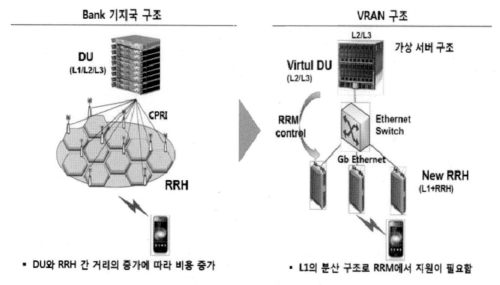

[그림 5-27] Virtual RAN

유선 네트워크 구조

4.1 Packet & Optic Integration

차세대 이동통신 서비스를 위한 무선 및 코어 기술에 대한 논의는 활발히 진행되고 있지만 eNB와 코어망 간, 국사와 국사 간 차세대 이동통신 트래픽을 전달하는 백홀에 대한 논의는 미미한 편이다.

현재 백홀은 Packet 장비와 Optic 장비로 각각 구성하여 운영 중인데 향후 차세대 이동통신 서비스 요구사항인 셀당 최대 20Gbps 대용량 트래픽을 비용 효율적으로 수용하기 위해서는 두 장비를 어떻게 통합하는지가 중요하다.

[그림 5-28]과 같이 Packet 기술과 Optic 기술은 개별적으로 발전하면서 하나의 기술로 융합되는 모습을 나타내고 있다. Packet 기술의 대표 요소인 IP/MPLS는 전송 특성(50ms 이내 보호절체, OAM)을 강화한 MPLS-TP 기술로 발전해왔고, ROADM과 통합하는 POTN 기술로 발전 진화하고 있다. Circuit 기술인 SDH는 MSPP(2005년)에서 정체된 후 OTN 기술로 발전하고 있으며, Optic 기술은 OADM과 ROADM을 거쳐 CDCF(Colorless, Directionless, Contentionless, Flexible Grid) 기능 제공이 가능한 NG-ROADM으로 발전하고 있다.

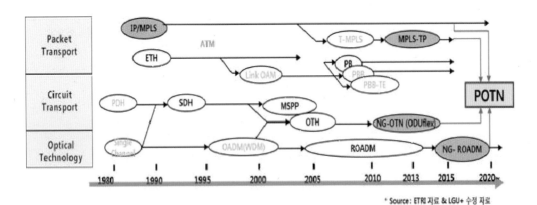

[그림 5-28] Packet Optic 기술 로드맵

[그림 5-29]와 같이 POTN 장비는 Huawei, Ciena, Ericsson, 코위버 등의 (ROADM + OTN + MPLS-TP)와 IP/MPLS 가 분리된 유형, Cisco의 (ROADM + OTN + MPLS-TP + IP/MPLS) 일체형이 있는데, 두 장비군 모두 Control Plane은 T-SDN으로 개발 및 상용화를 준비하고 있다.

LG유플러스는 원가 절감, 망 효율 증대, 에너지 절감을 할 수 있는 All in One Platform인 POTN으로의 진화를 준비하고 있는데, POTN은 IP/MPLS, MPLS-TP, OTN & ROADM 3계층을 통합하는 구조로서 하나의 플랫폼, 단순한 네트워크 구조로 트랜스포트층 계위를 단순화하고 통합할 수 있는 장점이 있다.

POTN의 도입으로 단위 인터페이스를 기존 100GE에서 400GE ~ 1TE로 4~10배 고속화하고자 하며 TDM 인터페이스와 이더넷 인터페이스로 유입된 트래픽을 분리해서 처리하지 않고 One Chip에서 처리함으로써 Packet 처리 효율을 향상시키고자 한다.

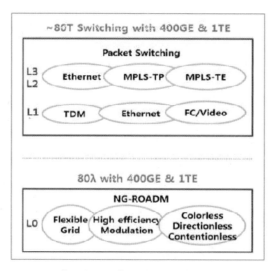

[그림 5-29] 패킷 광 통합 장비

4.2 Programmable & Flexible 네트워크

4.2.1 SDN

삼성전자는 5G에 필요한 8대 핵심 기술 중 Advanced Small Cell, Device to Device, Enhanced Flat Network, Interference Management 등에서 네트워크의 유연한 제어와 관리를 위해

SDN의 필요성을 제시하였다. 클라우드의 확장, IoT 디바이스의 수용등으로 네트워크의 규모와 복잡도가 통제하기 어려운 수준으로 증가하고 있어서 집중 제어 기능을 가진 자동 제어 네트워킹 기술인 SDN이 5G의 최적 네트워크 기술로 고려되고 있다.

SDN의 단순 정의는 트래픽 경로를 지정하는 Control Plane과 트래픽 전송을 수행 하는 Data Plane을 분리하고, 개방형 API를 통해 네트워크의 트래픽 전달 동작을 소프트웨어 기반의 컨트롤러에서 제어·관리하는 것이다.

기존 네트워크 구조와 다르게 SDN에서 네트워크 장비는 데이터 전송 기능만을 수행 하고, 장비 제어는 별도의 중앙 집중화된 소프트웨어 기반의 SDN Control Layer에서 구현 한다. 이를 통해 전체 네트워크에서 최적의 경로를 제공할 뿐만 아니라 개방형 API를 통해 물리적·논리적 네트워크망을 제어·관리함으로써, 사용자의 의도에 따라 망을 유연하게 최적화할 수 있고 관리 비용도 절감할 수 있다.

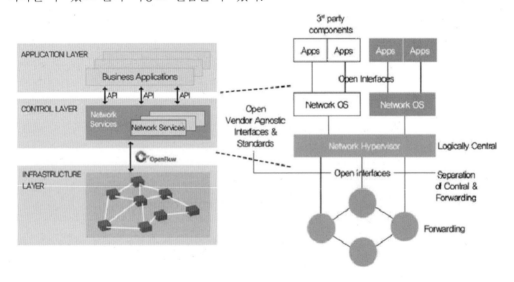

[그림 5-30] SDN 아키텍처

SDN Control Layer의 SBI(SouthBound Interface) 기술로는 Openflow, OVSDB, Netconf/ YANG, BGP-LS, PCEP 등이 논의되고 있으나, 데이터센터, 백본망, 가입자망에 따라 요구되는 적용 환경이 서로 다르므로 이를 고려하여 적정한 기술을 선택해야 한다.

데이터센터는 네트워크 가상화를 위해 Openflow, OVSDB 등을 활용하고, 백본망과 가입자 망에서는 체계적이고 자동화된 망을 운영 및 관리하기 위해 Netconf/YANG, BGP-LS 등을 적용하는 것이 효과적일 것이다.

SDN에 요구되는 주요 기능은 정보 분석, 보안 애플리케이션과 연동된 컨트롤러 기반의 중앙 집중 관리 및 제어, [그림 5-30]과 같이 서비스 간 Orchestration과 Automation, 3rd Party를 위한 개방 형 인터페이스의 제공이다.

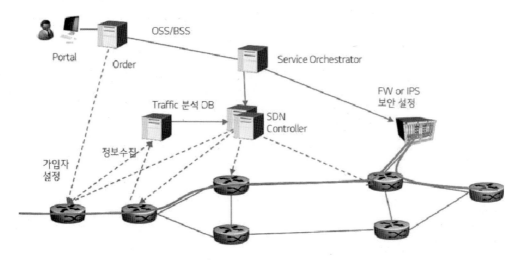

[그림 5-31] 트래픽 분석 및 보안서비스와 연계된 SDN 적용 예

향후 NFV 기반의 인프라 가상화 추진 시 SDN은 상호 보완적인 역할을 수행할 수 있으며, SDN은 가상화 또는 물리적 구성 요소의 추가나 변경이 필요한 경우, 네트워크를 즉시 설정할 수 있다. 또한 SDN Control Layer NBI(North Bound Interface)로 OSS · BSS에 연동하고, NFV API를 통해 NFV에 구현된 VM과 연동함으로써 One Click으로 End-to-end 서비스를 [그림 5-31]과 같이 제공할 수 있다.

4.2.2 Transport-SDN

T-SDN은 Transport 네트워크 관리의 개방화 및 자동화, 중앙 집중화로 사용자가 편리하게 네트워크 자원을 관리할 수 있도록 하여 전용회선 서비스를 유연하게 제공하는 기술이다.

2013년부터 본격화된 T-SDN은 중앙에서 다계층, 이종 장비들을 통합 제어하여 네트워크 자원의 활용률을 높일 수 있는데 이를 통해 신규 장비의 증설을 최소화하여 네트워크 관리 비용을 절감할 수 있고, 네트워크 장애 및 트래픽 과다로 병목현상 발생할 때에도 신속하게 트래픽을 분산시킬 수 있다. 또한 애플리케이션층과 연동하여 기존 통신사업자 중심의 서비스에서 고객 중심의 맞춤형 서비스를 제공하기에 유리하다.

[그림 5-32]과 같이 다계층과 이종 장비로 구성된 네트워크 환경에서 End-to-End 전용회선을 프로비저닝할 경우 기존에는 벤더별 EMS에서 해당 장비와 연동 구간을 각각 설정해야 하기 때문에 수 일에서 수 주가 소요되었는데, T-SDN 구조에서는 중앙에서 통합 제어를 할 수 있어 수분 내로 프로비저닝 작업을 완료할 수 있다.

T-SDN은 애플리케이션, 제어, 인프라스트럭처의 3개 계층으로 구성되어 있으며 각 계층별 구성 요소는 사업자의 T-SDN 방향성에 따라 상이할 수 있다. 가장 중요한 기능을 담당하는 컨트롤러는 인프라스트럭처와 애플리케이션 계층과 연동하고 애플리케이션 계층의 요구사항에 따라 인프라스트럭처 계층을 통합 제어하는 역할, 다양한 기종과 벤더로 구성된 네트워크 장비들과 애플리케이션 간을 연동하기 위한 Gateway 역할을 수행한다.

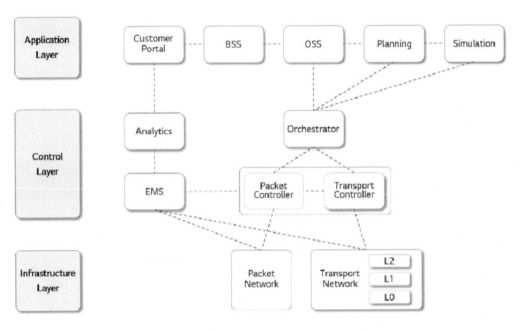

[그림 5-32] T- SDN 아키텍처

제어 계층은 일반적으로 성격이 다른 Transport/Packet 네트워크별 특성에 맞도록 컨트롤러를 분리하고 이를 다시 연동 통합하는 Orchestrator를 통해 애플리케이션 계층과 연동한다. 컨트롤러와 Orchestrator 간 인터페이스는 RESTful이 주로 언급되고 있으며, 컨트롤러와 EMS간 인터페이스는 기존 EMS와의 연동도 고려해야 하므로 벤더의 독자적인 인터페이스 수용까지 고려해야 한다. 애플리케이션 계층에는 일반적으로 OSS가 위치하나 사업자의 요구 및 필요에 따라 다양한 구성요소가 존재할 수 있다.

이동통신사에서 계획하고 있는 T-SDN 구조의 구성 요소에서 Analytics는 인프라스트럭처 계층의 트래픽량, 트래픽 Class별 분석 결과와 Class별 트래픽량 통계 정보를 고객에게 공하는 구성 요소이며, Customer Portal은 고객이 사용하는 회선의 상태와 분석된 정보를 확인하고 직접 서비스를 신청 할 수 있는 요소이다. 고객이 서비스를 신청할 경우 과금은 BSS를 거쳐 OSS와 연동해 처리하며, Planning에서는 인프라스트럭처 계층의 네트워크장비 구성 요소(샤시/카드/광모듈 등)를 관리하여 망 설계시 부족한 물량을 확인할 수 있다. Simulation 요소에서는 현재 망 구조에서 작업시 발생할 수 있는 장애를 가상으로 재연하여 실제 장애가 발생할 경우 어떤 Trunk에 트래픽이 몰리는지 예측 할 수 있다.

4.3 Efficient High Speed Access

매년 20~30%씩 꾸준히 증가하는 트래픽을 안정적으로 처리하기 위하여 이동통신사는 현재 100Mbps~1Gbps 속도인 가입자망을 100Gbps 기반으로 대량화 및 고속화를 추구하고 있다. 100G Ethernet, NG-PON2, DOCSIS 3.1이 중점 기술이다.

4.3.1 100G Ethernet 기술

100G Ethernet 기술은 2002년에 IEEE에서 표준화가 완료되어 현재 집선 계위 이상의 국산 L3 스위치에서 이미 사용 중이며, 미래창조과학부의 중장기 전략에 따라 2020년 100G 기가급 서비스가 출시되면 L2 스위치에도 확대 적용 예정이다.

4.3.2 NG-PON2 기술

NG-PON2 기술은 국제 표준화 기구인 FSAN(Full Service Access Network)에서 100G GPON(XG-PON) 표준 완료 이후에 표준화를 추진하고 있는 차세대 광 가입자망 기술로 TWDM-PON(Time and Wavelength Division Multiplexing-PON)이 대표적이다.

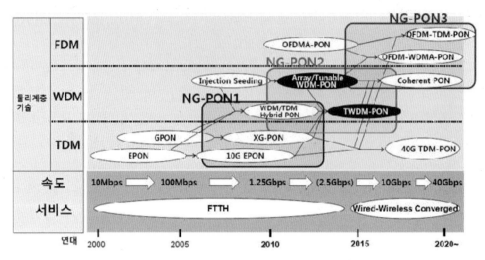

[그림 5-33] 광 가입자 표준화 기술 로드맵

TWDM-PON은 OLT와 원격지에 위치한 ONT 간에 WDM(Wavelength Division Multiplexing) 기술을 사용하여 광섬유 사용 효율을 올리고, OLT와 ONT 간 파장 가변 송수신 기술을 사용하여 네트워크의 트래픽 상황에 따라 통신파장을 변경할 수 있다.

OLT에서 ONT로 전송되는 하향 신호의 용량을 40G 이상 지원하기 위하여 파장이 다른 4개의 광신호를 WDM 방식으로 송신하고 파장당 100Gbps의 전송 속도를 사용한다. ONT에서 OLT로 전송되는 상향 신호는 파장당 2.5Gbps 전송 속도로 하향 신호와 같이 4개의 광신호를 사용한다.

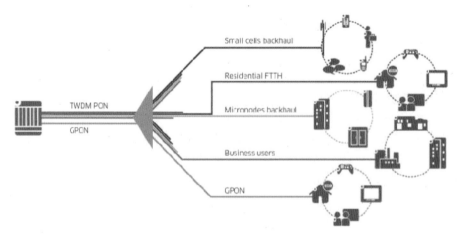

[그림 5-34] TWDM- PON 구성도

또한 WDM 방식을 사용하므로 ONT 광트랜시버는 하향 4파장의 광신호 중에 하나의 광
신호를 선택하기 위한 파장가변 광수신기와 상향 4파장 중 할당된 하나의 파장으로 상향
신호를 송신하기 위한 파장가변 광송신기를 사용한다.

[그림 5-33], [그림 5-34]와 같은 구조도로 ETRI에서 저가의 광트랜시버를 위한 파장 가변
레이저, 100G급 트랜시버, NG-PON2용 광트랜시버의 저가화를 위해 어레이 광모듈, CMOS
포토닉스 반의 광송수신 모듈, 그리고 G.989.3에 부합하는 TWDM-PON용 MAC 칩셋을 개
발하고 있으며 2020년까지 상용화할 것으로 예상된다.

4.3.3 DOCSIS

DOCSIS(Data Over Cable Service Interface Specification) 3.1 기술은 미국의 케이블 서비
스 관련 연구 기관인 Cable Labs에서 HFC망의 경쟁력을 강화하기 위하여 2014년 10월에
제정한 표준으로 FTTH를 기반으로 한 기가 서비스에 대응하기 위해 HFC망에서 최대
100Gbps 통신 서비스가 가능 하다.

DOCSIS 3.1에서는 고효율 전송과 대용량 데이터 전송을 위해 단일 전송 채널의 주파수
대역폭을 하향 최대 192MHz, 상향 최대 96MHz로 늘렸고 전송 방식으로OFDM(Orthogonal
Frequency Division Multiplexing)을 채택하였다. 이를 통해 하향 최대4096QAM과 상향 최대
1024QAM을 적용하여 스펙트럼 효율을 최대 50% 이상 향상시켰다. 주파수 대역 또한 기존
5~85MHz까지 지원하던 상향 채널 주파수 대역은 5~204MHz로, 하향 채널 주파수 대역은
108~1002MHz에서 258~1218MHz로 확장하였고258~1794MHz까지 선택적으로 사용할 수 있
도록 하고 있다.

초기에는 기존 CMTS의 소프트웨어 업그레이드 또는 Add-on 형태로 하드웨어 모듈을 장
착하여 본 기능을 제공할 것으로 예상하고, 2020년 이후에는 신규 하드웨어 기반의 대용량
카드가 본격적으로 출시될 것으로 예상한다.

5G시대 네트워크 – 유무선 네트워크부터 5G까지

Chapter 05 연 습 문 제

1 OSI 7 Layer에서 Data Link 계층의 기능으로 옳지 않은 것은?

① 전송 오류 제어기능   ② Flow 제어기능

③ Text의 압축, 암호기능   ④ Link의 관리기능

2 IEEE 802 프로토콜의 연결이 올바른 것은?

① IEEE 802.3 : 토큰 버스

② IEEE 802.4 : 토큰 링

③ IEEE 802.11 : 무선 LAN

④ IEEE 802.5 : CSMA/CD

3 프로토콜의 기본적인 기능 중, 정보의 신뢰성을 부여하는 것으로, 데이터를 전송한 개체가 보낸 PDU(Protocol Data Unit)에 대한 애크널러지먼트(ACK)를 특정시간 동안 받지 못하면 재전송하는 기능은?

① Flow Control   ② Error Control

③ Sequence Control   ④ Connection Control

4 TCP/IP 프로토콜 계층 구조에서 전송 계층의 데이터 단위는?

① Segment   ② Frame

③ Datagram   ④ User Data

5 UDP에 대한 설명 중 옳지 않은 것은?

① 가상선로 개념이 없는 비연결형 프로토콜이다.

② TCP보다 전송속도가 느리다.

③ 각 사용자는 16비트의 포트번호를 할당받는다.

④ 데이터 전송이 블록 단위이다.

6 ICMP 프로토콜의 기능으로 옳지 않은 것은?

① 여러 목적지로 동시에 보내는 멀티캐스팅 기능이 있다.

② 두 호스트간의 연결의 신뢰성을 테스트하기 위한 반향과 회답 메시지를 지원한다.

③ ´ping´ 명령어는 ICMP를 사용한다.

④ 원래의 데이터그램이 TTL을 초과하여 버려지게 되면 시간 초과 에러 메시지를 보낸다.

7 TFTP에 대한 설명 중 옳지 않은 것은?

① 시작지 호스트는 잘 받았다는 통지 메시지가 올 때까지 버퍼에 저장한다.

② 중요도는 떨어지지만 신속한 전송이 요구되는 파일 전송에 효과적이다.

③ 모든 데이터는 512바이트로 된 고정된 길이의 패킷으로 되어 있다.

④ 보호등급을 추가하여 데이터 스트림의 위아래로 TCP 체크섬이 있게 한다.

8 TCP 헤더의 설명으로 올바른 것은?

① RST 플래그 : 데이터가 제대로 전송된 것을 알려준다.

② Window Size : 현재 상태의 최대 버퍼 크기를 말한다.

③ Reserved : 수신된 Sequence Number에 대하여 예상된 다음 옥텟을 명시한다.

9 라우터 NVRAM에서 RAM으로 Configuration File을 Copy하는 명령어는?

① copy flash start

② copy running-config startup-config

③ copy startup-config running-config

④ erase startup-config

10 라우터(Router)는 OSI 7 Layer 중 어느 계층에서 동작하는가?

① Physical Layer

② DataLink Layer

③ Network Layer

④ TCP/IP Layer

11 LAN 카드의 MAC Address에 실제로 사용하는 비트 수는?

① 16bit   ② 32bit

③ 48bit   ④ 64bit

④ FIN 플래그 : 3-Way handshaking 과정을 제의하는 플래그이다.

CHAPTER

06

코어 네트워크 시스템

1. 코어 네트워크
2. Software Defined Data Center
3. 디바이스 기술

1

코어 네트워크

1.1 효과적인 자원 할당

IoT 디바이스의 확대에 따른 방대한 커넥션에 의한 시그널링 부하 대응, 고속을 요하는 실감몰입형 서비스 수용하기 위해서 라우팅, 패킷 분석, 카운팅 등의 패킷 처리 부하 증가의 효율적 처리, 하나의 UI를 통한 간편하고 체계적인 운영, 그리고 디바이스 종류별 트래픽 패턴에 맞는 최적화된 자원 할 당 후보 기술로 NFV, Orchestration, Edge Cloud를 꼽을 수 있다.

1.1.1 NFV

NFV는 하이퍼바이저를 통해 범용 서버의 CPU, 메모리, 디스크 등의 하드웨어 자원을 가상화하고 네트워크 기능을 가상머신으로 구성하는 기술로, 특정 하드웨어만을 채택해야 하는 종속성을 해소하여, 저렴한 범용 서버 활용을 가능하게 하고 소프트웨어 개발사 간 경쟁 유도를 통해 투자비와 개발비 절감 가능성을 높일 수 있을 것으로 예산된다.

시간·지역별 부하율, 트래픽량에 따라 하드웨어 자원을 단위 기능별로 자유롭게 할당·회수 할 수 있기 때문에 망 운영 효율을 높이고, 디바이스 특성에 따른 가상의 전용망 구성이 용이하며, 가상화된 자원 Pool 위에 애플리케이션 설치만으로 새로운 기능을 도입할 수 있어 서비스 제공에 필요한 시간을 크게 단축할 수 있을 것으로 생각된다.

그러나 가상화 계층 경유로 인한 부하 때문에 패킷 처리 성능이 감소할 수 있는데, 이를 보완하기 위해 애플리케이션이 네트워크 카드 등의 하드웨어에 직접 접근할 수 있게 해주는 '단일 경로 입출력 가상화(SR-IOV)', 고속의 패킷 처리를 가능하게 해주는 '데이터 플레인 개발 도구(DPDK)' 기반의 애플리케이션 적용이 필요하다.

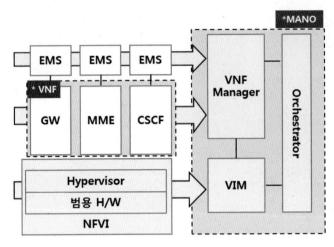

[그림 6-1] NFV 아키텍처

1.1.2 Orchestration

Orchestration은 NFV MANO, SDN 컨트롤러, 애플리케이션 별 EMS 기능을 모두 포함하여 전체 망을 통합 관리하는 시스템을 가리킨다. MANO는 가상화 환경에서 애플리케이션에 대한 자원 할당을 자동화하여 관리하고, 단위 애플리케이션의 기동, 종료, 감시, 설정 변경 등의 라이프 사이클을 관리하며, SDN 컨트롤러는 패킷 전송 경로를 중앙에서 제어한다.

Orchestration은 망에서 발생하는 모든 로그를 수집·분석하여 용도별 전용망과 개별 애플리케이션에 대한 부하 상태, 가용 자원 등을 종합적으로 판단할 수 있다.

망에서 발생한 정보를 바탕으로 단위 애플리케이션의 고장 시, 대체 자원을 즉시 투입하고 모듈 별 마이그레이션과 자가 복구를 통해 서비스 품질 저하를 최소화 할 수 있으며, 시간·지역별 필요 자원량을 예측하여 사전에 확보하고 적재적소에 투입함으로써 효율적인 망 운영을 가능하게 한다.

또한 NFV 애플리케이션 구동·변경, SDN 컨트롤러를 통한 네트워크 자동 구성, 서비스 체이닝 구성을 통합 제어하여 서비스 조합 및 품질에 대한 고객의 요구에 원 클릭으로 신속하게 대응 가능하며, 통합 EMS 시스템을 구성하여 모든 망 요소를 하나의 화면과 명령어로 감시하고 제어함으로써 운영 효율을 높일 수 있다.

1.1.3 Edge Cloud

Edge Cloud 구조는 대도시에 있는 주요 국사에 집중되어 있던 코어 네트워크 기능을 분리하여 사용자 패킷을 처리하는 Data Plane을 가상화 애플리케이션으로 구성해 디바이스와 가까운 지역 국사에 분산 배치하는 네트워크 구조다. Edge Cloud에 위치하는 Data Plane은 사용자 패킷을 포워딩하는 게이트웨이 기능 외에 필요에 따라 컨텐츠 캐싱, 기지국 풀링을 위한 DU를 포함할 수 있으며 이를 제어하는 Control Plane은 주요 국사의 Core Cloud에 위치한다.

지역 국사에 위치한 Edge Cloud에서 트래픽을 처리하면 백홀 경로를 거치지 않게 되므로 Connected Car와 같은 서비스에 초저지연을 제공할 수 있을 것이다.

또한 많은 가입자들이 보거나 사용하는 대용량 콘텐츠를 Edge Cloud에서 캐싱하여 전송하고, Core Cloud를 경유할 필요가 없는 기업 내부 트래픽은 LBO(Local Break Out)로 처리해 백홀 증설 비용을 절감할 수 있다.

1.2 효율적인 제어

5G 망은 빈도는 낮지만 주기적 접속을 필요로 하는 디바이스, 24시간 접속되어 일정 속도 이상으로 계속해 데이터를 전송하는 디바이스, 접속 빈도와 접속 시 요구하는 속도가 높은 디바이스 등 다양한 특성을 갖는 다품종 IoT 기기를 경제적이고 안정적으로 수용해야 한다. 이를 위해 하나의 신호로 다수의 디바이스를 제어하고, 많은 디바이스의 네트워크 동시 접속으로 발생할 수 있는 망의 과부하를 방지할 수 있는 효율적인 IoT 제어 기술의 도입이 필요하다.

1.2.1 NIMTC (Network Improvements for Machine-Type-Communications)

NIMTC는 네트워크에 과부하가 발생하는 경우 IoT 디바이스를 선별 제어하여 망의 안정성을 확보할 수 있는 기술이다. IoT 디바이스가 위치 등록 혹은 발·착신 시 전달한 LAPI (Low Access Priority Indicator)를 기준으로 망에서 IoT 디바이스를 관리하며, MME, SPGW의 과부하 발생 시 단말의 서비스 요청을 거절하고 일정 기간 망 접근을 차단할 수 있다. 또한 과부하 상태를 eNB로 통보해 eNB가 IoT 디바이스의 무선 접속 요청을 거부하거나 접속 요청을 하지 않도록 제어할 수 있다.

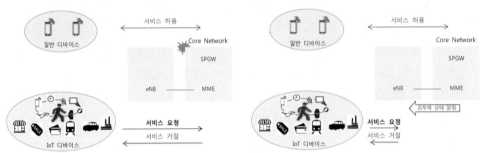

Core Network에서의 과부하 제어 eNB에서의 과부하 제어

[그림 6-2] IoT 디바이스 과부하 제어 동작

1.2.2 SIMTC (System Improvements for Machine-Type-Communications)

SIMTC에서는 애플리케이션 서버가 먼저 IoT 디바이스의 서비스 시작, 정보의 수집 등을 요구할 수 있는 디바이스 트리거 방식을 정의하고, 이를 위해 [그림 6-3]과 같은 새로운 네트워크 구조를 제시한다.

애플리케이션 서버가 IoT 디바이스를 구동하는 방식은 Direct와 Indirect 방식으로 나눌 수 있는데 Direct 방식에서는 애플리케이션 서버의 트리거 요청이 LTE망의 PGW를 경유하여 디바이스로 전달된다. 반면 Indirect 방식에서는 애플리케이션 서버에서 요청한 제어 명령이 MTC Service Capability Server를 거쳐 MTC-IWF를 경유해 디바이스에 도달한다. MTC-IWF는 SMS 또는 LTE망의 NAS 메시지를 활용하여 디바이스와 통신할 수 있다.

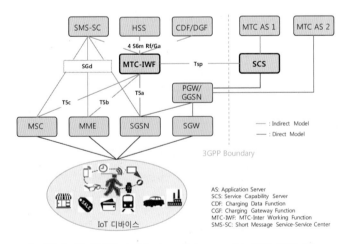

[그림 6-3] SIMTC Architecture Reference Model과 주요 기능

1.2.3 Group Based IoT

Group Based IoT는 다수의 IoT 디바이스를 특정 그룹 단위로 관리해 효율적으로 제어하기 위한 기술이다. 동일 그룹의 IoT 디바이스에 QoS 정책 적용이 필요한 경우 또는 구동, 정보 수집 등의 제어 메시지 전송이 필요한 경우 브로드캐스트 메시지를 전송하여 제어 신호 처리 부하를 최소화하여 망의 과부하를 방지할 수 있다.

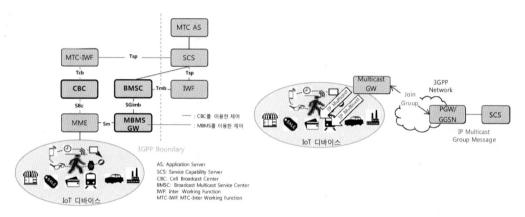

[그림 6-4] Group based 동작

기업 고객의 요구에 따라 실시간으로 필요한 자원을 IT as a Service로 제공하기 위해서는 IT자원에 대한 가상화, 가상화된 자원을 실시간으로 할당·회수·미터링 할 수 있는 소프트웨어 기반의 자동화 된 데이터 센터를 구현해야 한다.

소프트웨어 정의 데이터센터의 필수 구성 요소로는 기업형 클라우드 서비스의 안정성을 위한 자가 치유·최적화, 트래픽 발생 양상이 각기 다른 다수의 단말에서 유발되는 대량의 데이터를 효율적으로 수용할 수 있는 지능화된 대용량 스토리지, 그리고 경량화된 서버 가상화 기술을 들 수 있다.

2.1 자가 치유와 최적화

가상화된 환경에서는 다수의 사용자가 자원을 공유하여 사용하기 때문에 장애나 성능 저하가 발생할 경우 그 영향이 다수의 고객에게 미치게 된다. 현재는 동작 중인 가상화 인프라를 중단 없이 다른 환경으로 이전시켜주는 Live Migration 기술과 자원의 사용량 추이를 감시하며 자동으로 인프라를 확장 축소하는 auto-scaling 기술 등이 존재하나 고장에 대한 근본적인 해결책으로는 부족하다.

이를 위해 고장이나 성능에 대한 오류를 사전에 감지하고 서비스 중단 없이 자동으로 조치하고 문제 가 발생할 경우

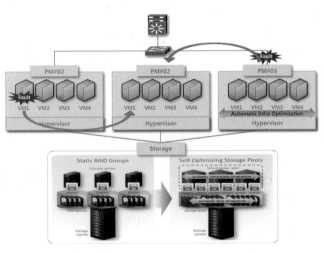

[그림 6-5] Healing과 Optimize 동작

그 영향이 다른 가상 자원으로 파급되지 않도록 분리하는 자가치유 기술, 가상화 자원을 필요한 만큼 최적 할당할 수 있는 최적화 기술의 개발이 필요하다.

2.2 엑사급 스토리지

IDC's Digital Universe Study에 따르면 DB와 같은 정형 데이터는 연평균 22%, 사진, 동영상과 같은 비정형 데이터는 연평균 60% 증가하여 2020년에는 40제타바이트 규모까지 증가하고, 이중 40%가 클라우드에서 처리될 것으로 예측된다.

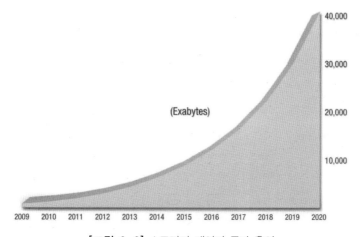

[그림 6-6] 스토리지 데이터 증가 추이

5G 서비스가 널리 사용되는 시점의 데이터를 수용하기에는 현재 페타바이트급 스토리지의 용량으로는 한계가 있어 엑사바이트급의 스토리지가 필요할 것으로 예상된다. 스토리지 구축에 소요되는 막대한 투자 비용을 줄이기 위해서는 전체 데이터의 90% 이상을 차지하는 아카이브 데이터의 저장 공간을 줄이기 위해 Erasure Code를 적용하고 효율이 높은 압축 기술을 개발해 스토리지 저장 가용률을 현재 50%에서 70% 이상으로 향상시켜야 한다. 또한 중복 제거 기술 개발로 불필요한 데이터 저장에 스토리지가 낭비되는 현상을 방지해야 한다.

하드웨어적으로는 100bay 이상의 고집적 데이터 저장 서버 개발을 통해 지속적인 원가 절감을 하여야 하며, 여러 종류의 데이터를 수용하기 위해 서비스 용도별로 구축하는 Silo

형태의 스토리지 대신 이종의 파일, 블락, 오브젝트 스토리지를 통합한 Unified Storage를 도입하여야 한다. 이 스토리지에 소프트웨어 정의 기반의 자원 Orchestration과 프로비저닝 기술을 더함으로써 Multi-Tenant 서비스 환경을 제공하고, 저장 정보의 가치에 따라 정보를 차등적으로 저장 관리하며 서비스 요청 즉시 필요한 자원들을 조합하여 제공하여야 한다.

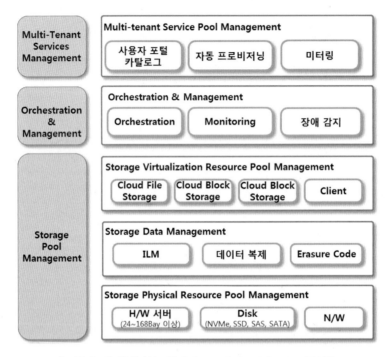

[그림 6-7] 엑사바이트급 Software Defined Storage 구성도

2.3 컨테이너 기반 경량 가상화 기술

모바일 서비스의 라이프 사이클이 짧아짐에 따라 신속한 개발이 필요하지만, 서비스 간 연동이 증가하여 사소한 수정사항도 관련 서비스 재검증이 필요하여 개발 기간이 길어지는 현상이 발생한다.

개발 기간과 서비스 간 영향 문제를 해결하기 위해 서비스를 기능 단위로 모듈화하여 제공하는 마이크로 서비스 구조가 대두되고 있지만, 서비스의 단위 모듈을 하나의 가상머신으로 관리하려면 고성능 물리 서버와 대용량 스토리지가 필요하므로 단위 기능의 가상화를 위한 소요 자원을 최소화시킬 수 있는 경량화된 가상화 방식이 필요하다.

대표적인 가상화 기술로는 Hypervisor와 Docker가 있다. 위 기술들은 하드웨어에 최대한 많은 OS를 동시에 구동시킴으로써 하드웨어 효율성을 향상시킬 수 있고, 신규 서비스가 출시되는 경우 하드웨어 설치/전기 공사/네트워크 공사 및 OS 설치 기간을 최소화할 수 있으며, 애플리케이션을 하나의 이미지 파일로 생성하여 이미지 하나로 대량의 동일한 애플리케이션 생성 및 구동이 가능하다는 공통점을 가지고 있다.

하지만 Hypervisor는 하드웨어를 가상화하여 각 가상머신에게 가상 자원을 제공하는 반면 Docker OS를 가상화하여 각 애플리케이션에게 가상 OS를 제공하는 차이점이 있다. 이러한 차이점으로 Docker 는 Host OS와 애플리케이션의 OS가 동일해야 하는 제약 사항이 존재하지만 Hypervisor와는 다르게 하드웨어 에뮬레이션이 요구되지 않으므로 경량화 가상 방식 측면에서 Hypervisor 보다 우수하다.

Docker는 애플리케이션과 애플리케이션 구동에 필요한 환경 정보를 함께 배포함으로써 운영 환경에서 별다른 환경 변경 없이 바로 애플리케이션을 동작시킬 수 있게 하는 OS 가상화를 위한 플랫폼으로, 컨테이너는 애플리케이션에게 제공되는 독립적인 가상 OS 환경이다. 특정 애플리케이션 구동을 위한 환경 정보와 라이브러리를 하나의 이미지로 생성 후 배포 툴을 이용하여 경량화된 모듈 단위로 배포·구동이 가능하므로 신규 서비스 출시에 따른 대량 배포 부담을 해소시킬 수 있다.

다수의 사용자가 이용하는 단일 서비스에 적합한 Docker와 사용자는 적으나 여러 가지 서비스를 제공하는 경우에 알맞은 Hypervisor의 기술적 특징을 고려하여, 각 서비스의 특성과 환경에 맞는 가상화 기술을 채택함으로써 자원 효율화, 서비스 품질 확보 측면에서 효율적인 서비스망을 구성·운영하여야 한다.

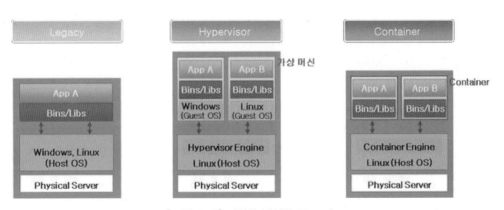

[그림 6-8] 가상화 방식별 구조 비교

2.4 인프라 보안

정보유출 및 시스템 파괴, 금전적 피해에 사용되는 악성코드 증가추이만 보더라도 2014년까지 약 1억 4천만 개의 악성 코드가 발견되었다고 한다. 5G 시대에는 유무선 All IP화, Open Source 기반 개방형 네트워크, IoT 디바이스 활성화로 인해 신규 취약점 및 다양한 변종 악성코드를 이용한

Zero-Day-Attack을 방어하는데 현재 시스템으로는 한계를 드러낼 것으로 우려된다.

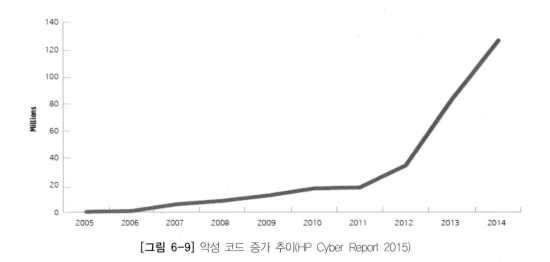

[그림 6-9] 악성 코드 증가 추이(HP Cyber Report 2015)

현재 LG유플러스는 안정적인 고객 서비스 제공을 위해 엔드포인트에서 코어 네트워크, 그리고 각 시스템에 이르는 전 구간에 걸쳐 IDS, IPS, 방화벽, VPN장비, Forensic시스템, 악성코드분석시스템 등 보안 솔루션을 대응하고 있으나, 중장기적인 관점에서 보안 위협에 대한 전 방위적 방어를 위해 애플리케이션 계위 분석, Sandboxing 기능 추가로 개별 보안 솔루션을 고도화하고 보안 프레임 워크를 기반으로 인텔리전트 인프라의 안전성을 향상시켜야 한다.

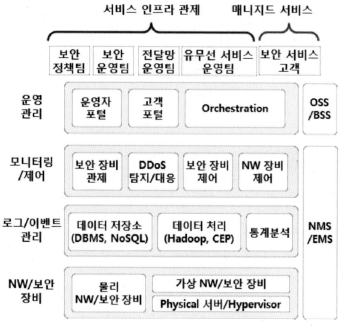

[그림 6-10] 네트워크 보안 프레임워크

먼저 서비스 인프라 보호를 위해 기존 백본 계위에서 수행하는 DDoS 방어를 Edge 계위에서 차단할 수 있는 공격 근원지 차단기술로 확장하고, SDN/NFV 기술을 적용하여 가상 보안자원을 고객에게 신속하게 할당하여 보안 위협에 즉각 대응할 수 있어야 한다. 개별 관리하고 있는 보안 위협 이력과 로그를 빅데이터 시스템으로 분석하여 가시적으로 관리함으로써 상황의 조기 인지, 조치, 대응안 개선이 선순환 구조를 이루는 통합 보안 관제 시스템을 도입하여야 한다.

디바이스 기술

3.1 클라우드 기술

모바일 디바이스의 CPU 성능과 RAM 크기, 저장공간은 급속도로 향상되어 왔다. 5G를 디바이스에서도 지속적으로 개선이 이루어지겠지만 모바일 디바이스라는 한정된 폼팩터에서 무한정 성능과 공간을 확보하기는 한계가 있기 때문에 디바이스에서도 클라우드 기술을 반드시 적용해야 할 것으로 본다.

파일시스템 가상화와 모바일에 최적화된 프로토콜을 이용하여 클라우드 파일 시스템 기술을 디바이스에 적용하여 대용량 저장 공간을 확보해야 하며, 통신/미디어 기술을 클라우드화하고 앱과 서비스를 서버 기반으로 확장할 필요가 있다. 예를 들어 통신 기능의 경우 웹을 기반으로 음성, 영상, 메시징 기능을 제공하여 디바이스 의존성을 제거하고, 게임, 비디오 서비스 및 개인화 설정까지도 서버 기반으로 제공할 수 있어야 한다. 그리고, 궁극적으로는 고객이 필요한 기능을 어떠한 디바이스에서도 사용할 수 있도록 OS 자체를 클라우드 기반으로 제공하여야 하며, 높은 단말 스펙을 요구하는 서비스가 출시되더라도 새로운 디바이스를 구입하지 않고도 CPU, 메모리, I/O의 가상화를 통하여 최상의 서비스를 제공할 수 있는 기술이 필요하다.

3.2 하드웨어 기술

3.2.1 직접화 반도체

모바일 디바이스 프로세서는 제한적인 공간에 모든 부품을 내장해야 하므로 PC의 CPU와 달리 GPU(Graphic Processing Unit), DRAM, ISP(Image Signal Processor), DSP, CP (Communication Processor) 등이 하나의 칩셋에 집적되어 있다. 이 칩셋은 모바일 환경에 적합하고 저전력 특성을 가지는 ARM 아키텍처가 90% 이상, PC환경에 적합한 intel의 고성능 x86계열이 나머지를 차지하며 성장해 왔는데 최근 모바일과 PC의 경계가 점차 허물어짐에 따라 이 두 아키텍처의 구분이 점점 의미가 없어지고 있다. 모바일 칩셋에는 2013년부터 64비트 프로세싱이 시작되어 2015년에 활성화 되었으며, 2020년 이후에는 256비트 프로세싱이 도입될 것으로 예상된다.

데이터 폭증과 함께 단말의 칩셋 또한 폭증하는 성능 요구와 전력 소모 문제에 대해 지속적인 개선이 필요하며, 전력 소모 및 발열 문제로 인해 무어의 법칙에 의한 발전이 둔화될 것으로 전망되는 가운데 다음 방안이 고려되고 있다.

첫 번째로 반도체 공정의 미세화로 저비용화와 함께 성능을 향상하는 것으로, 미세화를 하게 되면 더 낮은 전압에서 동작할 수 있고 더 많은 트랜지스터를 집적할 수 있다. 성능 향상에는 크게 고속화와 처리성능 향상, 그리고 소비전력 절감의 2가지 방향이 있으며, 동일한 반도체 공정이라도 서버는 처리 성능의 고속화, 모바일 디바이스는 소비전력 절감에 중점을 두고 개발된다. 두 번째로 클럭속도 향상이 더디어짐에 따라 멀티 코어 방식이 개발되고 있다. 구조적으로 고성능 big 코어와 다수의 에너지효율이 높은 little 코어의 조합으로 발전해 왔으며 현재 big.LITTLE 구조의 옥타 코어까지 상용화 되어 향후 32,64코어로 이어질 전망이다. 세 번째로는 새로운 소자, 새로운 동작 원리에 기반한 트랜지스터의 개발로 기본 틀을 뒤집는 방식이 개발 중에 있다.

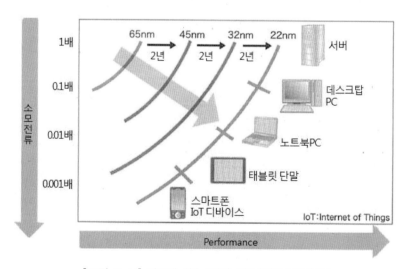

[그림 6-11] 반도체 기술 진화(니케이커뮤니케이션즈)

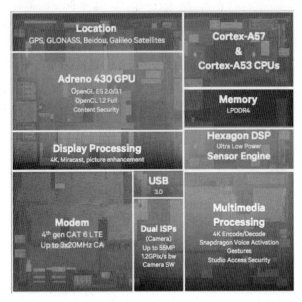

[그림 6-12] 모바일 칩셋 구조(출처, 퀄컴)

3.2.2 안테나 기술

디바이스에 탑재되는 안테나는 공간의 제약으로 인해 적은 영역을 차지하면서도 성능, 내구성, 가격 등의 요구를 만족시키기 위해 아래와 같이 여러 방식이 연구되어 왔다.

[표 6-1] 디바이스 안테나

	LDS(Laser Direct Structuring)	인몰드	이중사출	Chip/Patch	Retractable
형상					
방식	레이저를 이용, 케이스에 안테나 패턴을 그리고 안테나 소재를 도금	케이스 내부에 안테나를 정밀하게 삽입	별도 제작된 금형에서 외형구조물과 패턴도금을 결합	안테나를 인쇄회로 기판(PCB)에 직접표면실장	λ/4 길이를 가지는 헬리컬 안테나 상단에 신장(Expend) 가능한 모노폴 안테나가 설치

다양한 5G 신기술과 서비스 요구사항을 만족시키기 위해 안테나 기술은 기존의 안테나 자체는 유지한채 구조적인 변화의 모색, 완전히 새로운 형태와 소재의 안테나 개발이라는 두 방향으로 나아가고 있다.

구조적 변화 측면을 보면 LTE FDD 모드에서의 Full Duplex Radio 기능을 효과적으로 지원하기 위해 간섭제어기술과 함께 송수신 안테나를 격리시켜 간섭을 최소화하는 연구가 활발히 진행 중이며, LTE 상향 주파수 대역으로 전달되는 LTE D2D discovery message를 수신하기 위해 안테나와 연결된 듀플렉서의 상향 주파수 출력단이 모뎀 수신단으로도 연결되는 구조 변경도 연구되고 있다.

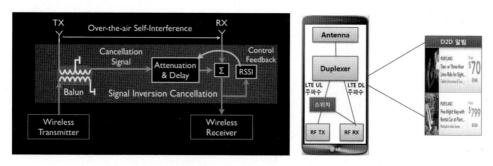

[그림 6-13] 안테나 구조의 변화

새로운 안테나 형태나 소재 면에서는 통신표준 IEEE 802.15.6 WBAN(Wireless Body Area Network)의 요구사항을 만족시키기 위해 인체에 무해하면서도 높은 도전율을 가져야 하는 전도성 섬유 안테나가 직포, 부직포, 편물, 편복 등의 방식으로 논의되고 있으며, conductor와 하부기판 모두 유연한 특징을 가진 flexible 안테나, 초소형의 tattoo 안테나, 렌즈 형태의 안테나 외에 Connected car 내에서 실시간으로 무선환경에 맞게 안테나의 방향과 수신 특성을 변화시키는 스마트 안테나 등이 등장 할 것으로 예상된다.

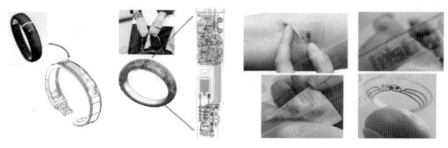

[그림 6-14] Wearable / IoT 안테나

3.3 지능, 감성 기술

로봇디바이스는 얼굴·음성 인식, 상황인지 기술, 모터/카메라/센서 정밀 제어 기술, 클라우드서버 연동 기술의 집합체로서 지능 및 감성형 서비스를 위해서는 인식 기술과 이미지, 음성의 빅 데이터 분석 기술이 가장 중요하다. 영상 인식은 얼굴, 손, 자동차 번호판과 같이 픽셀/벡터 수가 일정한 특정 물체 인식 기술과 일반적인 자동차, 책상, 사람, 의자 침대 등과 같이 일정한 제약이 없는 일반 물체 인식으로 나눌 수 있다.

● **특정 물체 인식**

- 어떤 특정 물체를 영상내 탐색(Identification)
- 얼굴, 손, 자동차 번호판 등
- 사용되는 Pixel의 수, 특징벡터의 수 등이 많음.

● **일반 물체 인식**

- 환경의 제약이 없는 일반적 상태.
- 일반적인 물체를 영상 내 탐색(Classification)
- 카테고리가 방대함 -> 식별이 어려움.
- 자동차, 책상, 사람, 의자, 침대 등

[그림 6-15] 물체 인식

지능, 감성형 디바이스의 영상인식 기술은 얼굴의 정면·측면 인식 기술, 표정 인식, 얼굴 응시 방향 트랙킹, 가족 구성원 인식, 제스처 인식, 영상을 활용한 상황/공간인지 기술들을 필요로 한다. 음성인식 기술은 4개 이상의 마이크를 통해 음원지 방향을 파악하고, Voice Trigger를 통해 잠자고 있는 로봇을 깨우는 호출어 인식 기술과 사용자와 대화가 가능한 연속어 인식 기술 등이 있다. 이러한 영상, 음성은 클라우드 서버에서 Deep Learning을 통해 학습되며, 가공 처리하여 재사용 및 추천을 통해서 사용자에게 지능과 감성을 공유할 수 있다. 또한 자연스러운 움직임, 감성적인 음성, 동작 피드백, 나를 인지하는 학습을 통하여 Me-Centric에 최적화시킬 수 있다.

인식 기술과 함께 사용자의 외출/귀가/여행 등의 상황 및 선호도를 인지할 수 있는 상황 인지 기술이 발전할 전망이다.

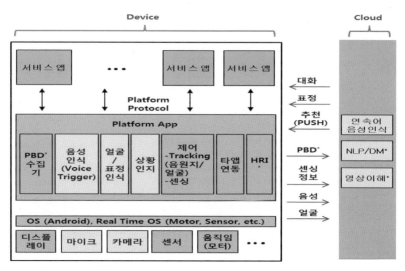

[그림 6-16] 지능, 감성형 디바이스의 구조

3.4 실감 미디어 기술

전통 비디오 서비스와는 차별적으로 5G 망에서는 넓은 대역폭이 고객에게 제공되므로 새로운 사용자 경험을 제공할 수 있는 진화된 실감 미디어 서비스 제공이 가능하다. 아래 그림과 같이 여러 각도의 카메라 영상을 Stitch 하여 Virtual Reality 환경을 제공하는 360° 영상을 송출하면 단말에서는 고객이 원하는 각도의 영상을 볼 수 있는데, HMD를 쓰고 고개를 움직이면 원하는 장면을 볼 수 있고, 2D 디스플레이 장치 연결 시 터치, 리모컨 방향 키 등을 이용해 볼 수 있다.

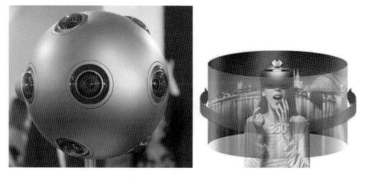

[그림 6-17] 360 도 카메라(노키아 Ozo), 영상

실감 미디어 영상의 최종적인 기술 개발은, 3D 홀로그램 영상으로 귀결되며 홀로그램은 종종 영화에서 소개된 것과 같이 실제 인간이 보는 것처럼 대상을 구현하는 것이다. 홀로그래피는 피사체로부터 반사된 물체파와 아무 정보도 갖지 않는 기준파를 이용해 두 개의 빛이 만날 때 발생되는 간섭무늬의 정보를 기록하여 3차원 입체 영상을 재생하는 기술이다. 3D 홀로그램에 의해 생성된 입체 영상은 사람에게 실사와 같은 입체감을 제공함으로써 스테레오스코픽 방식보다 현실감이 강화되고 누구나 편하게 어떤 각도에서도 홀로그램 영상을 감상할 수 있어 기존의 3D 스테레오스코픽 방식에서 야기 되는 눈의 피로감과 어지럼증 등의 문제를 근원적으로 해결할 수 있다.

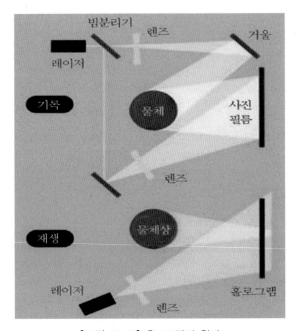

[그림 6-18] 홀로그램의 원리

Chapter 06 연습문제

1 브로드캐스트(Broadcast)에 대한 설명 중 올바른 것은?

① 어떤 특정 네트워크에 속한 모든 노드에 대하여 데이터 수신을 지시할 때 사용한다.

② 단일 호스트에 할당이 가능하다.

③ 서브네트워크로 분할할 때 이용된다.

④ 호스트의 Bit가 전부 '0'일 경우이다.

2 비동기 데이터(Asynchronous Data) 전송에 필요한 신호는?

① 처음과 마지막 자료(start/stop)

② 인터럽트(Interrupt)

③ 상태자료(Status)

④ 캐리(Carry)

3 광섬유의 종류에 해당되지 않은 것은?

① 스텝 인덱스(Step Index)

② 그레이드 인덱스(Graded Index)

③ 단일모드(Single Mode)

④ 복합모드(Complex Mode)

4 디지털 변조로 옳지 않은 것은?

① ASK   ② FSK

③ PM   ④ QAM

5 주파수 분할 다중화 기법을 이용해 하나의 전송매체에 여러 개의 데이터 채널을 제공하는
전송방식은?

① 브로드밴드 전송방식

② 내로우밴드 전송방식

③ 베이스밴드 전송방식

④ 하이퍼밴드 전송방식

6 패킷 교환 방식의 단점이 아닌 것은?

① 선로 장애 시 복구가 어렵다.

② 교환을 위한 소프트웨어 및 하드웨어가 복잡하다.

③ 큐잉 지연이 존재한다.

④ 각 패킷마다 주소를 위한 오버헤드가 존재한다.

7 성형 토폴로지의 특징으로 옳지 않은 것은?

① 중앙 제어 노드가 통신상의 모든 제어를 관리한다.

② 설치가 용이하나 비용이 많이 든다.

③ 중앙 제어노드 작동불능 시 전체 네트워크가 정지한다.

④ 모든 장치를 직접 쌍으로 연결할 수 있다.

8 무선 랜의 구성 방식 중 무선 랜카드를 가진 컴퓨터간의 네트워크를 구성하여 작동하는 방
식은?

① Infrastructure 방식

② AD Hoc 방식

③ AP 방식

④ CDMA 방식

9 에러를 제어하거나 정정하기 위한 기법에 대한 설명 중 옳지 않은 것은?

① 패리티 검사(Parity Check Bit) : 원래의 데이터에 1비트를 추가하여 에러가 있는지 없는지 확인하는 방식

② 순환 잉여도 검사(CRC) : 순환 중복 검사를 위해 미리 정해진 다항식을 적용하여 오류를 검출하는 방식

③ 해밍코드(Hamming Code) : 전송된 문자에 대해 배타적 논리합(EOR)을 누적하여 그 결과에 근거를 둔 오류 검색 방식

④ 블록합 검사(BSC) : 패리티 검사의 단점을 보완한 방식으로, 프레임 내에서 모든 문자의 같은 위치 비트들에 대한 패리티를 추가로 계산하여 블록의 맨 마지막에 추가 문자를 부가하는 방식

10 데이터 전송 시 전송매체를 통한 신호의 전달속도가 주파수의 가변적 속도에 따라 왜곡되는 현상은?

① 감쇠 현상   ② 지연 왜곡
③ 누화 잡음   ④ 상호 변조 잡음

11 프로토콜의 기본적인 기능 중에서 PDU(Protocol Data Unit)의 보내지는 순서를 명시하는 기능으로 순서 결정의 목적에 해당되지 않는 항목은?

① 흐름 제어   ② 에러 제어
③ 순서 제어   ④ 연결 제어

12 다음에서 설명하는 전송 방식은?

> LAN의 매체 접근 제어방식 중 버스구조에서 사용하고, 데이터를 전송하려면 채널이 사용 중인지 검사하고, 채널이 사용 중이지 않으면 모든 노드가 채널을 사용할 수 있으며, 동시에 데이터 전송이 이루어지면 충돌이 일어나고 데이터는 폐기되며 일정시간 대기 후 다시 전송한다.

① Token Ring   ② Token Bus
③ CSMA/CD   ④ Slotted Ring

13 OSI 7 Layer 중 2 계층에 해당되는 데이터 링크 계층은 근거리 통신망(LAN)의 어느 계층에 해당되는가?

① CSMA/CD 및 논리링크제어(LLC)

② 물리 접속 및 매체액세스제어(MAC)

③ 논리링크제어(LLC) 및 상위 레벨(HILI)

④ 논리링크제어(LLC) 및 매체액세스제어(MAC)

14 멀티 포인트 방식에서 터미널로부터 컴퓨터로 데이터를 전송하는데 필요한 절차로, 터미널에서 데이터를 전송할 데이터가 있는가를 묻는 것은?

① 컨텐션(Contention)

② 폴링(Polling)

③ 셀렉션(Selection)

④ 라우팅(Routing)

15 IEEE 표준안 중 CSMA/CA에 해당하는 표준은?

① 802.1

② 802.2

③ 802.3

④ 802.11

07

정보보호

정보보호 개요

오늘날 우리는 급속도로 발전하는 정보사회(Information Society)에 살고 있다. 정보사회는 정보의 생성, 저장, 처리, 가공, 운반, 검색이 상호 연결된 다양한 통신망 환경에서 다양한 형태의 정보 서비스에 의해 이루어지는 사회이다. 정보통신 기술의 급속한 발전과 세계 구석구석을 거미줄처럼 이어주는 인터넷 망은 이러한 정보 및 정보 서비스를 산업계 전반에 걸쳐 다양한 형태로 제공하여 주고 있다. 원하는 정보를 언제라도 손쉽게 얻을 수 있도록 해주는 것이 바로 정보사회이다. 유닉스로 변화되는 클라이언트·서버 환경은 점차 정보사회의 주역으로 자리 잡고 있으며, 초고속 정보통신망의 구축은 인터넷 상의 서버들을 더욱 더 빠르게 엮어주고 있다. 정보사회에서 정보의 수집, 분석 및 활용 능력은 한 나라의 국익이나 경쟁력을 좌우하는 중요한 자산이 되고 있다.

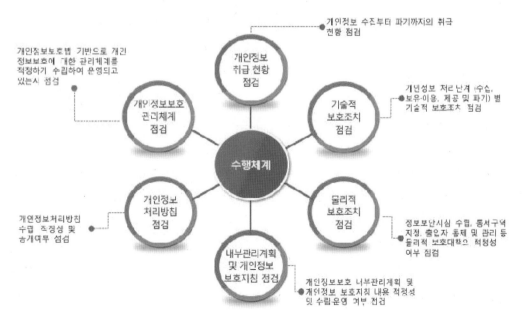

[그림 7-1] 정보보호 수행체계

　　새로운 문명의 탄생과 발전은 인류에게 그 편리함과 혜택을 제공하기도 하지만, 역기능으로 인한 폐해를 가져다 주기도 한다. 정보통신이라는 문명의 이기에서도 유사한 문제가 점차 대두되고 있다. 그 편리함과 유익성에 비례하여 위험하고 파괴적인 역기능이 뒤따르고 있다. 정보 사회에서는 모든 산업활동과 사람들의 생활에서 정보 그 자체가 주요한 원천이 된다. 그러나 정보를 취급 하는 데서 오는 취약성으로 인해 정보에 한 무단 유출, 파괴 및 변조와 같은 정보침해사고가 자주 발생하고 있다. 인가 받지 않은 불법 사용자로 인한 정보 시스템의 파괴, 개인 프라이버시 정보의 노출, 불건전 정보의 유통 등과 같은 정보화의 오남용으로 인해 고통 받고 있는 것이다.

　　자신이 원하는 정보를 언제 어디서든지 손쉽게 얻을 수 있게 되었지만, 정보화의 오남용으로 인해 생기는 피해 또한 감수해야만 한다. 지금 이 순간에도 허가 받지 않은 방법으로, 중요 정보 또는 개인 프라이버시 자료가 전 세계 네트워크를 통해 유출되고 있을지도 모르는 일이다. 이와 같이 갈수록 첨예해지는 국가간의 경쟁, 기업간의 경쟁에서 정보 자산의 보호는 매우 중요한 현안으로 떠오르고 있다.

　　정보란 컴퓨터에 존재하는 데이터뿐만 아니라 이 데이터로부터 유추해 낸 자료를 포함하는 것으로 정의할 수 있다. 정보보호는 이러한 유형, 무형의 정보들을 내부 또는 외부의 위협으로부터 보호하고자 하는 것이다. 우리나라도 크고 작은 유형의 정보 범죄가 매년 급속한 추세로 증가하고 있는 실정이다. 한국정보보호센터에서 발간된 '정보화 역기능 동향 분석' 보고서에 의하면 2013년 1월부터 11월까지 집계된 국내 정보화 역기능 사례는 총 118건으로서 '2014년의 100건에 비해 큰 폭의 증가를 보이고 있다. 그러나 많은 보안 침해 사고가 보고되지 않고 그냥 지나가거나 피해 입은 사실 자체를 모르고 있다는 점을 고려한다면 실제 피해사례 는 훨씬 더 많고 광범위할 것으로 보인다. 정보통신 시스템과 네트워크가 더 개방되고, 용량과 성능 그리고 연결성이 강화될수록, 그 취약성도 비례하여 증 될 것이다. 각종 전산 침해 사고를 방지하기 위해서는 외부 침입에 비한 효율적인 정보보호 시스템을 개발해야 함은 물론이지만, 그보다는 정보보호에 한 정책 수립과 정보보호 마인드가 우선해야 할 것이다. 정보보호가 제대로 이루어지지 않을 경우 국가 및 개인이 입게 될 손해도 심각하겠지만 국가 또는 기업간의 치열한 정보 사회 경쟁에서도 뒤처지게 된다는 것을 명심해야 한다. 한편 정보통신 환경에 한 정치경제 사회 문화 등의 의존도 심화됨에 따라 정보보호의 역할 및 수요가 강조될 것으로 예상된다.

SECTION 2
정보보호의 기본 개념

정보보호에 의한 정의는 우연히 혹은 의도적으로 허가 받지 않은 정보의 누출, 전송, 수정, 파괴 등으로부터의 보호하는 것으로 우리나라 정보화 촉진기본법 제2조 용어 정의에는 "정보의 수집가공 저장 검색 송신 수신 중에 정보의 훼손변조 유출 등을 방지하기 위한 관리적 · 기술적 수단을 강구하는 것으로 되어있다.

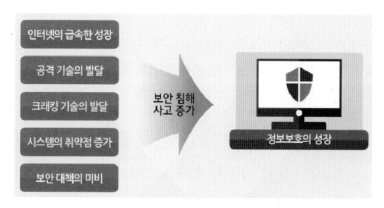

[그림 7-2] 정보보호의 필요성

2.1 정보보호의 기본 목표

정보보호에 의한 요구는 처리될 정보의 속성에 따라서 다양 할 수 있지만, 미성(Confidentiality), 무결성(Integrity), 가용성(Availability)의 3가지로 구별된다. 이는 정보보호의 속성일 뿐만 아니라 정보보호의 목표이기도 하다. 정보보호라는 것 자체가 내부 또는 외부의 침입자에 의해 저질러지는 각종 정보의 훼손, 변조 및 유출 등과 같은 정보 범죄로부터 중요 정보를 보호함으로써 정보의 미성 무결성 가용성을 유지할 수 있기 때문이다.

비성이란, 정보는 인가된 자에 의해서만 접근이 가능해야 한다는 원칙이다. 즉, 정보는 소유자의 인가를 받은 사람만이 알아야 하며 인가되지 않은 사람에 의한 정보의 공개는 절대로 방지되어야 함을 뜻한다. 지성이 유지되어야 하는 것에는 그 특성에 따라 핵무기나 방어 전략과 같은 국가 안보 자료, 정부기관의 행정 자료, 고객 기록 또는 연구 결과와 같은 기업 자료, 신용도나 병력과 같은 개인 신상에 관한 자료 등이 있다. 미성 자료의 경우 그 비성이 노출되지 않도록 반드시 인가된 자에 의해서만 접근이 가능하도록 보장하기 위한 정보보호 메커니즘으로 접근 통제(Access Control)와 암호화가 있다.

접근 통제 메커니즘은 여러 계층에서 구현될 수 있는데 시스템이 설치되어 있는 건물이나 사무실에 자물쇠를 설치하여 정당한 열쇠를 가진 자만이 시스템에 접근할 수 있도록 하는 물리적 수준에서의 접근 통제, 시스템에 일단 인가된 방식으로 로그인한 상태에서도 자신에게 허가되지 않은 파일이나 장치에 접근하지 못하도록 통제하는 운영체제 수준에서의 접근 통제, 네트워크를 통하여 원격 접속할 때 외부 네트워크에서 내부 네트워크로 인가된 접근만을 허용하는 네트워크 수준에서의 접근 통제 등이 있다. 접근 통제에 실패해도 자료가 암호화 되어 있으면 침입자가 이해할 수 없으므로 비밀성은 유지될 수 있다. 일부 선진국의 경우 이미 실용 가능한 자료 암호화 알고리즘이 표준으로 개발되어 널리 사용되고 있다.

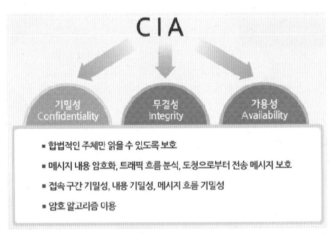

[그림 7-3] 기밀성

무결성이란, 정보는 정해진 절차에 의해 그리고 주어진 권한에 의해서만 변경될 수 있다는 것을 의미한다. 정보는 항상 일정하게 유지되어야 하며, 단지 인가 받은 방법에 의해서만 변경될 수 있다. 무결성에 한 정책에는 정보 변경에 한 통제뿐 아니라 오류나 태만으로 부토의 예방도 포함하고 있어야 한다. 즉 정보는 우발적이건 고의적이건 간에 허가 없이 변경 되어서는 안됨을 의미한다. 무결성 제어는 내부 혹은 외부로부터의 침입자를 막아 내고, 필요한 업무의 성질에 따라 내부 사용자의 권리를 제한함으로써 부주의하거나 또는 의도적인 위함으로부터 시스템 정보를 보호하기 위한 정보보호 책이다. 무결성 제어를 위한 정보 보호 메커니즘을 위해 해수 함수나 메시지 인증코드 등을 사용될 수 있고, 이미 변경되었거나 변경 위험이 있을 때는 이를 탐지해 복구할 수 있는 메커니즘도 필요하다. 접근 통제 메커니즘도 궁극적으로는 허가 받지 않은 접근을 차단함으로써 무결성 훼손을 방지하는데 사용 될 수 있다.

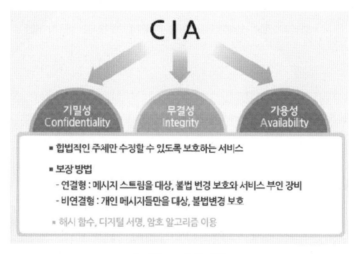

[그림 7-4] 무결성

가용성은 정보 시스템이 적절한 방법으로 작동되어야 하며, 정당한 방법으로 권한이 주어진 사용자에게 정보 서비스가 거부되어서는 안 된다는 것이다. 다양한 응용 프로그램에 해 적당한 반응시간이 결정되어 있어야만 한다. 비행기 통제나 병원의 응급 시스템과 같이 생명 이 관계된 상황에서는 적시에 주어지는 자원의 가용성은 무엇보다도 중요한 요소이다. 소유 정보를 적시에 적절하게 사용할 수 없다면 그 정보는 이미 소유의 의미를 잃게 되거나 정보 자체의 가치를 상실하기 때문이다. 가용성을 확보하기 위한 통제 수단으로는 자료의 백업, 중복성 유지, 물리적 위협 요소로부터의 보호 등이 있다. 그러나 이 같은 통제 수단의 적용은 시스템 외적인 것이 부분이기 때문에 정보보호 관련 시스템의 아키텍쳐 설계 시 제외되기도 한다. 그러나 소프트웨어와 하드웨어가 보다 다양한 성능과 기능을 제공함에 따라 이들의 복잡도 또한 높아지고, 이에 따른 보안 결함이 발생할 가능성도 높아져 시스템의 가용성에 많은 우려를 낳고 있다.

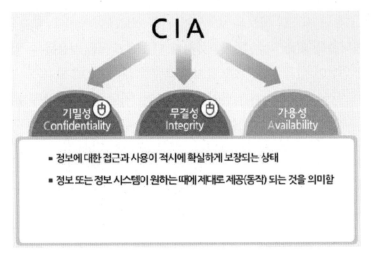

[그림 7-5] 가용성

2.2. 정보 시스템 취약성 및 위협 요소

정보 보호 활동은 정보 시스템이 갖고 있는 취약성을 찾아내고, 시스템을 위협으로부터 보호하기 위해 비용 효과적인 책을 세우는 것이다. 이는 마치 의사가 환자의 질병 상태를 정확히 진단한 다음 적절한 처방을 내리는 것과 마찬가지로, 비용 효과적이고 실용적인 보안책을 강구하기 위해서는 무엇보다도 정보 시스템의 본래의 보안 취약성과 이를 공격하여 보안 문제를 일으키는 위협에 정확한 진단이 필수적이다.

2.2.1 취약성 분류

모든 정보 시스템은 공격에 취약하며 완벽히 안전한 시스템이란 존재하지 않는다. 정보 보호 책이란 시스템이 공격으로 인해 피해를 입을 가능성을 줄여 주거나, 침입자로 하여금 시스템을 침입하기 위해 많은 시간과 자원을 투자 하도록 한다. 현존하는 정보 시스템이 갖는 취약성을 분류하면 다음과 같다.

○ 물리적 취약성 : 침입자는 전산 센터와 같이 정보 시스템이 설치되어 있는 빌딩이나 워크스테이션과 같은 서버나 PC가 설치되어 있는 사무실에 침입할 수 있다. 일단 침입에 성공하면 시스템 파괴, 부품 탈취, 시스템 로그인 등 모든 수단의 약탈을 행할 수 있다.

○ 자연적 취약성 : 정보 시스템은 불, 홍수, 지진, 번개 등의 자연 재해에 매우 취약하다.

○ 환경적 취약성 : 정보 시스템은 먼지, 습도, 온도 등의 주변 환경에 취약함을 보인다.

○ 하드웨어 취약성 : 어떠한 종류의 하드웨어 실패나 오동작이 전체 컴퓨터 시스템의 보안에 손상을 입힐 수 있다.

○ 소프트웨어 취약성 : 시스템을 실패나 오동작으로 몰고 갈 수 있는 어떤 종류의 소프트웨어 실패도 시스템을 취약하게 만들 수 있거나 또는 시스템을 불안정하게 만들 수 있다.

○ 매체 취약성 : 디스크, 테이프, 출력물 등을 훔쳐 가거나 손상을 입힐 수 있다.

○ 방출 파 취약성 : 모든 전기 장치는 전자기파를 방출한다. 도청 자는 컴퓨터 시스템이나, 네트워크 또는 휴대폰으로 부터 발생하는 신호를 가로챌 수 있다.

○ 통신 취약성 : 컴퓨터가 네트워크나 모뎀에 연결된 경우, 인가 받지 않은 사람으로부터의 침입 위험성이 증가된다.

○ 인적 취약성 : 컴퓨터 시스템을 사용하거나 관리하는 직원은 가장 큰 취약성을 보인다. 관리자가 적절히 교육을 받지 않았거나 나쁜 유혹에 빠질 경우, 컴퓨터 사용자나 운영자 기타 직원들이 비번호를 누설하거나 문을 열어 두거나 하는 등의 사례를 볼 수 있다.

2.2.2 보안 위협

정보 시스템의 취약성을 공격하여 시스템에 보안 사고를 일으키는 위협은 자연에 의한 위협과 인간에 의한 위협으로 나누어지고, 인간에 의한 위협은 다시 비의도적인 위협과 의도적인 위협으로 나누어진다.

○ 자연으로부터의 위협 : 불, 홍수, 지진, 전력 차단 등이 이러한 위협의 표적인 것으로 이로부터 발생하는 재난을 항상 예방할 수는 없지만 화재경보기, 온도계, 무 정전 시스템 (UPS) 등을 설치하여 피해를 최소화할 수 있다.

○ 비의도적 위협 : 정보 시스템에 보안 사고를 일으키는 가장 큰 위협으로 인간의 실수와 태만이 주원인이다. 패스워드의 공유, 자료에 한 백업의 부재 등이 표적인 부주의와 태만으로 간주되며, 이러한 위협은 신문에 기사거리로 크게 다루어지지는 않지만 실제로 정보 보호 문제를 일으키는 가장 중요한 요인이다.

○ 의도적 위협 : 이는 기사거리가 되는 흥미로운 위협이며, 시중에 판매되는 정보보호 제품이 주력해야 할 부분이다. 의도적 위협은 바이러스 제작자, 해커, 사이버 테러리스트 등으로부터 발생한다. 다음은 표적인 위협 사례 들이다.

○ 도청 : 유무선 전 송로 또는 정보통신 기기를 통하여 송 · 수신되는 통신 내용을 가로채어 정보를 불법으로 획득하는 행위를 말하며, 정보가 유출될 경우 부정사용 등 사고를 유발한다.

○ 신분 위장에 의한 불법접근 : 정당한 사용자처럼 신분을 위장, 정보 시스템에 침투하여 인가 받지 않은 정보에 접근하는 행위를 말하며, 비인가자가 정보를 불법 획득사용 또는 위 · 변조하거나 허위정보 전송 사고를 유발한다.

○ 정당하게 처리된 정보에 한 부가 : 정당하게 메시지를 송 · 수신한 후 고의로 그 사실 또는 내용을 부인하는 행위를 말하며, 전자상거래 등 정보통신 서비스의 활성화를 저해하는 요인이 된다.

○ 악의적인 시스템 장애유발 : 불필요한 정보를 고의로 특정 정보 시스템에 송신하는 등 시스템의 정상적인 작동을 방해하는 행위를 말하며, 정보통신 시스템의 장애를 일으켜서 정당한 사용을 저해한다.

2.3 정보보호책

과거에는 일부 국한된 전문가와 전문 분야에 정보 시스템을 사용하기 때문에 정보보호는 비을 유지하는데 그 중점을 두어왔다. 즉, 비 정보나 자료를 적의 수중에 들어가지 않도록 하는 것이 주요 목표 다. 그러나 오늘날에는 모든 책상에 컴퓨터가 설치되고 네트워크에 연결되어 있어, 과거의 방식으로는 정보를 보호할 수 없다. 따라서 정보보호에 한 접근 방식도 폐쇄된 개념에서 개방 개념으로 바뀌어 가고 있다. 오늘날의 정보 시스템 사용자들이 전산망 자원의 순기능을 더욱 효율적으로 사용하기 위해서는 비성과 무결성을 보장하면서 가용성을 최소화 할 수 있는 보안통제 책이 개발되어 구축되어야 한다.

미래의 정보 기술은 인터넷을 비롯 네트워크의 확산, 정보 고속도로, 멀티미디어, 이 기종 컴퓨터의 접속 등을 이용한 복합 멀티미디어 서비스를 제공하여줄 것이다. 이에 따라 발전하는 정보시스템은 점점 복잡해지며, 복잡도가 높아질수록 점점 더 많은 보안 취약점들이 내포되어 있을 가능성이 높을 것으로 예측되고 있다.

따라서 정보화 사회가 고도화 될수록 정보보호 책에 한 관심은 더욱 높아질 것이다. 또한 정보 시스템을 둘러싸고 새로운 형태의 위협이 등장할 것이며 이에 응하는 기술 개발도 함께 이루어져야 할 것이다. 보안책은 여러 가지 관점에서 분류될 수 있으나, 본 장에서는 사회적, 관리적, 기술적 정책으로 구분한다.

사회적 책임은 사회적 정보보호 환경은 정부, 산업계, 교육계, 전문가, 언론매체 등에 의해 조성된다. 정부는 정보 시스템의 보안성을 확보하기 위한 기술 기준이나 법률 제정을 통하여 정보통신 사업자나 일반 시스템 사용자들의 정보 시스템의 오남용을 방지하고 처벌하여야 한다. 산업계는 정보보호 제품과 서비스를 공급하여 정보보호를 촉진하며, 교육계는 정보시스템의 사용에 따른 윤리와 책임을 주지시키며, 언론은 정보보호 침해 사고를 보도함으로써 많은 사람들에게 정보보호의 문제점과 책의 중요성을 인식하게 한다.

관리적 책임 조직은 자체의 보안 방침 수립과 함께 보안 전담 조직을 구성·운영하고 인적 자원에 한 정보보호 인식 제고를 위한 프로그램을 시행해야 한다. 기술적인 보안책이 완벽하게 구축됐다. 할지라도 시스템을 운영하는 운영자나 사용자 자신들의 보안 의식이 부족하면 모래 위에 세운 성이나 마찬가지이다. 미국의 통계[10]를 보더라도 컴퓨터 범죄의 80% 이상이 내 부자의 소행으로 나타나 있는 것은 부분의 보안사고가 인적 자원 관리가 허술하거나 보안 의식이 소홀한데서 발단이 된다고 볼 수 있다. 그러므로 내부의 인적 자원에 한 지속적인 보안 마인드 제고와 함께 보안 교육 프로그램을 통해 인적자원 관리에도 관심을 두어야 한다.

한편 조직의 정보 시스템에 한 취약점, 위협 요소들에 한 분석과 이로부터의 보안 계 획 설계, 재난에 비한 비상계획의 수립을 통하여 물리적인 피해를 막는 책, 전산실의 통 제 및 출입인원에 한 출입관리 등도 중요한 관리적 책 요소이다.

기술적 책임에는 다시 세부적으로 시스템을 구성하는 하드웨어와 소프트웨어, 데이터, 네트워크 책으로 나눌 수 있다. 정보보호 제품을 이용하여 정보통신 시스템의 접근 통제를 구현한다거나, 저장된 자료나 송수신 중인 자료를 은폐하는 암호 기술을 적용한다거나, 재난 복구를 비하기 위한 백업 체제를 갖춘다거나, 정보통신 시스템 자체에 보안성이 강화된 시스템 소프트웨어를 사용하는 등의 책들이 여기에 속한다. 특히 인터넷을 업무에 이용하는 경우 외부의 불법적인 접근을 방어하기 위해 인증 시스템, 침입방지 시스템, 침입차단 시스템(Firewall) 등을 상황에 따라 적절히 사용하여야 한다.

정보보호 구역

정보보호 구역은 정보 시스템의 운용이 안전하도록 하기 위해 필요한 요소의 모임이다. 정보보호 구역은 기존의 정보통신 구역의 일부로서 정보보호를 구성하는 주체와 이들간의 관계로 표시할 수 있다. 이들간의 요소들이 적정한 수준을 달성해야 국가·사회적인 정보보호 목표를 달성할 수 있다. 예를 들어 개별 조직 스스로 정보보호 목표를 달성하려고 해도 필요한 정보보호 제품이나 서비스를 얻지 못하면 목표를 달성할 수 없다. 정보보호 구역은 정보보호 관리, 정보보호 산업, 정보보호 기술, 정보보호 기반의 4가지 요소로 이루어진다. 정보보호 관리가 제대로 이루어지려면 정보보호 제품이나 서비스가 충분히 공급되어야하고, 정보보호 제품과 서비스의 공급은 정보보호 기술 개발과 사회적 환경이 뒷받침되어야 한다.

3.1 정보보호 관리

정보보호 관리(Security Management)는 정보 시스템이 제공하는 정보와 서비스에 한 적절한 수준의 비성, 무결성, 가용성 등을 유지하는 과정을 말한다. 정보보호 관리 역시 관리의 하나이므로, 관리의 일반적인 주기(Plan-Do-See)를 따른다. 최고 경영자의 입장에서 조직 전체 수준이 달성해야 할 정보보호의 목표와 그 목표를 달성하기 위한 전략과 방침(policy : 본 책에서는 정책이라는 용어 신 방침이라는 용어를 사용함 이 정해지면 정보시스템의 자산에 한 위협을 식별하고, 위협의 크기와 빈도를 측정하는 위험 분석을 시행한다. 적절한 위험 수준을 유지하기 위한 정보보호 계획을 수립하고, 이에 따라 책을 구현한다. 정보보호 시스템이 효과적으로 유지되기 위해서는 사용자의 정보보호에 한 인식제고 프로그램을 시행한다. 정보보호 기능이 무시되면 효과적인 정보보호 목표 달성이 어려우므로 사용자의 정보보호 인식 제고 및 교육은 매우 중요하다. 보안 관리의 마지막 활동인 보안 감사는 사후 관리적 측면을 강조한다.

3.2 정보보호 산업

정보보호 산업(Security Industry)은 어떤 조직이 정보보호 관리를 수행함에 있어 필요한 제품이나 서비스를 제공하는 역할을 담당한다. 정보 시스템의 운용에 있어 추가되는 관리적 측면에서의 정보보호는 외부 전문가의 전문 기술에 한 컨설팅과 정보보호 제품 개발자로부터의 정보보호 제품에 의존하게 된다.

이는 마치 전산화가 안 된 사무 환경을 전산화시키기 위한 조직이 외부 전문가의 자문을 구하고, 컴퓨터나 통신 제품 판매자로 부터 원하는 제품을 구매하는 것과 마찬가지이다. 정보보호 서비스에는 위험 분석·관리 서비스, 보안 인식 프로그램 서비스, 보안 감사 서비스, 비상계획 및 재난 복구 서비스 등이 표적이다. 이런 정보보호 산업은 아직 국내에는 생소 하지만 선진국에서는 이미 성업중인 산업이다. 현재 선진국에서 생산 판매되는 정보보호 제 품은 통신 및 네트워크 보안 제품, 암호화 제품, 재난 복구 제품, 물리적 보안 제품, 마이크로컴퓨터·터미널 보안 제품 등 수 백 종에 이른다.

3.3 정보보호 기술

정보보호 기술(Security Technology)은 궁극적으로 설계 단계에서부터 정보보호 기능이 고려된 IT 제품 또는 기존의 IT 제품에 정보보호 기능을 추가한 정보보호용 제품을 생산하는 데 이용되거나, 정보 시스템 상의 응용 서비스가 안전하도록 보완하는데 이용된다. 정보보호 기술은 정보 시스템과 응용 서비스에 정보보호 메커니즘을 제공하기 위한 정보보호 메카니즘 기술, 정보통신 시스템 자체의 보안성을 강화하기 위한 시스템 보호 기술, 정보통신 시스템이 제공하는 응용 서비스(예를 들면 전자 우편, 전자 상거래 등)를 안전하게 하기 위한 응용 보호 기술로 구분할 수 있다. 정보보호 메커니즘 기술에는 암호화(Decipherment), 전자서 명(Digital Signature), 인증(Authentication), 데이터 무결성, 접근 통제 등이 있다. 시스템 보호 기술이란 운영 체제나 데이터베이스, 분산 시스템 등에 보안 기능을 강화하는 기술을 말한다. 응용 보호 기술은 전자 우편, 텔넷, 인트라넷, 전자 상거래, WWW 등과 같은 네트워크 응용을 위한 안전한 미들웨어 기술이다.

3.4 정보보호 기반

정보보호 기반(Security Infrastructure)은 정보보호 주체간의 건전한 질서를 유지하기 위한 환경을 조정하고, 국제적 협력을 주도하는 법률·제도적으로 명시된 권한을 가진 기관에 의 해 제공되는 요소이다. 정보 시스템의 사용자가 정보 보호에 한 인식을 갖고 필요한 조치를 취하며, 건전하게 정보통신시스템을 이용하고, 안전하게 비즈니스를 수행할 수 있도록 환경을 조성하기 위한 기반이다. 정보통신 시스템의 오남용을 규제하기 위해 법률을 제·개정하고 컴퓨터 범죄 행위를 처벌하는 활동, 네트워크 상에서 발생하는 보안 침해 사고를 적극적으로 응하는 사고 응 센터 운영, 네트워크 상에 안전한 메시지 전송을 위한 암호 체계 관리 센터 구축·운용 등이 있다. 공정한 정보보호 제품의 생산-소비 질서가 유지되도록 환경을 조성하기 위한 기반으로는 정보보호 기술이나 기준을 표준화하는 활동, 정보보호 제품의 보안성을 평가하고 인증하여 필요에 따라 정보보호 제품을 구매할 수 있도록 하는 활동, 조직의 보안성 정도를 평가하는 인정 활동 등이 있다. 국제적인 협력이 필요한 분야에는 국제간 시스템 침해 사고 대응 협력과 국제적 정보보호 지침기술 기준의 표준 제정 참여 등이 있다.

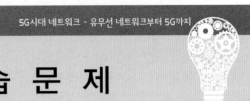

5G시대 네트워크 - 유무선 네트워크부터 5G까지

Chapter 07 연 습 문 제

1 회사의 사설 네트워크와 외부의 공중 네트워크 사이에 중립 지역으로 삽입된 소형 네트워크를 의미하는 용어는?

① DMZ
② Proxy
③ Session
④ Packet

2 Linux에서 사용자 계정 생성 시 사용자의 비밀번호에 관한 정보가 암호화되어 저장되는 곳은?

① /usr/local
② /etc/password
③ /etc/shadow
④ /usr/password

3 방화벽(Firewall)에 대한 설명으로 옳지 않은 것은?

① 네트워크 출입로를 다중화하여 시스템의 가용성을 향상 시킨다.
② 외부로부터 불법적인 침입을 방지하는 기능을 담당한다.
③ 내부에서 행해지는 해킹 행위에는 방화벽 기능이 사용되지 못할 수도 있다.
④ 방화벽에는 역 추적 기능이 있어 외부에서 네트워크에 접근 시 그 흔적을 찾아 역추적이 가능하다.

4 다음 중 스니핑(Sniffing) 해킹 방법에 대한 설명으로 가장 올바른 것은?

① Ethernet Device 모드를 Promiscuous 모드로 전환하여 해당 호스트를 거치는 모든 패킷을 모니터링 한다.
② TCP/IP 패킷의 내용을 변조하여 자신을 위장한다.
③ 스텝 영역에 Strcpy와 같은 함수를 이용해 넘겨받은 인자를 복사함으로써 스택 포인터가 가리키는 영역을 변조한다.

5 비밀키 암호화 기법에 대한 설명으로 옳지 않은 것은?

① 두 사람이 동일한 키를 소유해야 한다.

② 암호화 알고리즘은 간단하고 편리하지만 키를 관리하기가 어렵다.

③ 공개키 암호화 방식에 비해 필요한 키의 수가 적으므로, 전자서명에서도 상대적으로 간단하고 효율적인 시스템을 구축하는 것이 가능하다.

④ 키는 각 메시지를 암호화하고 복호화 할 수 있도록 전달자에 의해 공유될 수 있다.

6 DES 암호 방식에서 사용하는 모드로 옳지 않은 것은?

① EFB(Electronic Feed Back)

② ECB(Electronic Code Book)

③ CBC(Cipher Block Chaining)

④ OFB(Output Feed Back)

7 암호 방식 중 블록 암호화 방법에 해당하는 것은?

① A5/1   ② AES

③ RC4   ④ SEAL

8 파일에 대한 해쉬값을 데이터베이스로 만들어 저장한 후 생성된 데이터베이스와 비교하여 추가·삭제되거나 변조된 파일이 있는지 점검하고 관리자에게 레포팅 해주는 무결성 검사 도구는?

① TRIPWIRE   ② Nmap

③ CIS   ④ TCP-Wrapper

9 Java의 보안에 관한 내용이라 할 수 있는 것은?

① 자바 프로그래밍에서 쓰레기 수집 루틴은 보안에 문제가 있다.

② 자바에서는 포인터를 사용하여 메모리의 특정한 구역을 접근 할 수 있다.

③ Java Runtime System은 호스트에서 전송되어 웹 브라우저에서 실행되는 프로그램 들에 대해 엄격한 제한을 하고 있다.

④ 호스트에서 전송된 프로그램은 컴퓨터가 연결된 지역 네트워크에 접근 가능하다.

10 웹 브라우저, 웹 서버 간에 데이터를 안전하게 교환하기 위한 프로토콜로서, 웹 제품뿐 아니라 FTP나 Telnet 등 다른 TCP/IP 애플리케이션에 적용할 수 있는 보안기술은?

① SET ② SSL

③ S/MIME ④ PGP

11 침입방지시스템을 비정상적인 침입탐지 기법과 오용침입탐지 기법으로 구분하였을 때 비정상적인 침입탐지 기법으로 옳지 않은 것은?

① 상태 전이 분석(State Transition Analysis)

② 통계적인 방법(Statistical Approach)

③ 예측 가능한 패턴 생성(Predictive Pattern Generation)

④ 행위 측정 방식들의 결합(Anomaly Measures)

암호 적용 대상

1. 암호 적용 대상 및 기술
2. 암호기술 적용 시나리오

암호 적용 대상 및 기술

 정보통신망 이용촉진 및 정보보호 등에 관한 법률(이하 '정보통신망법'), 개인정보보호법 등에서는 인터넷을 통해 유통되는 정보의 보호를 위해 암호기술을 구현하도록 규정하고 있다. 이에, 본 장에서는 관련법을 기반으로 암호기술 적용이 필요한 정보의 종류를 식별하고, 정보의 종류에 따라 적용 가능한 암호기술에 대해 설명한다. 암호기술 적용을 규정하고 있는 관련법에 대한 상세 내용은 「암호관련 법·규정 현황」을 참조하기 바란다.

1.1 암호화가 필요한 정보의 종류

 개인정보 등이 분실 도난 유출 또는 훼손되지 않도록 암호화가 필요한 정보는 다음과 같이 크게 두 가지로 분류할 수 있다.

① 암호화된 정보를 다시 복호화 할 수 없어야 하는 정보주체를 제외하고 정보를 다루는 관리조차 암호화된 정보의 원래 정보가 무엇인지 알 수 없어야 하는 정보들
  예 비밀번호
    정보통신망법 시행령 제15조 및 개인정보의 기술적·관리적 보호조치 기준(방통위 고시 제2011-1호) 제6조에서는 바이오 정보에 대해 복호화 할 수 없도록 규정하고 있으나, 향후 시행령 및 고시 개정을 통해 복호화 할 수 있어야 하는 정보로 재 분류 예정 암호화된 정보를 다시 복호화 할 수 있어야 하는 정보
② 정보 보관 시에는 암호화되어 있어야 하나, 사용 시에는 복호화가 가능하여 원래 정보를 알 수 있어야 하는 정보들
  예 바이오 정보, 주민등록번호, 신용카드번호, 계좌번호, 여권번호, 운전면허번호, 외국인등록번호 정보통신망법 시행령 및 개인정보의 기술적·관리적 보호조치 기준(방통위 고시 제2011-1호)에서는 주민등록번호, 신용카드번호 및 계좌번호만 규정

이러한 정보들은 데이터베이스에 저장하는 경우는 물론, 정보통신망을 통해 송·수신되는 경우에도 반드시 암호화되어야 한다.

1.2 정보 저장 시 적용 가능한 암호기술

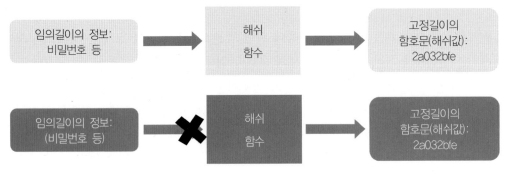

[그림 8-1] 해쉬함수의 개념

위에서 나열된 해쉬함수들은 각기 다른 보안강도를 제공한다. 보안강도란 암호 알고리즘이나 시스템의 비밀키 또는 해쉬함수의 취약성을 찾아내는데 소요되는 작업 양을 수치화한 것이다. 예를 들어, 80비트의 보안강도란 2~80번의 계산을 해야 비밀키 또는 암호 알고리즘의 취약성을 알아낼 수 있다는 것을 의미한다.

국내·외 암호 관련 전문기관에서 분석한 결과를 참조하여 도출한 해쉬함수의 보안강도 [표 8-1]와 같으며, 이는 IT환경의 기술수준(컴퓨터 파워, 해킹능력 등)이 변화되면 달라질 수 있다. 2019년 현재 권고하는 해쉬함수는 SHA-224, SHA-384, SHA-512이다. 다만, 현재 많은 서비스에서 사용하고 있는 SHA-1 해쉬함수는 알고리즘 변경에 따른 비용, 구축 시간 등을 고려하여 2020년까지 안전한 112비트 이상의 보안 강도를 가지는 해쉬함수로 변경할 것을 권고한다.

[표 8-1] 보안강도별 해쉬함수 분류

보안강도	해쉬함수	권고여부
80 비트 미만	MD5, SHA-1	권고하지 않음
80 비트	SHA-160	

1.1에서 도출한 정보들의 종류에 따라, 암호화된 정보를 다시 복호화 할 수 없어야 하는 정보들은 해쉬함수, 복호화 할 수 있는 정보들은 블록암호 알고리즘을 사용하여 암호화해야 한다.

1.2.1 해쉬함수

해쉬함수는 임의길이의 정보를 입력으로 받아, 고정된 길이의 암호문(해쉬값)을 출력하는 암호기술로 암호화된 정보는 복호화가 불가능한 특징을 가지고 있다. 따라서 해쉬함수를 이용하면 [그림 8-1]과 같이 비밀번호를 입력하여 암호문(해쉬값)을 생성해 낼 수는 있지만, 암호문(해쉬값)을 가지고 원래의 비밀번호를 알아낼 수는 없다. 즉, 개인정보처리자도 시스템에 저장된 암호문(해쉬값)을 가지고 원래의 사용자 비밀번호를 알 수 없기 때문에 안전한 비밀번호 관리가 가능해 진다.

1.2.2 블록 알고리즘

블록암호 알고리즘은 [그림 8-2]와 같이 주민등록번호, 계좌번호 등을 일정한 블록 크기로 나누어, 각 블록을 송 · 수신자강에 공유한 비밀키를 사용하여 암호화 하는 방식이다.

[그림 8-2] 블록암호 알고리즘 개념

대표적인 블록암호 알고리즘으로는 [표 8-2]과 같이 국내의 SEED, HIGHT, ARIA, 국외의 TDEA, AES 등이 있다.

위에서 나열된 블록암호 알고리즘 역시 비밀키의 길이에 따라 각기 다른 보안강도를 제공한다. 2019년 현재 보안강도별 블록암호 알고리즘은 [표 8-2]와 같으며, 권고하는 블록 암호 알고리즘은 SEED, HIGHT, ARIA-128/192/256, AES-128/192/256이다. 해쉬함수와 마찬가지로 블록암호 알고리즘 또한 IT환경 변화에 따라 권고 알고리즘이 변경될 수 있다.

[표 8-2] 대표적인 블록 암호 알고리즘

	SEED	HIGHT	ARIA	AES	TDEA
입출력 크기 (비트)	128	64	128	128	64
비밀키 크기 (비트)	128	128	128/192/256	128/192/256	112(2TDEA)/ 168(3TDEA)
참조규격	TTA TTAS.KO-12. 0004/R1	TTA TTAS.KO-12. 0040/R1	KATS KS X.1213-1	NIST FIPS 197	ISO/IE CISO/IEC 18033-3

보안강도	블록암호 알고리즘	권고여부
80 비트 미만	DES	
80 비트	2TDEA	권고하지 않음
112 비트	3TDEA	
128 비트	SEED, HIGHT, ARIA-128, AES-128	
192 비트	ARIA-192, AES-192	권고함
256 비트	ARIA-256, AES-256	

1.3 정보 송·수신 시 적용 가능 암호기술

[표 8-1]에서 도출한 정보들은 정보통신망을 통해 송·수신 하는 경우 SSL/TLS 등 통신 암호 기술을 사용해야 한다.

1.3.1 SSL/TLS

개인정보 및 중요한 정보를 웹사이트에서 입력할 때, 거래 당사자의 신원 및 거래내용의 위, 변조여부를 확인하고 중요 정보가 제 3자에게 유출되는 것을 막기 위해 [그림 8-3]과 같이 SSL 및 TLS와 같은 통신 암호기술 또는 응용프로그램에서 제공하는 암호화 방법을 이용할 수 있다.

[그림 8-3] SSL/TLS 통신암호 개념

SSL/TLS 프로토콜의 동작 절차는 [그림 8-4] 같으며, 사용자가 웹 서버에 처음 접속하면 인증서 및 통신 암호화에 이용할 암호키를 이용하여 데이터를 암호화하여 전송한다.

SSL/TLS 통신을 하는 경우에는 로그인 페이지 등 보안이 필요한 웹페이지에 접속하면 브라우저 하단 상태 표시줄에 자물쇠 모양의 마크를 확인할 수 있다. 다만, 웹 사이트의 구성 방법에 따라 자물쇠 모양의 마크가 보이지 않을 수도 있다.

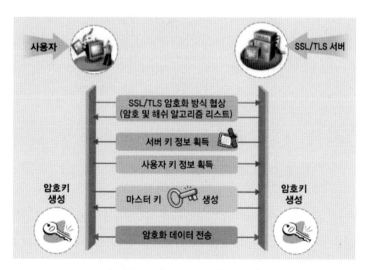

[그림 8-4] SSL/TLS 동작 절차

웹 서버에서 SSL/TLS 등의 보안 통신 기능을 적용하기 위한 보다 상세한 정보는 한국인터넷진흥원에서 발견한 「보안서버 구축 안내서」을 참조하기 바란다.

SECTION 2

암호기술 적용 시나리오

2.1 해쉬함수

비밀번호와 같이 일방향 암호화가 필요한 정보에 대하여 신규로 해쉬함수를 적용하는 경우는 [그림 8-5]와 같이 처리할 수 있다.

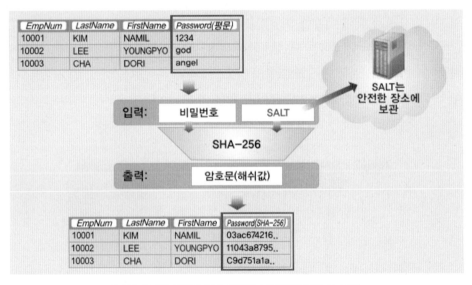

[그림 8-5] 해쉬함수를 이용한 비밀번화 암호화 개념

[그림 8-5]에서는 비밀번호에 Salt라는 비밀값을 추가하여 해쉬함수에 적용하고 있는데, 이 값은 업체 서버에서 사용자마다 랜덤하게 생성해야 한다. Salt는 단순히 비밀번호만을 해쉬함수에 적용할 경우 비밀번호 사전공격에 취약할 수 있는 문제를 해결하고, 동일한 비밀번호인 경우에도 해쉬값을 다르게 만들어 비밀번호 노출 위협을 막을 수 있다. Salt값을 저장하는 경우에는 비밀번호와 분리하여 따로 저장하여야 하며 서버 프로그램 노출에 따른 Salt 값 노출 위험을 막기 위해, 서버 프로그램은 Salt를 외부에서 호출하여 사용하는 형태로

구현된다.

Salt를 추가하는 방법은 위와 같이 간단히 비밀번호와 Salt를 연접하는 방법 외에도 다음과 같은 다양한 방식이 있을 수 있다. 특히, 비밀번호와 Salt를 연접하는 방법은 누구나 쉽게 생각해 낼 수 있는 방법이기 때문에 아래의 다양한 방법을 응용하여 사용하기를 권고하며, 선택한 방법은 외부에 노출되지 않도록 해야 한다.

- hash (SALT || 비밀번호 || SALT)
- hash (SALT || hash (비밀번호))
- hash (비밀번호 || hash (비밀번호 || SALT))
- hash (hash (SALT) || hash (비밀번호))
- hash (hash2 (비밀번호 || SALT))

또한, Salt는 사용자마다 랜덤하게 생성하여 할당된 비트열 등과 같이 해커가 예측하기 어렵고 언제도 변경 가능한 값을 사용하는 것을 권고한다.

2.2 해쉬함수 변경

기존에 웹사이트 비밀번호 암호화 시 MD5와 같이 보안강도가 낮은 해쉬함수가 적용되어 있다면 이를 SHA-256와 같은 안전한 해쉬함수로 변경해야 한다. 이를 위해서는 암호화되기 전 원래의 비밀번호를 알아야 하는데, 해쉬된 비밀번호는 복호화가 불가능하므로 모든 사용자가 비밀번호를 다시 입력한 후, 이를 SHA-256과 같은 새로운 함수로 해쉬하여 저장하여야 한다. 그러나 모든 사용자의 비밀번호를 일시에 다시 입력받는 것은 불가능하므로 사용자가 다시 로그인하여 비밀번호를 입력하기 전까지는 자체적으로 과거에 해쉬되어 저장된 비밀번호에 변경된 안전한 해쉬함수를 적용해놓아야 한다.

즉, [그림 8-6]과 같이 이미 MD5 등으로 해쉬되어 저장된 비밀번호 해쉬값에 Salt 값을 추가한 후, SHA-256 등의 안전한 해쉬함수로 다시 한번 해쉬해서 저장한다.

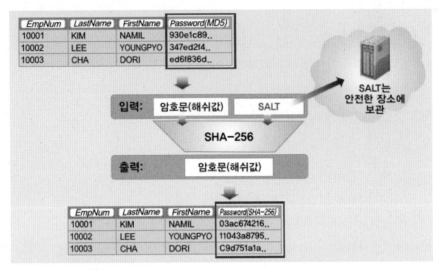

[그림 8-6] 두번 해쉬함수를 이용한 비밀번호 암호화 개념

이렇게 비밀번호가 새로운 해쉬함수로 두 번 해쉬되어 저장된 이후에 사용자가 로그인하여 비밀번호를 입력하면, 이 비밀번호를 새로운 해쉬함수로 한 번만 해쉬하여 저장하는 작업을 수행해야 한다. 이를 위한 절차는 다음과 같다.

① 사용자가 비밀번호를 입력하면 웹 서버는 사용자가 입력한 비밀번호에 MD5(기존에 쓰던 취약한 해쉬함수) → SHA-256(변경된 안전한 해쉬함수) 순서로 두 번의 해쉬함수를 적용한 해쉬값(해쉬값 a)과 SHA -256으로 한번만 해쉬함수를 적용한 해쉬값(해쉬값 b)을 생성한다.

② 해쉬값 a가 기존에 저장되어 있던 해쉬값과 동일한지 확인한다.

③ ②의 값이 동일한 경우, 서버는 해당 사용자가 정당한 사용자라고 판단하고, 기존 두 번 해쉬된 값 대신 ①에서 생성한 해쉬값 b를 사용자의 비밀번호 해쉬값으로 다시 저장한다.

이 방법을 이용하는 경우, 웹 서버는 사용자 로그인 시 해당 사용자의 비밀번호 해쉬값이 두번 해쉬된 값(해쉬값 a)인지, 한번 해쉬된 값(해쉬값 b)인지 확인할 수 있어야 한다. 이를 위해 서버는 사용자 로그인 시간을 활용할 수 있는데, 서버가 해쉬함수를 변경한 시점 이후로 처음 로그인한 사용자의 경우에는 해쉬값 a가 저장되어 있는 사용자이므로, 해쉬값 b로 바꾸어 저장해야 한다. 반대로, 사용자의 최근 로그인 시간이 해쉬함수 변경 이후인 사용자의 경우에는 새로운 해쉬함수로 한 번 해쉬한 해쉬값 b가 저장되어 있는 사용자라 판단할수 있다.

사용자 로그인 시간 외에도 새로운 DB 컬럼을 생성하여 해당 컬럼에 해쉬함수 변경 여부를 기록할 수 있다. 즉, 해쉬함수 변경이 이뤄지지 않은 사용자는 플래그를 0으로, 변경된 사용자는 1로 기록해서 구분할 수 있다. 서버가 해쉬함수를 변경하는 시점에서 모든 사용자의 플래그를 0으로 설정하고, 이후 사용자 로그인 시 해당 사용자의 플래그를 확인해서 해당 플래그가 0인 사용자는 [그림 8-5]의 과정을 거친 후 플래그를 1로 재설정하고, 플래그가 1인 사용자는 비밀번호에 SHA-256을 적용해 해쉬값을 확인한다.

2.3 블록암호 알고리즘

주민등록번호 등에 대해서 신규로 블록암호 알고리즘을 적용하는 시나리오는 [그림 8-7]와 같다. 이 때, 암호와에 사용되는 비밀키는 제시된 방법을 통해 안전하게 보관되어 쉽게 노출되지 않도록 하여야 한다.

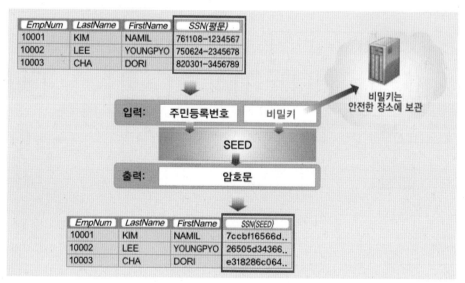

[그림 8-7] 블록암호 알고리즘을 이용한 암호화 개념

2.4 블록암호 알고리즘 변경

기존에 블록암호 알고리즘으로 DES 등이 적용되어 있고, 이를 SEED 등과 같은 안전한 블록암호 알고리즘으로 변경하고자 하는 경우에는 [그림 8-7]와 같은 시나리오를 적용할 수 있다. 즉, 기존 DB에 DES로 암호화 되어 저장되어 있던 암호문들을 복호화 한 후, DES에 사용되었던 비밀키와 다른 비밀키를 생성하고 이를 이용하여 SEED로 암호화 한다.

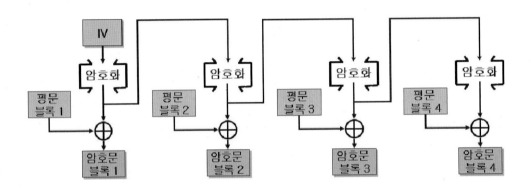

[그림 8-8] OFB모드에 의한 암호화

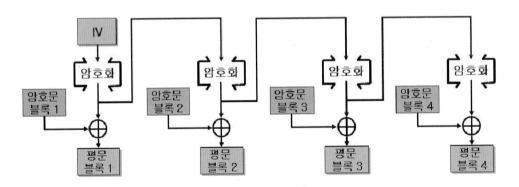

[그림 8-9] OFB모드에 의한 복호화

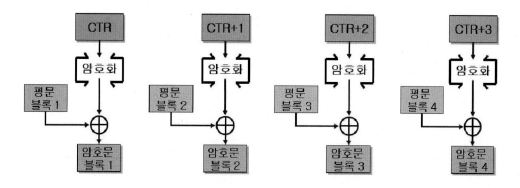

[그림 8-10] CTR 모드에 의한 암호화

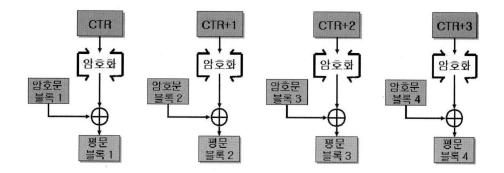

[그림 8-11] CTR 모드에 의한 복호화

5G시대 네트워크 - 유무선 네트워크부터 5G까지

Chapter 08 연 습 문 제

1 시스템의 침투 형태 중 네트워크의 한 호스트에서 실행되어 다른 호스트들의 패킷 교환을 엿듣는 해킹 유형은?

① Sniffing ② IP Spoofing

③ Domain Spoofing ④ Repudiation

2 보안 서비스에 대한 설명 중 내용이 옳지 않은 것은?

① 인증(Authentication) – 사용자의 신분 혹은 객체의 내용 등이 타당성을 확인함

② 무결성(Integrity) – 정보 시스템이나 네트워크 자원에 대한 손실이나 축소를 방지함

③ 부인 봉쇄(Non-Repudiation) – 송신자나 수신자가 전송된 메시지를 부인하지 못하도록 함

④ 기밀성(Confidentiality) – 허락 되지 않은 사용자 또는 객체가 정보의 내용을 알 수 없도록 하는 것

3 피싱(Phishing)에 대한 설명으로 옳지 않은 것은?

① 개인 정보(Private Data)와 낚시(Fishing)의 합성어로 해커들이 만든 용어이다.

② 사회 공학적 방법 및 기술적 은닉기법을 이용해서 민감한 개인정보, 금융계정 정보를 절도하는 금융사기 수법이다.

③ 최근에는 DNS 하이재킹 등을 이용하여 사용자를 위장 웹사이트로 유인, 개인 정보를 절도하는 피싱의 진화된 형태의 파밍(Pharming)도 출현하였다.

④ 개인 정보의 획득을 위해, 은행과 같은 주요 사이트의 서버를 대상으로 피싱이 이루어지고 있다.

4 S-HTTP와 SSL에 대한 설명으로 옳지 않은 것은?

① SSL은 잘 알려진 보안 프로토콜인 S-HTTP의 대안으로 제시되었다.

② SSL에서는 전자서명과 키 교환을 위해 RSA 방식을 이용한다.

③ SSL은 보안기능을 강화하기 위하여 Server 인증, Message의 신뢰성, 무결성을 지원하고 있다.

④ SSL은 주고받는 메시지를 암호화하고 그것을 해독하는 기능을 한다.

5 정보 보호 표준 용어에 대한 설명으로 올바른 것은?

① 복호(Decipherment) : 평문을 암호화 알고리즘을 이용하여 암호화하는 것

② 공개키(Public Key) : 정보 시스템을 사용하기 전 또는 정보를 전달할 때, 사용자를 확인하기 위해 부여된 보안 번호

③ 오용분석(Misuse analysis) : 암호문의 전송자를 확인하고 메시지 내용이 제대로 전달되었는지를 확인하는 과정

④ 비밀 보장(Confidentiality) : 권한이 없는 사용자들이 이용할 수 없도록 데이터를 숨기는 것

6 'Brute Force' 공격에 대한 설명으로 올바른 것은?

① 암호문을 풀기 위해 모든 가능한 암호 키 조합을 적용해 보는 시도이다.

② 대량의 트래픽을 유발해 네트워크 대역폭을 점유하는 형태의 공격이다.

③ 네트워크상의 패킷을 가로채 내용을 분석해 정보를 알아내는 행위이다.

④ 공개 소프트웨어를 통해 다른 사람의 컴퓨터에 침입하여 개인정보를 빼내는 행위이다.

7 E-Cash란 인터넷에서 사용하는 암호화된 전자화폐를 말한다. 다음 중 익명성이 보장되는 E-Cash는?

① VisaCash   ② Porta Moedas

③ Mondex   ④ GeldKarte

통신 및 네트워크보안

    정보통신 및 반도체기술의 발전에 힘입어 현 사회는 과거 산업사회로부터 정보사회로 급속 하게 진전되고 있으며, 최근 그 발전 속도는 엄청난 가속력을 가지고 빠르게 진행되고 있다. 그 결과 과거에는 상상조차 할 수 없었던 정보서비스의 편리함과 효율성 그리고 신속성을 제공받고 있다. 또한 이러한 결과는 통신 및 컴퓨터 네트워크를 통하여 모든 사람에게 전달 가능하게 됨으로써 누구나 이와 같은 문명의 이기를 공유할 수 있게 되었다. 그러나 이와 같은 문명의 이기가 전 세계 각계각층의 사람들에게 공유되고 상호 전달되면서, 단순한 흥미 목적으로 이를 파헤쳐 보고자 하는 시도에서부터 극단적인 시스템 파괴에 이르는 등의 예상치 못한 역기능이 발생하게 되었다. 이렇듯 통신 및 컴퓨터 네트워크는 컴퓨터 시스템간 상호접속 및 정보교환 편리한 창구역할을 하는 반면, 누구든지 자유롭게 접근이 가능하므로 시스템 침입자에 의한 보안사고의 위험이 상존하고 있다.

    현존하는 통신매체의 제3자가 통신로 상의 정보를 획득하고자 한다면 기술상의 어려움은 있지만 거의 모든 정보가 획득 가능하다고 할 수 있다. 예를 들면 현존하는 통신로 상으로 가장 안전하다고 하는 광섬유를 사용하는 광통신에서도, 광섬유를 적당히 구부려 광섬유 내에서의 반사조건을 변경시킴으로써, 전송되는 광신호의 일부를 광섬유 밖으로 유출하여 정보를 획득할 수가 있다. 따라서 현재 존재하는 모든 통신선로 상의 정보는 항상 획득할 수 있다고 가정해야 한다. 이런 가정 하에서 통신선로 상의 정보를 보호할 수 있는 방법을 찾는 것은 이동통신 및 네트워크 정보보호의 가장 큰 목적이라 할 수 있다.

    본 장에서는 통신시스템 모델링을 중심으로 전통적인 통신보안에 대하여 간단히 기술하고, 컴퓨터가 근간이 되고 있는 최근 컴퓨터 네트워크에 대하여 상세히 기술한다.

1.1 통신 시스템 모델링

통신 시스템의 모델은 [그림 9-1]과 같이 나타낼 수 있다. 송신 측에서의 디지털 데이터로 변환되어 부호화된 음성, 화상 등의 아날로그 신호나 컴퓨터에서 처리되는 데이터는 통신로에서 전송되기 알맞은 형태로 진폭, 주파수 또는 펄스 폭이나 펄스 위치가 변조되어 전송로로 보내진다. 전송로는 잡음에 매우 민감하므로 통신로상의 신호는 잡음에 의해 변화되어 수신 측에 전달된다. 수신 측에서는 이것을 복조 하여 원래의 아날로그 신호나 데이터로 복원하는 과정을 수행한다. 이것은 잡음에 의한 변화를 파악하는 과정으로 통신보안에서 가장 중요한 암호화와 복호화의 과정과 동일하다고 볼 수 있다.

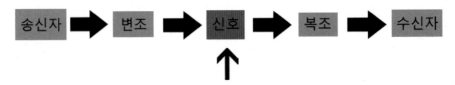

[그림 9-1] 신 시스템 모델

1.1.1. 통신에서의 위협요소

통신 시스템뿐만 아니라 일반적인 정보시스템에서의 위협요소는 위협의 주체에 따라 인간에 의한 위협과 자연재해에 의한 위협으로 나눌 수 있다. 본 절에서는 인간에 의한 위협요소 중에서 의도적인 위협요소에 기술한다.

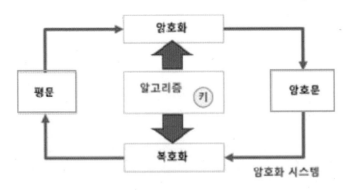

[그림 9-2] 일반적인 암 복호화 과정

첫 번째는 물리적 위협으로서 통신시스템에 한 직접적인 파괴나 손상을 입히는 행위 또는 도난 등이 있을 수 있다. 두 번째는 기술적 위협으로서 일반적으로 통신에 관해 어느 정도의 지식을 가지고 있는 사람에 의해 가해지는 위협이며, 크게 수동적 공격과 능동적 공격 두 가지로 나눌 수 있다. 수동적 공격은 통신 선로 상에서 무단으로 정보를 취득하고자 하는 행위이고, 능동적 공격은 통신선로상의 정보를 변조, 위조하고자 하는 행위이다. 통신보안은 이러한 수동적 공격과 능동적 공격에 한계를 총칭하는 것이다.

수동적 공격에 방어는 통신로에 의한 제3자의 접속시도를 방지하는 방법과 통신로 상의 데이터를 암호화함으로써 기밀성을 보장하여 인가되지 않은 자가 취득하는 데이터를 무의미하게 만드는 방법이 있다. 그러나 유선과 무선의 통신로가 혼합되어 있는 현재의 상황에서는 통신로에 의한 접속 접근만으로는 수동적 공격에 방어가 미흡하므로 암호화 방법을 함께 사용하고 있는 실정이다. 능동적 공격에 의한 방어는 암호화와 함께 데이터의 결함 유무를 확인하는 방법에 의해 수신 측에서 데이터에 의한 무결성을 확인하는 방법이 주로 사용된다. 통신보안 장비는 부분 분식의 위험과 침입의 위험을 지니고 있으며, 소프트웨어는 trapdoor나 논리 폭탄(logic bumb), 트로이 목마(trojan horse) 등을 포함하고 있다.

통신 시스템에 의한 공격의 표적 유형은 다음과 같다.

○ 통신에 의한 도청
○ 메시지 분배 변조
○ 메시지 분배 복사
○ 시스템 불법 과부하
○ 터미널의 도청
○ 컴퓨터 버스의 도청
○ 입력되는 패스워드의 관찰

1.1.2. 네트워크 보안

1988년 11월, 7000여의 컴퓨터시스템을 정지시킴으로써 인터넷을 마비시켰던 미국의 인터넷 벌레(Internet Worm) 사건을 필두로 불법적인 해킹사례가 증가하여 왔으며, 국내에서도 정보통신 서비스가 활발해짐에 따라 다수의 보안사고가 발생하고 있다.

그러므로 정보교류의 기반이 되는 컴퓨터 네트워크의 안전 필요성이 더욱 높아지고 있으며, 네트워크를 경유한 외부로부터의 침입시도를 차단하고 기능을 정상적으로 유지하는 것은 건전하고 효율적인 정보화 사회의 유지 및 발전을 위하여 매우 중요한 요소로 등장하게 되었다.

초기 네트워크의 관리는 그 규모 및 기술적인 측면에서 비교적 단순 하지만, 사용자의 증가 및 요구 기술 수준의 향상, 그리고 다양한 장비를 네트워크 관리를 위한 표준안 SNMP(Simple Network Management Protocol)이 제안되었으며 1993년에는 정보보호 특성을 정의한 SNMPv2가 제안되었다. OSI 프로토콜뿐만 아니라 인터넷 프로토콜인 TCP/IP가 바로 이 SNMP를 사용하고 있다.

본 장에서는 이와 같은 컴퓨터 네트워크의 보안기술에 대한 일반적 사항인 컴퓨터 네트워크의 분야 및 목표, 서비스 등에 하여 소개하고 전형적인 개방 시스템 상호접속(OSI, Open Systems Interconnection)에 기초한 보안, 그리고 최근 계속하여 사용이 증가하고 있는 근거리 통신망(LAN, Local Area Network)의 보안 등에 하여 기술한다.

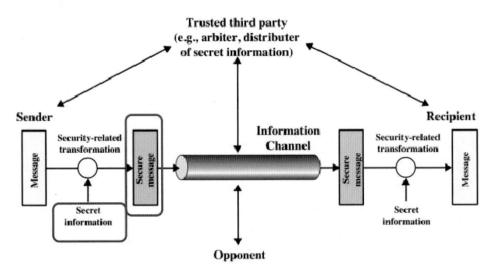

[그림 9-3] 네트워크의 보안 모델

컴퓨터 네트워크 보안

2.1 네트워크의 분야 및 목표

컴퓨터 네트워크 보안의 분야 및 목표는 네트워크 자체 측면에서 보면 네트워크의 용도, 구성 및 규모에 따라 다르고, 네트워크 사용자의 측면에서 보면 네트워크 관리자, 네트워크 사용자 및 네트워크 개발자의 입장 등이 서로 다르지만 일반적으로 다음과 같은 분야 및 목표을 공통점으로 가진다.

2.1.1 비성(confidentiality)의 유지 및 보장

전송되는 데이터가 확인되지 않고 원치 않는 상대방에게 노출되지 않도록 하는 것으로서 비성은 컴퓨터 네트워크 보안기술이 추구하고 있는 가장 근본적이고 기본적인 목표이다. 컴퓨터 네트워크를 이용하여 통신하는 사용자간에 교환되는 정보에 대해서는 비밀이 보장되어야 하고 인가된 사용자 외에는 해당 정보에 대한 접근이 원천적으로 차단되어야 하는 것을 의미한다.

2.1.2 무결성(integrity) 유지 및 보장

컴퓨터 네트워크를 통하여 송수신되는 정보의 내용이 불법적으로 생성 또는 변경되거나 삭제 되지 않도록 보호되어야 하는 것을 의미한다.

또한 정보가 변조된 경우에는 이를 탐지해 내고 경고하는 것 또한 정보의 무결성을 유지하기 위한 중요한 기능이다.

2.1.3 데이터 발신처 확인(data-origin authentication)

원격지로부터 전송 받은 데이터가 원하는 곳으로부터 올바르게 전송된 것인지 확인하는 방법으로서 컴퓨터 네트워크를 통하여 송수신되는 정보는 반드시 확인된 곳으로부터 정확하게 전송되어야 한다.

2.1.4 통신사실의 부인 방지(nonrepudiation)

컴퓨터 네트워크 상에서 전송 측이든 수시 측이든 통신에 참여했던 사실을 부인하지 못하도록 하는 방법으로서 통신 경로 및 행위 추적을 위한 중요한 기능이다.

2.1.5 사용자 신분 확인 및 인증 기능의 제공

컴퓨터 네트워크에 접속을 시도하는 대상(사용자 및 컴퓨터 시스템)이 사전에 허가된 대상인지 확인하여 불법적인 대상으로부터 컴퓨터 네트워크를 보호하는 것을 의미한다.

2.1.6 인가된 접근(authorized accessability)의 허용

허가된 사용자에게는 접근을 허용하며 허가된 사용자일지라도 허가된 범위 내에서만 정보 자원의 이용과 상호 통신 등이 가능하도록 하는 것을 의미한다.

2.1.7 가용성(availability)의 향상

네트워크에 접속된 전체 시스템의 성능을 안정적으로 유지하는 한편, 전체시스템의 이용 효율에는 이상이 없도록 하는 것을 의미한다. 안정성과 효율성은 상호 절충 관계가 있으나 네트워크에 대한 사용 요구 정도와 실제 활용도 등 여러 가지 요소를 고려하여 균형을 유지함으로써 네트워크 이용 효율이 극대화 되도록 하는 것이다. 본 절에서는 컴퓨터 네트워크의 보안 모델을 설명하기 위하여 OSI 참조모델과 호환되는 보안모델의 구조를 중심으로 기술한다. 왜냐하면 컴퓨터 네트워크 보안 서비스와 메커니즘은 OSI 참조모델의 각 계층과 동등하게 분류할 수 있기 때문이다.

컴퓨터 네트워크의 보안서비스는 신분확인, 비보장, 접근통제, 데이터 무결성, 그리고 부인 봉쇄 서비스가 있다. 사용되는 메커니즘은 암호화, 인증, 데이터 무결성, 접근통제, 전자서명, 트래픽 페이딩, 경로통제, 그리고 공증 메커니즘이 있다. OSI 참조 모델과 호환되는 보안 모델의 구조와 각 계층의 보안 프로토콜은 [그림 9-4]와 같다.

○ 제 1 계층인 물리 계층에서의 보안에 해서는 ISO 9160에서 정의하고 있으며 이 계층

에서는 전송되는 비트를 전부 암호화하도록 규정하고 있다.

○ 제 2 계층인 데이터 링크 계층에서의 보안은 보안 서비스는 규정되어 있으나, 다양한 프로토콜에 적용될 수 있는 구체적이고 실제적인 보안 메커니즘은 아직 정해지지 않고 있다. 그러나 IEEE 802.10에서는 근거리 통신망에서의 보안을 위하여 제 2 계층의 보안 프로토콜을 규정하고 있다.

○ 제 3, 4 계층인 네트워크 계층과 트랜스포트 계층에서의 보안에 해서는 SDNS(Secure Data Network System) 프로젝트에 의하여 SP3(Security Protocol 3)과 SP4(Security Protocol 4)에서 정의되었다. ISO와 IEC의 JTC1/SC6에서는 네트워크 계층과 트랜스 포트계층 보안 프로토콜의 표준화를 진행 중에 있다.

○ 제 5 계층인 세션 계층에서는 보안서비스가 제공되지 않고 있다.

○ 제 6 계층인 프리젠테이션 계층에서 제공되는 보안 기능들은 암호에 기초한 데이터의 구문적인 부호화이다

○ 제 7 계층인 응용 계층에서의 보안은 MHS(Message Handling System) 보안, FTAM(File Transfer, Access, and Management) 보안과 디렉터리 보안 등이 있으며, 현재 CCITT (Consultative Committee for International Telegraph and Telephone) X.400, ISO 8571, CCITT X.507 등에서 연구 중에 있다.

각 계층에 보안서비스와 메커니즘을 할당하는데 있어 고려될 사항은 다음과 같고 [표 9-1]은 OSI 참조모델 각 계층과 보안서비스의 관계를 나타낸 것이다.

○ 최소화된 방법으로 보안 서비스가 구현되어야 한다.
○ 한 계층 이상에서 보안 서비스가 제공되어도 보안시스템의 구성이 가능하여야 한다.
○ 보안을 위한 추가기능은 OSI의 기존 기능과 중복되어서는 안 된다.

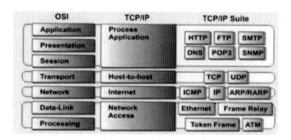

[그림 9-4] OSI 7계층에서의 보안 프로토콜 구조

○ 각 계층의 독립성을 위반하지 않아야 한다.

○ 보호해야 할 기능의 양은 최소화하여야 한다.

○ 한 실체(entity)가 하위 계층의 실체에 의하여 제공되는 보안 메커니즘에 종속적인 경우, 중간 계층들의 보안에 위반되지 않아야 한다.

2.2 보안 서비스

다음의 [표 9-1]는 보안 서비스와 메커니즘간의 관계를 나타낸 것이다. 이 표에서 볼 수 있는 바와 같이, 각각의 서비스에 대하여 타당한 메커니즘으로서 'Y'라고 표시한 것이 절적인 것은 아니다. 즉, 보안 서비스에 하여 타당한 메커니즘으로서 'Y'로 표시된 메커니즘 은 해당 메커니즘 자체 또는 다른 메커니즘과 함께 적용될 수도 있다는 뜻이다.

[표 9-1] 보안서비스와 메커니즘간의 관계

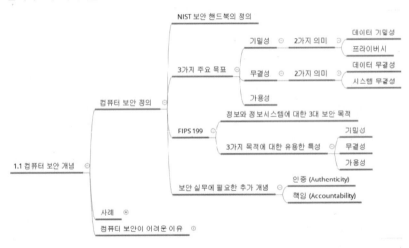

신분확인은 수신된 데이터의 실체가 요구된 실체라는 것을 확인하는 것이며 다음과 같이 두 가지로 구분된다.

⋯ 등 실체 확인(Peer Entity Authentication)

통신 당사자간의 신분확인과 자격유무의 점검, 대등한 실체간의 신뢰성 있는 연결의 확립 또는 데이터 전송의 과정에 적용되는 서비스를 의미한다. 일반적으로 패스워드 및 암호화 기법을 사용하고 단일방향 대등 실체 확인과 양방향 대등 실체 확인으로 나누어 볼 수 있으며 다양한 수준의 보안을 제공할 수 있다.

→ 데이터 발신처 확인(Data Origin Authentication)

데이터를 발신한 발신처를 확인한 후 해당 발신처의 자격유무를 제공하는 서비스를 의미한 다. 전자우편 시스템의 경우와 같이 송신자와 수신자 상호간의 통신 없이 정보를 전송하는 네트워크(단일방향 네트워크)에서 데이터 단위의 발신처에 대한 확인을 제공하는 서비스 이다. 여기에서는 데이터 수정 등에 대한 보안은 제공하지 못한다.

→ 접근통제(Access Control)

비 인가된 동작들의 위협에 대하여 자원을 보호하는 것을 의미한다. 사용자의 신분이 확인된 이후에는 해당 사용자가 정보 자원에 대하여 어느 정도까지 접근할 수 있는 자격이 있는가에 대한 허락을 부여한다. 이 접근통제의 수행은 사용자가 정보자원에 대한 접근을 요청하면 참조 모니터는 이 요청의 정당성을 참조 모니터의 DB 정보를 이용하여 판단한다.

이렇게 함으로써 보호하여야 할 정보 자원에 대하여 불법적으로 접근하지 못하도록 하는 서비스를 제공하는 것이다.

→ 비보장

네트워크를 통하여 흐르는 정보가, 비 인가된 개인, 실체 그리고 여러 가지 불법적인 동작 및 처리 등으로 인하여 그 내용이 노출되는 것을 방지하는 서비스로서, 다음과 같이 네 가지로 분류된다.

① 접속 비보장(Connection Confidential)은 N 접속에서 모든 N 사용자 데이터 비보장성을 보장한다.
② 비 접속 비보장(Connectionless Confidential)은 비 접속 N-SDU(Service Data Unit)에서 모든 N 사용자 데이터의 비접촉성을 보장한다.
③ 선택 역 비보장(Selective Field Confidential)은 N 접속 또는 비 접속 N-SDU에서 N 사용자 데이터 내의 선택적 역의 비 보장을 제공 한다.
④ 트래픽 흐름 비보장(Traffic Flow Confidential)은 트래픽 흐름을 관찰함으로써 유추될 수 있는 정보의 비보장성을 제공한다.

2.2.1 데이터 무결성

데이터의 내용 자체가 비 인가된 방식에 의하여 변경 또는 삭제가 되지 않는 것을 의미하며 다음과 같이 다섯 가지 종류가 있다.

① 복구기능을 갖춘 접속 무결성(Connection Integrity with recovery)은 N 접속에서 모든 N 사용자 데이터의 무결성을 제공하고 전체 SDU 데이터 내에 어떤 데이터의 변경, 삽입, 삭제 또는 재사용을 감지하고 복구 기능을 갖는다.

② 복구기능이 없는 접속 무결성(Connection Integrity without recovery)은 위의 서비스와 같은 기능을 가지며 복구 기능은 없다.

③ 선택역 접속 무결성(Selective Field Connection Integrity)은 접속상에서 전송된 N-SDU 의 N 사용자 데이터 내에서 선택 역의 무결성을 제공하고, 선택된 역이 변경, 삽입, 삭제 또는 재사용 되었는지 감지한다.

④ 비접속 무결성(Connectionless Integrity)은 비접속 SDU의 무결성을 제공하고 수신된 SDU가 변형되었는지 결정하는 형태이다. 또한 추가적으로 재사용을 감지하기 위한 제한된 형태가 제공될 수도 있다.

⑤ 선택역 비 접속 무결성(Selective Field Connectionless Integrity)은 비 접속 SDU 내에서 선택된 역의 무결성을 제공하고, 선택된 역이 변형되었는지 결정하는 형태이다.

2.2.2. 부인봉쇄

발신자가 발신사실을 또는 수신자가 수신사실을 부인하지 못하도록, 정보보안의 방법으로 봉쇄하는 것을 의미하며 다음과 같이 두 가지 종류가 있다.

① 발신 부인 봉쇄(Non-repudation, Origin)은 데이터의 수신이 데이터의 발신 부인 봉쇄 서비스와 함께 제공된다. 이것은 발신자가 보낸 데이터 또는 그 내용을 부인할 수 없도록 한다.

② 수신 부인 봉쇄(Non-repudation, Delivery)은 데이터의 발신이 데이터의 수신 부인 봉쇄 서비스와 함께 제공된다. 이것은 수신자가 받은 데이터 또는 그 내용을 부인할 수 없도록 한다.

보안 메커니즘

보안 서비스를 실현하고 제공하기 위한 메커니즘은 여러가지가 있으나 여기서는 ISO 7498-2에서 규정하는 것들을 기술한다. 보안 메커니즘은 보안 서비스를 제공하기 위하여 임의의 계층에 구현될 수 있으며 그 종류는 다음과 같다.

3.1 암호화(Encipherment)

암호화는 데이터와 정보의 비밀성을 제공할 수도 있고 다른 메커니즘을 보강하는데 중요한 역할을 한다. 암호화 메커니즘은 대부분 키 관리 메커니즘을 필요로 하며 이러한 암호화에는 대칭키 및 비대칭키 암호화 방법이 있다.

또한 OSI 모델 하위 계층에서 암호화하는 데이터링크 계층 암호화가 있으며 세션 층이나 프레젠테이션 계층에서 암호화가 이루어져 물리 계층의 보안이 침해당한다 하더라도 안전하게 보안을 제공할 수 있는 엔드 투 엔드(end to end) 암호화가 있다.

3.1.1 전자서명(Digital Signature)

전자서명 메커니즘은 데이터에 대한 서명과 서명된 데이터에 대한 검증의 절차로서 정의된다. 서명의 서명자의 비 정보인 비 키를 사용함으로써 데이터의 암호화 및 검사 값을 생성하는 과정이며 검증은 서명자의 공개 정보를 사용하여 정보를 보낸 사람이 누구인지를 알아내는 과정이다.

전자서명 메커니즘의 본질적인 특성은 비 키의 소유자가 아니면 어느 누구도 서명된 데이터를 생성할 수 없어야 한다. 또한 서명자는 그 데이터에 서명하고 송신했음을 부인할 수 없어야 하고 데이터를 받은 사람은 그 서명된 데이터를 변조 및 위조할 수 없어야 한다.

3.1.2 접근통제(Access Control)

접근통제 메커니즘은 실체의 접근 권리를 결정하거나 부여하기 위하여 실체에 인가된 고유성, 실체에 관한 정보 또는 실체의 자격을 사용한다. 만약 한 실체가 비 인가된 자원에 접근 하고자 하거나 인가된 자원이라고 할지라도 불법적인 방법으로 접근하고자 한다면 접근 통제 기능은 그 시도를 거부하고 경보를 발생시키거나, 선택적으로 그 사건들을 보안감사 (Security Audit)에 기록할 수도 있다. 접근통제 메커니즘은 다음 방법들을 사용할 수 있다.

○ 접근통제 정보
○ 패스워드와 같은 인증 정보
○ 자격, 소유, 그리고 부가적 표시
○ 보호라벨
○ 접근이 시도된 시간
○ 접근이 시도된 경로
○ 접근 지속시간

접근통제 메커니즘은 통신의 끝점이나 중간점에서 적용될 수 있으며 발신이나 중간점에 서 적용된 접근통제는 송신자가 수신자와 통신하기 위하여 인증되어야 하는지 또는 요구된 통신자원을 사용하기 위하여 인증되어야 하는지를 결정하기 위하여 사용된다.

3.1.3 데이터 무결성(Data Integrity)

네트워크 상에서 데이터의 정확성을 점검하는 메커니즘으로 송신 실체와 수신 실체에서 각각 무결성을 결정하게 된다. 송신자는 데이터 자체에 대한 특정 값을 계산하여 무결성 기능을 주며 여기에는 주로 DES를 사용하는 메시지 인증코드, 조작 점검 코드(MDC, manipulation detection code)를 사용한다.

데이터 무결성 메커니즘은 하나의 데이터 또는 데이터 역의 무결성, 그리고 데이터 열의 무결성인 두 가지 측면으로 나눌 수 있다. 일반적으로 이 두 무결성 서비스를 제공하기 위 해서는 다른 메커니즘들이 사용된다. 하나의 데이터 또는 데이터 역의 무결성은 송신 측과 수신 측의 두 가지 처리 과정이 필요하다. 송신 측에서는 송신하고자 하는 데이터와 관계가 있는 무결성 정보를 생성하여 데이터에 부가하여 송신하고, 수신 측에서도 마찬가지로 수신한 데이터와 관계가 있는 무결성 정보를 발생시켜 수신한 무결성 정보와 비교하여 데이터의 변경 여부를 결정한다. 이 방식만으로는 한 데이터의 재사용을 막을 수는 없다. 접속형 데이터 전송의 경우는 데이터의 순서 무결성을 제공하기 위하여 데이터 단위의 순서 번호와 시간 스탬프 등과 같은 부가적 기능이 사용될 수 있으며 비접속형 데이터 전송의 경우는 각 데이터의 재사용을 막기 위하여 시간 스탬프가 사용될 수 있다.

3.1.4 인증 교환(Authentication Exchange)

인증에 적용될 수 있는 기술로는 패스워드와 같은 단순한 신분확인 정보를 이용하는 것부터, 암호 기술을 사용하는 것까지 다양한 방법이 있으며 실체의 특성이나 소유를 사용할 수 도 있다. 이 메커니즘은 등 실체 신분확인을 제공하기 위하여 N 계층에 실현될 수 있다. 만약 실체의 신분 확인이 실패하면 접속은 거부 또는 종료되며 관리 센터에 의하여 그 내용이 기록될 수도 있다.

암호 기술로는 재사용을 방지하기 위하여 hand-shake 프로토콜을 사용할 수 있다. 인증 기술의 선택은 그들이 사용할 환경에 의존하며 많은 환경들은 시간 스탬프와 동기 클럭, two-way와 three-way handshake, 그리고 부인봉쇄 서비스 사용을 필요로 한다.

3.1.5 트래픽 패딩(Traffic Padding)

트래픽 해석을 방지하기 위하여 다양한 수준의 보안을 제공하는 메커니즘을 의미한다. 여기에는 실제의 데이터가 아닌 정보들을 고의로 네트워크에 흘리는 방법 등이 사용되며 트래픽 패딩이 비보장 서비스에 의하여 보호된다면 더욱 효율적이다.

3.1.6 경로 통제(Routing Control)

보안요구를 충족시키기 위하여 물리적, 논리적 전송 경로를 선택하는 메커니즘을 의미하며 경로는 물리적으로 안전한 서브네트워크, 릴레이 또는 링크를 사용한다. 이는 유동적으로 또는 미리 지정함으로써 선택될 수 있다. End-system은 지속적인 공격에 비하여 망 서비스 공급자에게 다른 정보를 경유하여 연결을 설정하도록 지시할 수 있다.

어떤 보안 수준을 가지는 데이터는 보안방침에 따라 서브네트워크, 릴레이, 또는 링크를 통해 전송되는 것이 금지될 수 있으며, 접속 설정자나 비 접속 데이터 단위의 송신자는 특정한 서브네트워크, 링크, 그리고 릴레이를 피하도록 요구하는 경로절차를 규정해야 한다.

3.1.7 공증(Notarization)

공증 메커니즘은 통신되고 있는 데이터의 무결성, 근원, 시간과 목적지와 같은 특성들을 보증 하는 것이며 이러한 보증은 통신 실체들 간에 신뢰할 수 있는 제3자에 의하여 이루어 진다. 각 통신 실체는 공증에 의한 서비스를 제공하기 위하여 전자서명, 암호화와 무결성을 사용할 수 있다. 이러한 공증이 이루어질 때 데이터는 안전하게 통신된다.

다음의 보안 메커니즘들은 특정한 서비스에 규정되지 않으며, 이 보안 메커니즘들의 일부는 보안관리의 관점으로 간주될 수 있다. 이러한 보안 메커니즘의 중요성은 요구되는 보안 수준에 직접적으로 연관된다.

3.1.8 신뢰기능

신뢰기능은 다른 보안 메커니즘들의 역을 확장하거나 효율성을 확립하는데 사용되며, 구현 하기가 어려울 뿐 아니라 비용도 많이 든다. 이러한 문제들은 보안 기능의 구현을 허용하는 구조를 선택함으로써 최소화 될 수 있다. 그리고 보안이 적용된 계층 위의 보안 속성은 다른 방법에 의하여 제공되어야 한다.

3.1.9 보안 라벨

보안 라벨은 자원의 민감성 정도를 나타내는 것으로서, 데이터 전송 시 적당한 보안 레벨을 전송하는 것이 필요할 경우가 있다.

보안 라벨은 전송된 데이터와 연관된 부가적인 데이터일 수도 있고, 데이터를 암호화 하는데 사용된 키를 나타낼 수도 있으며, 근원이나 경로와 같은 데이터의 내용을 나타낼 수도 있다. 또한 보안 라벨은 관련된 데이터에 안전하게 결합되어야 한다.

3.1.10 사건 감지

보안 관련 사건 감지는 보안 위반 사건뿐만 아니라 로그온과 같은 정상적인 접근 사건 감지를 포함한다. 보안 관련 사건들은 보안 메커니즘들을 포함하는 OSI의 실체들에 의하여 감지된다. 이러한 보안 관련 사건의 예로는 보안 위반, overflow 등이 있다.

3.1.11 보안 감사 추적

보안 감사 추적은 보안감사를 추가함으로써 보안상태가 파괴된 곳을 조사하고 찾아내도록하는 보안 메커니즘을 제공한다. 보안감사는 시스템 통제의 타당성을 검사하고, 확립된 정책과 동작절차를 준수하는지 확인하고, 손해 사정의 관점에서 지원하며, 통제, 정책 및 여러 가지 과정들의 변화를 추적하기 위하여 시스템 기록과 활동 내용 등을 독립적으로 시험하고 재검토한다.

보안감사는 보안 관련 정보의 기록, 보고 및 분석을 요구한다. 일지나 기록은 보안 메커니즘으로 고려되고 분석과 보고생성은 보안관리 기능으로 고려될 수 있다.

3.1.12 보안 복구

보안 복구는 여러 가지 보안 사건을 취급하고 관리하는 메커니즘들의 요구를 수용하고 규칙을 적용한 결과에 의하여 복구 기능을 제공한다. 이러한 복구 동작은 순간, 일시 그리고 장기간으로 구분된다.

컴퓨터 네트워크

4.1 LAN 보안

4.1.1. 배경

LAN은 1970년 초에 실험적으로 출발한 이후 수많은 LAN 관련 제품들이 쏟아져 나오면서 각광을 받고 있는 네트워크 중 하나이며 전송 속도의 고속화 및 상호 연결 범위의 확 등으로 인하여 이용범위가 계속하여 증가 일로에 있다.

LAN의 정의는 여러 학자들 간에 서로 다르게 정의되고 있지만, 일반적으로 "다수의 독립된 컴퓨터 시스템 간에 상호 통신이 가능하도록 하는 통신 네트워크"로 정의된다. 컴퓨터가 개발된 이래 컴퓨터의 용도는 주로 데이터 처리에 중점을 두어 왔으나, '80년에 들어와서는 컴퓨터 연산능력의 제한, 컴퓨터 자원의 한정성 등 여러 가지 난점을 해결하기 위하여 컴퓨터들 간의 상호 접속 필요성이 증가되었다.

또한 컴퓨터 하드웨어 가격의 하락 및 컴퓨터와 통신 기술의 접목 시도, 그리고 비전문가로 하여금 컴퓨터를 이용하여 각종 정보를 처리하고자 하는 욕구가 증대됨에 따라, 보다 효율적이고 조직적이며 신뢰성 있게 정보의 상호 교환을 목표로 등장한 것이 바로 LAN이다. 이렇듯 LAN은 지리적으로 분산되어 있는 시스템을 효율적으로 이용 가능하도록 하며 제공 되고 있는 서비스도 매우 다양한 반면, 컴퓨터 네트워크 보안의 측면에서 보면 정보의 내용 변경, 불법 유출, 순서 변경, 송·수신과 미확인 컴퓨터 바이러스 감염 등의 위협을 내포하고 있다. 이렇게 LAN이 네트워크 보안 측면에서 취약점을 가지고 있는 이유는 LAN이 개방형 구조를 가지고 있기 때문이다.

최근에는 이러한 LAN에 한 불법적인 사용을 방지하기 위하여 여러 가지 네트워크 보안에 한 새로운 제도와 절차 및 기술적인 책 등을 마련 중에 있다.

4.1.2. LAN 보안

LAN은 OSI 기본 참조모델의 하위 2계층인 데이터 링크 계층과 물리 계층만을 대상으로 삼 고 있다. 데이터 링크 계층은 다시 LLC(Logical Link Control) 부계 층과 MAC(Media Access Control) 부계 층으로 구분된다. MAC 부계 층은 전송 매체의 구성 형태와 접근통제 방식에 따라 4가지가 있으며 LLC 부계 층은 모든 MAC 계층에 공통으로 적용된다.

이 LLC 계층에서 전송되는 프로토콜 데이터 단위(PDU, Protocol Data Unit)는 방송통신 방식으로 LAN에 실리게 된다. 따라서 LAN은 구조상 접속된 모든 노드가 데이터에 접근이 가능하여 동등 실체 간에 송수신되는 PDU에 대한 불법적인 변경의 위험이 존재한다. 이러 한 근거리 통신망 구조의 개방성은 합법적인 통신자로의 가장이 용이하고 정보의 불법적인 노출, 도청 및 변경이 가능하므로, 합법적인 통신자로 가장한 LAN의 무단 이용이나 정보의 변조와 위조, 삭제 등에 대한 보호가 필요하다.

위와 같이 LAN 통신망 환경에서의 정보 보호 필요성이 증가함에 따라 IEEE에서는 802. 10(Local Area Network Security Working Group)을 구성하여 근거리 통신망의 정보 보호를 위한 표준화 작업을 수행하고 있으며, 표준안인 SILS(Standard for Interoperable Local area network Security)를 제안하고 있다.

SILS 표준안은 SILS 모델, 안전한 데이터 교환(Secure Date Exchange, SDE), 키 관리(Key Management) 프로토콜, 시스템 보안 및 관리(System/Security Management) 프로토콜의 4 분야로 나뉘어 연구되고 있으며, 데이터 발신처 인증, 비 보장, 비접속 무결성과 접근통제 서비스를 제공한다.

SILS 모델은 LAN의 보안 서비스를 제공하기 위하여 OSI 기본 참조 모델 및 관리 모델과 관계가 되어 있으며, SDE는 안전한 데이터 교환 서비스를 제공하므로 OSI 기본 참조 모델 의 계층 2 프로토콜에 해당한다. 키관리는 SDE의 정보를 암호화하기 위한 키들을 관리하는 계층 7 프로토콜에 해당하고, 시스템 보안 및 관리는 보안 프로토콜을 안전하게 관리하기 위 한 계층 7 프로토콜이다.

[그림 9-5]는 IEEE 802 구조와 OSI 기본 참조 모델간의 계층 비교를 나타낸다.

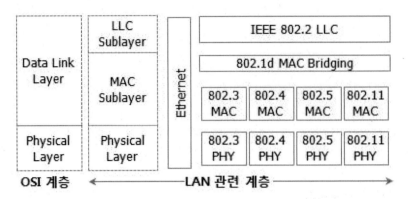

PCL : Physical Converternce Layer

PDL : Medium Dependent Physical Layer

[그림 9-5] IEEE 802 구조와 OSI 참조모델 간의 계층 비교

IEEE 802 근거리 통신망은 앞에서 언급한 바와 같이 MAC(Media Access Control) 부계층과 LLC(Logical Link Control) 부계층을 두어 여러 가지 서비스를 제공한다. MAC 부계층은 4가지의 서로 다른 물리적인 매체에 접근할 수 있는 프로토콜을 제공하며, LLC 부계층은 스윗칭 노드가 없는 두 국간의 데이터 프레임의 전송을 담당한다.

OSI 관리 모델은 시스템 관리와 계층 관리를 정의하고 있는데, 시스템 관리는 네트워크의 감시와 통제를 OSI 전 계층에 걸쳐서 행하지만 계층관리는 각 계층마다 행해진다.

시스템 관리를 위한 실체들은 시스템 관리 응용 실체(System Management Application Entity, SMAE), 계층관리자(Layer Manager, LM)와 관리정보베이스(Management Information Base, MIB)로 구성된다.

SMAE는 네트워크의 시스템 관리를 수행하는 응용계층의 실체이며 CMIP 또는 IEEE 802.1 프로토콜을 통해 다른 SMAE와 통신한다. 계층을 관리하는 LM은 계층 프로토콜의 요구에 하여 다른 LM과의 통신을 통해 수행한다. LM의 주된 기능은 프로토콜에 사용되는 객체 들을 관리하는 것이다. 즉 SMAE의 지시에 따라 LM에 의하여 객체들의 동작이 이루어진다.

각 스택은 분리된 계층 2 실체를 가져야만 하며, 이 실체들은 보안 서비스를 요청한다. SDE 프로토콜은 이 서비스를 제공하기 위한 정보를 키 관리 시스템 관리에 의존하게 된다. 데이터 교환 사용자 스택은 SILS가 실현되기 전에 존재하는 네트워크 통신 프로토콜로서 SDE로부터 보안 서비스를 제공받는다. 또한 데이터 교환 사용자 스택에 의한 요구 프리미

티브들은 SDE와의 인터페이스를 MAC과의 인터페이스인 것으로 여기며, 시스템 관리와 키관리 스택등과 직접적으로 통신할 수 없다.

시스템 관리 스택과 키 관리 스택은 전 계층에서 통용되는 일종의 데이터 집단이라고할 수 있는 SMIB 안에 있는 객체들의 속성 값을 변형시킴으로써, SDE가 서비스를 제공할수 있게 한다. 즉 계층 7의 시스템 관리와 키 관리 응용으로부터 SMIB를 통해 SDE 계층으로 통신 경로가 설정된다.

[그림 9-6]는 SILS에 정의된 프로토콜과 서비스들에 대한 전체 모델을 나타낸다. 이 그림에서 점으로 표시된 역인 키 관리 프로토콜, 안전한 데이터 교환 프로토콜, 계층 관리자와 mapper는 SILS에 의하여 정의된 프로토콜을 의미하며, 단일사선으로 표시된 역인 시스템관리 스택(System Management Stack), 키 관리 스택(Key Management Stack)과 시스템/보안 관리 프로토콜은 SILS에 의하여 명시만 되어 있으며, 이중사선으로 표시된 역인 키 관리응용, 시스템/보안관리 응용과 3개의 SMIB는 보안방침에 따라 실현되어야 한다.

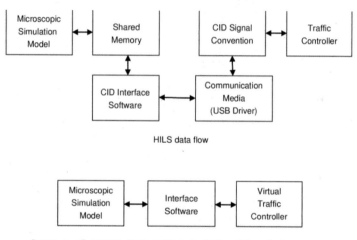

HILS data flow

[그림 9-6] 완전한 SILS 모델 SILS에서는 계층 7에서 CMIP 구조

사용하여 관리기능을 수행하는 ISO 모델과 LL 계층 위에서 IEEE 802.1을 사용하는 IEEE 802 관리 모델을 모두 지원해야 한다. 두개의 서로 다른 관리 프로토콜을 지원하기 위하여 반드시 다른 키 관리 프로토콜이 필요한 것은 아니므로 SILS 모델에서는 하나의 키 관리 프로토콜로 두개의 키 관리 프로토콜을 지원할 수 있도록 mapper를 이용한다. 예를 들면 키 관리 프로토콜이 LLC 계층에서는 지원되지 않고, ISO 스택의 상위 계층에서 제공되는 서비스를 요구한다면 mapper는 이 기능을 수행하여야 한다.

5G 가상 네트워크 기술

5.1 물리적 인프라, 다수의 가상 네트워크

　다양한 유저케이스에 대한 목표를 하나의 네트워크 인프라로 구현하는 것이 과연 기술적으로 가능할까? 4G의 등장이 다양한 산업 분야에 적잖은 영향을 끼쳤으나 가장 많은 혜택을 본 영역은 높은 전송 속도를 필요로 하는 스트리밍 영역이다. 음악 서비스는 주류가 기존 MP3 다운로드 서비스에서 스트리밍 서비스로 전환되었으며, 또한 유튜브와 같은 동영상 스트리밍 서비스가 보편화된 데에도 4G의 높은 전송 속도가 큰 역할을 했다. 높은 전송 속도를 지향하는 4G 네트워크에서 충분히 가능한 응용 분야들이다. 그러나 수많은 센서와 이로부터 데이터를 수집하고 분석하는 다양한 기기가 촘촘하게 연결된 IoT (Internet of Things) 서비스의 경우 4G 네트워크만으로는 충분하지 않다. 국내 이동통신 사업자들은 IoT 서비스를 위한 전용망을 구축하여 이러한 요구사항에 대응하였으며, 그 예로 IoT 전용망인 로라(Lora) 전국망 구축을 들 수 있다. 기존 4G 네트워크로 지원하기 어려운 요구사항들을 수용하기 위해 IoT 기기 및 서비스 기업들과 연합하여 새로운 인프라를 구축한 것이다. 기존 4G망 장비나 시설들을 일부 활용하였다고 하더라도 4G와는 엄연히 다른 별도의 물리적 네트워크이다. 5G에서는 3G, 4G로 이어져 오던 초고속 데이터 전송과 함께 IoT의 초연결 요구사항도 모두 지원하는 것을 목표로 하고 있다. 여기에 자율주행 자동차와 같은 4차 산업혁명의 랜드마크 서비스들을 구현하기 위해서는 네트워크의 지연(latency)도 최소화하는 것이 필요하다. 이 각각의 서비스, 즉 각기 다른 성능 목표를 하나의 물리적인 네트워크로 가능하게 하는 것이 5G가 추구하는 가치이다.　동일한 물리적 네트워크상에서 각기 다른 속성의 가상 네트워크를 통해 다양한 카테고리의 서비스 구현을 가능하게 하는 것이 "5G 네트워크 슬라이싱"이다. 물리적 네트워크 인프라를 논리적으로 구분되는 다수의 네트워크로 분할, 앞서 언급된 5G 주요 유즈케이스들을 구현할 수 있도록 한다는 것이다. 예를 들면, IoT를 위한 초연결 서비스, 초고속 전송을 요구하는 서비스, 초저지연을 요구하는 서비스 이 각각의 카테고리에 적합한 별도의 네트워크 슬라이스를 구성하는 것이다. [그림 9-7] 각각의 슬라이스는 특정 비즈니스 케이스에 최적화된 네트워크 환경을 제공하며, 고객은 자신의 비즈니스 목적에 맞는 "슬라이스"를 활용하게 된다. 통신사업자의 경우 모든 용도의 슬라이스를 제공하는 것이 일반적이나, 경우에 따라선 일부 특정 목적에 부합하는 슬라이스를 제공할 수도 있다. 통신망을 임대하여 독자적인 이동통신 서비스를 제공하는 MVNO (Mobile Virtual Network Operator)의 경우 일부 도메인에 특화된 서비스를 표방하며 전문화된 슬라이스만을 제공할 수도 있다. 국내, 기존 MVNO들이 주로 차별화된 가격 정책으로 고객들을 유인하였다면, 앞으로는 특정 도메인에 전문화된 통신 서비스를 차별화 포인트로 시장에 등장할 가능성이 클 것으로 예상할 수 있다. 또한, 애플리케이션의 특성상 하나의 슬라이스가 아닌 여러 슬라이스를 필요로 할 수 있다. 대표적인 것이 자율주행 자동차인데 이는 광대역 폭의 데이터 전송과 초저지연 모두 필요로 하므로, 해당 용도에 맞는 두 개 이상의 슬라이스를 활용하게 된다.

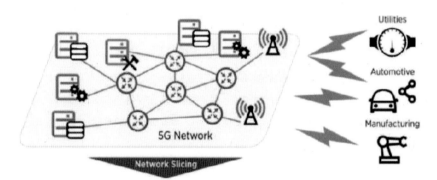

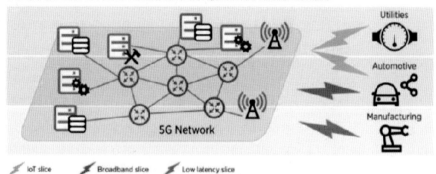

[그림 9-7] 5G 네트워크 슬라이싱 개념

네트워크 사업자의 주된 기능 및 가치는 정보를 안전하고 빠르게 특정 지점에서 다른 지점으로 전달할 수 있도록 하는 것이다. 특정 지점은 고정된 위치뿐만 아니라 스마트폰 사용자 위치와 같은 이동성이 있는 지점들을 모두 포함한다. 만일 기업이나 공공기관 같은 고객이 각자의 비즈니스 특성에 맞는 커스마이즈된 형태의 네트워크가 필요하다면, 별도의 물리적인 네트워크 인프라 구축을 통해 고객의 요구를 충족시킬 수 있다. 그러나 네트워크 슬라이싱을 활용한다면 동일한 물리적 네트워크상에서도 각각 용도에 최적화된 "스마트한" 네트워크 솔루션 제공이 가능하다. 통신사업자는 단순히 정보 전달 수단을 제공하는 것이 아니라 기업의 비즈니스 애플리케이션을 호스팅 하고, 비즈니스 수행을 통해 얻어지는 데이터를 수집하며, 이를 분석/가공하여 부가가치를 제공하는 기능을 수행할 수 있게 된다. 기업마다 요구하는 네트워크 특성이 각기 다르고, 이를 슬라이싱에 기반한 스마트한 네트워크를 통해 지원하게 함으로써, 일반 퍼블릭 클라우드 서비스에서 담보하기 어려운 네트워크 성능 요구사항에 대응할 수 있다는 것이 통신사업자가 가지고 있는 최대 강점이다. 통신사업자 입장에서는 별도의 인프라 투자 없이 기업 전용의 가상 네트워크를 제공함으로써 고부가가치의 서비스 창출이 가능하다는 얘기이다. 단, 기존 퍼블릭 클라우드 사업자들이 제공하는 다양한 서비스들을 통신사업자도 제공할 수 있어야 한다. 특히, 통신사업자가 장악하고 있는 네트워크 엣지에서의 서비스, 즉 엣지 컴퓨팅은 5G 확산과 함께 통신사업자들이 당면한 주요 과제이기도 하다. 또한, 논리적으로 완전히 분리된 네트워크 슬라이스를 기업 맞춤형으로 제공함으로써 기업 내에서 수행되는 프로세스와 이로 인해 생산되는 디지털 자산을 안전하게 보호할 수 있다는 것도 내세울 수 있는 주요 장점이다. 네트워크 슬라이스를 API(Application Programming Interfaces)를 통해 제공할 수도 있다. 네트워크와 관련된 형상 정보, 상태 정보들을 제공하는 것뿐만 아니라, 네트워크상에서 수행 가능한 많은 기능을 API를 통해 제공함으로써 전용 가상 망을 확보하기 어려운 소규모 기업의 비즈니스나 서비스 수요에 대 응할 수 있다. 퍼블릭 클라우드에서 제공하는 백엔드 as-a-service와 유사한 개념이며, 기술적으로는 소프트웨어 정의 네트워크(SDN : Software Defined Network), 네트워크 함수 가상화(NFV : Network Function Virtualization) 기술 등에 기반하고 있다. API를 활용하면 이미 기업이 보유하고 있는 네트워크나 컴퓨팅 환경을 그대로 유지하면서 5G 네트워크 기능을 통합 운영하는 것도 용이해진다. 컴퓨팅 자원을 클라우드에서 가져다 쓰는 개념과 유사하게 무선 네트워크 기능을 서비스처럼 필요할 때 사용한다는 관점에서 클라우드 RAN(Cloud Radio Access Network)이라고 부르며, 이 클라우드 RAN은 네트워크 슬라이싱 구현의 핵심 요소이기도 하다. 스마트 네트워크는 곧 Network as-a-service(NaaS)의 전형적인 구현 예라고 볼 수 있다. 네트워크 슬라이싱이 5G에 기반한 NaaS를 본격화하는데 촉매가 될 것으로 전망되는 이유이기도 하다.

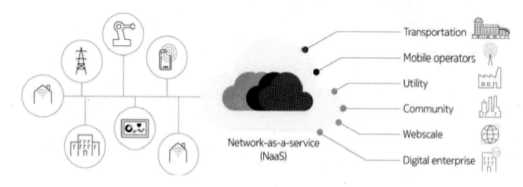

[그림 9-8] 네트워크 as-a-service 개념도

Chapter

09 연 습 문 제

1 방화벽(Firewall)에 대한 설명으로 옳지 않은 것은?

① 네트워크 출입로를 다중화하여 시스템의 가용성을 향상시킨다.

② 외부로부터 불법적인 침입이나 내부로부터의 불법적인 정보 유출을 방지하는 기능을 담당한다.

③ 외부로부터의 공격을 막는 역할만해서, 내부에서 행해지는 해킹 행위에는 방화벽 기능이 사용되지 못할 수도 있다.

④ 방화벽에는 역 추적 기능이 있어, 외부에서 네트워크에 접근 시, 그 흔적을 찾아 역추적이 가능하다.

2 다음 중 암호기술 서비스로 옳지 않은 것은?

① 기밀성   ② 분별성

③ 부인봉쇄   ④ 인증

3 회사의 사설 네트워크와 외부의 공중 네트워크 사이에 중립 지역으로 삽입된 소형 네트워크를 의미하는 용어는?

① DMZ   ② Proxy

③ Session   ④ Packet

4 S/MIME에 대한 설명으로 옳지 않은 것은?

① 전자우편 보안 서비스로 HTTP에서는 사용이 불가능하다.

② X.509 형태의 S/MIME 인증서를 발행하여 사용한다.

③ 전자 서명과 암호화를 동시에 사용할 수 있다.

④ 대칭키 암호 알고리즘을 사용하여 전자우편을 암호화 한다.

5 웹 브라우저, 웹 서버 간에 데이터를 안전하게 교환하기 위한 프로토콜로서, 웹 제품뿐 아니라 FTP나 Telnet 등 다른 TCP/IP 애플리케이션에 적용할 수 있는 보안기술은?

① SET   ② SSL

③ PPTP   ④ PGP

6 외부 WAN과 접속되는 네트워크에 인터넷 보안 및 웹 캐싱 기능을 적용하려고 할 때 가장 적당한 서비스는?

① NAT   ② IPsec

③ ICS   ④ Proxy

7 공개키 기반구조(PKI)에 대한 기술로 옳지 않은 것은?

① PKI는 공개키 인증서에 바탕을 두고 구축되어야 한다.

② CA(Certificate Authority)는 최종 개체(End Entity)를 인증하는 전자증명서 발행 역할을 수행한다.

③ PKI는 사용자 공개키와 사용자 ID를 안전하게 묶는 방법과 공개키를 신뢰성 있게 관리하기 위한 수단을 제공한다.

④ CA의 공개키는 자동적으로 사용자에게 전달되지 않기 때문에 인증서를 사용할 때마다 CA에게 CA의 공개키를 요구하여야 한다.

8 침입탐지시스템(IDS : Intrusion Detection System)에 대한 설명으로 옳지 않은 것은?

① IDS는 공격의 증거를 찾기 위해 네트워크 트래픽을 분석하고, 침해 여부를 보기 위하여 액세스 로그들을 조사하고 파일들을 분석하기도 한다.

② IDS의 형태로는 NIDS, HIDS, SIV, LFM 등이 있다.

③ IDS의 한 형태인 HIDS는 중요한 시스템 파일의 흔적을 유지하고 변경되었는지 감시한다.

④ IDS는 위조된 서비스를 제공하여 해커를 유인, 혼란스럽게 하는 가짜 네트워크인 Honeypot으로 개념을 확장하고 있다.

9 아파치(Apache) 웹 서버의 로그에서 확인 할 수 없는 정보는?

① 클라이언트의 IP Address

② 클라이언트의 요청 페이지

③ 클라이언트의 접속 시도 날짜

④ 클라이언트의 게시판 입력 내용

10 DoS 공격에 대한 설명으로 올바른 것은?

① 하나의 대상 시스템에는 하나의 공격자만 공격을 할 수 있다.

② 대상 시스템의 자원 및 서비스를 사용할 수 없게 한다.

③ Windows 시스템만 공격할 수 있다.

④ 패킷 필터링으로 방어가 가능하다.

11 네트워크 서비스 거부 공격 중 공격자의 공격 입력 전달 방법에 있어서 그 성격이 나머지 것과 다른 것은?

① TCP SYN Flood   ② Smurfing

③ Land   ④ ICMP Flood

12 방화벽에 대한 설명으로 가장 옳지 않은 것은?

① 외부 네트워크와 내부 네트워크를 구분 짓는 장치이다.

② 내부 사용자의 접근이 완전 봉쇄되어 해킹의 위협으로 부터 보호된다.

③ 내부 네트워크와 외부 네트워크에 오가는 모든 통신을 감시한다.

④ 내부 네트워크와 외부 네트워크 사이에서 양자 간의 연결점 역할을 수행하는 시스템을 의미한다.

13 디지털 서명의 필수 요건으로 옳지 않은 것은?

① 재사용 가능   ② 서명자 인증

③ 변경 불가   ④ 위조 불가

14 회사의 사설 네트워크와 외부의 공중 네트워크 사이에 중립 지역으로 삽입된 소형 네트워크를 의미하는 용어는?

① DMZ   ② Proxy

③ Session   ④ Packet

15 S/MIME에 대한 설명으로 옳지 않은 것은?

① 전자우편 보안 서비스로, HTTP에서는 사용이 불가능하다.

② X.509 형태의 S/MIME 인증서를 발행하여 사용한다.

③ 전자 서명과 암호화를 동시에 사용할 수 있다.

④ 대칭키 암호 알고리즘을 사용하여 전자우편을 암호화 한다.

16 이메일프로토콜 PGP를 설명하시오.

17 네트워크 계층보안 프로토콜IP ses를 설명하시오.

10

DHCP보안동작 원리

1. 개요
2. DHCP 동작 원리
3. DHCP Proxy Agent를 통한 DHCP 보안 기능
4. IP 주소 할당(임대) 절차의 DHCP 메시지 포맷

개 요

DHCP(Dynamic Host Configuration Protocol) 기술의 네 번째 문서로 DHCP 서버와 클라이언트 기능을 모두 지원하는 DHCP Proxy Agent를 통하여 단말이 IP 주소를 할당(임대), IP 주소 임대기간을 연장 그리고 IP 주소를 반납하는 절차를 설명하고 그 과정에서 DHCP Proxy Agent에 의해 변경 되는 DHCP 메시지 파라미터들에 대해서 살펴본다. 또한 DHCP Proxy Agent의 DHCP 보안 기능에 대해서 소개한다.

1.1 DHCP Proxy Agent 소개

DHCP Relay Agent는 동일 서브 넷 상에서 단말이 송신하는 DHCP 브로드캐스트 패킷(DHCP Discover/Request)을 수신하여 이 메시지를 다른 서브 넷에 위치하는 DHCP 서버로 전달하는 기능을 수행한다[3]. 반면 DHCP Proxy Agent는 단순히 DHCP 메시지를 단말과 서버간에 전달해 주는 기능 외에 단말과 DHCP 서버 사이에서 DHCP 서버와 DHCP 클라이언트 기능을 모두 지원한다. 즉, 단말에게는 DHCP Proxy Agent가 DHCP 서버로 보이도록 하고, DHCP 서버에게는 DHCP Proxy Agent가 단말로 보이도록 한다.

[그림 10-1]은 DHCP Relay Agent와 DHCP Proxy Agent의 차이를 보이고 있다. DHCP Relay Agent는 IP 주소 할당(임대) 절차에서 사용되는 브로드캐스트 패킷들에 대해서만 중간에서 릴레이(relay) 기능을 수행하는 반면, DHCP Proxy Agent는 IP 주소 할당(임대), IP 주소 임대기간 연장, IP 주소 반납 절차에서 사용되는 모든 DHCP 메시지(브로드캐스트 및 유니캐스트)에 대해서 중간에서 DHCP 서버 및 DHCP 클라이언트 기능을 수행한다.

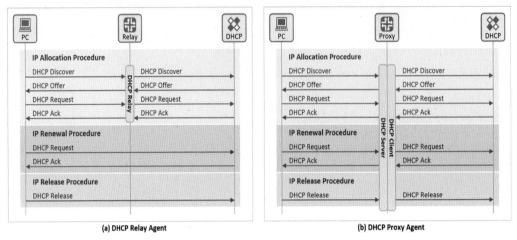

[그림 10-1] DHCP Relay Agent와 DHCP Proxy Agent의 비교

이와 같은 DHCP Proxy Agent는 DHCP Relay Agent와 비교하였을 때 다음과 같은 장점을 가진다.

DHCP 서버의 IP 주소가 사용자(단말)에게 공개되지 않기 때문에 DHCP 서버를 대상으로 하는 DoS(Denial of Service)와 같은 공격에 대해 보호가 가능하다. DHCP Proxy Agent는 DHCP 메시지를 통해 할당된 가입자의 IP 주소 목록을 유지하므로 이 정보를 기반으로 IP-to-MAC 바인딩 테이블을 생성하고, DHCP 절차를 통해 IP 주소를 할당받지 않은 사용자 (예를 들어 고정 IP 설정 사용자)의 트래픽을 차단할 수 있다(DHCP 보안 기능 : IV장 참조). 실제 넷매니아즈에서 SI(System Integration)를 수행한 네덜란드 V사의 경우 이 방식을 적용 하였다.

DHCP 동작 원리

본 장에서는 [그림 10-2]와 같이 서브 넷 1.1.1.0/24에 속한 PC 1이 DHCP Proxy Agent를 통해 DHCP 서버로부터 IP 주소를 할당(임대), IP 주소 임대기간을 연장, IP 주소를 반납하는 절차를 설명하도록 한다.

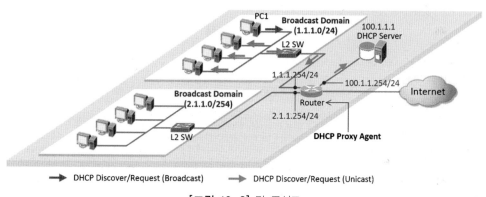

[그림 10-2] 망 구성도

2.1 IP 주소 할당(임대) 절차

DHCP Proxy Agent는 [그림 10-3]과 같이 PC와 DHCP 서버 사이에 위치한다. DHCP Proxy Agent는 단말이 브로드캐스팅 하는 DHCP Discover와 DHCP Request 메시지를 수신하여 DHCP 서버로 유니캐스팅하며 이때 DHCP 메시지에 Relay Agent IP[11](=Gateway IP=giaddr) 필드에 자신의 IP 주소(DHCP Discover/Request 메시지를 수신한 인터페이스 주소)를 기록한다.

---

11) DHCP Relay Agent와 DHCP Proxy Agent 모두 단말과 DHCP 서버 사이에서 DHCP 메시지를 Relay 하는 기능을 수행 하며, 표준에 따르면 이 Agent의 IP 주소는 DHCP 메시지 내에 Gateway IP Address(giddy) 필드에 들어가게 된다. 본 문서에서 설명하는 Relay Agent IP는 Gateway IP Address를 말하는 것이다.

DHCP 서버는 Relay Agent IP 주소를 Destination IP 주소로 하여 DHCP Offer와 DHCP Ack 메시지를 유니캐스팅 하며 이를 수신한 DHCP Proxy Agent는 메시지 내의 Broadcast Flag 값에 따라 Destination IP 주소를 단 말의 IP 주소(Broadcast Flag=0) 혹은 브로드캐스트 주소(Broadcast Flag=1)로 변환하고[2] Source IP 주소를 DHCP Proxy Agent 주소로 변환하여 DHCP 메시지를 단말에 전달한다. 여기까지는 [3]에서 기술한 DHCP Relay Agent와 동일한 동작이다. DHCP Proxy Agent가 DHCP Relay Agent와 구별되는 중요한 차이점은 DHCP Offer와 DHCP Ack 메시지에 포함된 DHCP Server Identifier(Option 54) 필드를 DHCP Proxy Agent의 IP 주소로 변경하는 것이다. 이를 통해 단말은 DHCP Proxy Agent가 마치 DHCP 서버인 것으로 인식하게 된다.

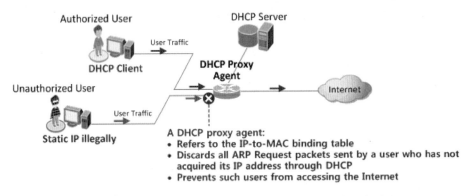

[그림 10-3] DHCP Proxy Agent 환경에서 IP 주소 할당(임대) 절차

2.1.1 DHCP Discover

단말은 DHCP Discover 메시지를 동일 서브넷 상에 브로드 캐스팅한다[1]. DHCP Proxy Agent는 UDP Destination Port=67(DHCP Discover/Request 메시지)인 패킷은 모두 수신해야 하며 이를 수신한 DHCP Proxy Agent는 DHCP Discover 메시지의 MAC 주소와 IP 주소 그리고 Relay Agent IP 주소를 변경하여 DHCP 서버로 유니 캐스팅한다.

여기서 한가지 유심히 살펴볼 것은 DHCP Discover 메시지의 Source IP 주소 필드는 DHCP Proxy Agent의 "업 링크 IP 주소(100.1.1.254)"로 변경되고, Relay Agent IP 주소 필드는 DHCP Proxy Agent 의 "다운링크 IP 주소(1.1.1.254)"로 변경되어 DHCP 서버로 전달된다는 것이다. Source IP 주소 필드는 본 패킷(DHCP Discover 메시지)의 Outgoing Interface(패킷이 송출되는 포트) IP 주소가 붙어 나가는 것이므로 DHCP Proxy Agent의 업 링크 IP 주

소가 되는 것이 당연하고, Relay Agent IP 주소 필드의 경우 DHCP 서버가 본 필드의 IP 주소를 참조하여 IP Pool을 선택하기 때문에 단말과 동일 서브 넷에 위치하는 IP 주소, 즉 DHCP Proxy Agent의 다운링크 IP 주소가 사용되는 것이다.

2.1.2 DHCP Offer

DHCP 서버는 DHCP Discover 메시지의 Relay Agent IP 주소(giddy)를 기반으로 IP Pool 을 선택하고 해당 IP Pool에서 단말에 할당(임대)할 IP 주소를 결정한다. 그리고 Relay Agent IP 주소를 Destination IP 주소로 하여 DHCP Offer 메시지를 전송한다. 이 메시지를 수신한 DHCP Proxy Agent는 DHCP Offer 메시지의 MAC 주소와 IP 주소 그리고 DHCP Server Identifier(Option 54) 필드를 변경하여 단말로 브로드 캐스팅 혹은 유니 캐스팅한다. DHCP Server Identifier 필드는 이름 그대로 DHCP 서버를 구별하는 인자로써 DHCP Proxy Agent는 DHCP 서버의 IP 주소(100.1.1.1)를 자신의 업 링크 IP 주소(100.1.1.254)로 변경함 으로써 단말은 DHCP Proxy Agent가 DHCP 서버인 것으로 알게 된다.

2.1.3. DHCP Request

DHCP Offer 메시지를 수신한 단말은 IP 주소를 포함한 네트워크 정보를 요청하기 위해 DHCP Request 메시지를 브로드 캐스팅 한다[1]. 이 메시지를 수신한 DHCP Proxy Agent는 DHCP Request 메시지의 MAC 주소, IP 주소 그리고 Relay Agent IP 주소와 DHCP Server Identifier(Option 54) 필드를 변경하여 DHCP 서버로 유니 캐스팅 한다.

DHCP Request 메시지의 Source IP 주소와 Relay Agent IP 주소 필드의 변경은 DHCP Discover 메시지의 과정과 동일하다. DHCP Server Identifier 필드의 경우 단말이 보낸 DHCP Proxy Agent의 업 링크 IP 주소(100.1.1.254)를 DHCP 서버의 IP 주소(100.1.1.1)로 변경하는데, 이는 본 필드의 주소 값이 자신의 주소가 아닌 경우 DHCP 서버는 DHCP 메시 지를 폐기하기 때문이다.

2.1.4. DHCP Ask

DHCP 서버는 단말에 할당(임대)할 IP 주소를 최종 결정한다. 그리고 DHCP Request 메 시지의 Relay Agent IP 주소(giaddr)를 Destination IP 주소로 하여 DHCP Ask 메시지를 전송

한다. 이 메시지를 수신한 DHCP Proxy Agent는 DHCP Ask 메시지의 MAC 주소와 IP 주소 그리고 DHCP Server Identifier(Option 54) 필드를 변경하여 단말로 브로드 캐스팅 혹은 유니 캐스팅 한다. 메시지 필드 변경 내역은 DHCP Offer와 동일하다.

앞서 설명한 바와 같이 IP 주소 할당(임대) 절차에서 DHCP Proxy Agent가 수행하는 주요 기능 중에 하나가 단말과 DHCP 서버 사이에서 DHCP 메시지 내의 DHCP Server Identifier 필드를 변경하는 것인데, 이를 요약해 도식화하면 [그림 10-4]와 같다.

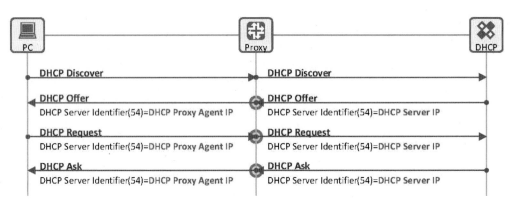

[그림 10-4] DHCP Server Identifier 필드 변경

2.2 IP 주소 임대기간 연장 절차

[1]에 따르면 단말은 IP 주소 할당(임대) 절차에서 수신한 DHCP Ask 메시지의 DHCP Server Identifier 필드를 통해 DHCP 서버의 IP 주소를 저장해 놓는다. 그리고 이후 IP 주소 임대기간 연장시에 단말은 DHCP Request 메시지를 브로드 캐스팅이 아닌 DHCP 서버로 바로 유니 캐스팅한다. [그림 10-5]와 같이 단말이 알고 있는 DHCP 서버 IP 주소는 DHCP Proxy Agent의 업 링크 IP 주소이므로 본 메시지는 DHCP Proxy Agent로 전달 되고, DHCP Proxy Agent가 이 메시지를 재처리 후 DHCP 서버로 전달한다.

DHCP 서버는 이에 대한 응답으로 DHCP Ask 메시지를 유니 캐스팅하는데 이 때 사용되는 Destination IP 주소는 DHCP Request 메시지의 Relay Agent IP 주소(giddy)가 되므로 이 메시지는 DHCP Proxy Agent로 전달되고, DHCP Proxy Agent가 이 메시지를 재처리 후 단말로 전달한다.

[3]에서 DHCP Relay Agent는 본 절차에 대해 관여하지 않는 반면 DHCP Proxy Agent는 중간에서 DHCP Request/Ask 메시지를 수신하여 재처리 한다.

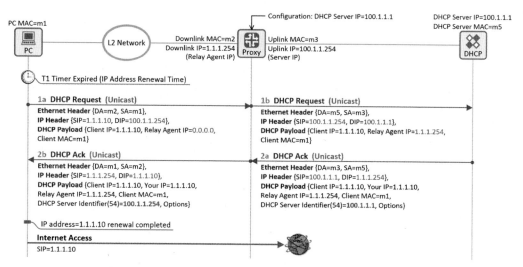

[그림 10-5] DHCP Proxy Agent 환경에서 IP 주소 임대기간 연장 절차

2.2.1 DHCP Request

단말은 DHCP Request 메시지의 Destination IP 주소를 DHCP Proxy Agent로 하여 유니 캐스팅하고 이 메시지를 수신한 DHCP Proxy Agent는 DHCP Request 메시지의 MAC 주소와 IP 주소 그리고 Relay Agent IP 주소를 변경하여 DHCP 서버로 유니 캐스팅한다.

2.2.2 DHCP Ask

DHCP 서버는 DHCP Request 메시지의 Relay Agent IP 주소(giddy)를 Destination IP 주소로 하여 DHCP Ask 메시지를 전송한다. 이 메시지를 수신한 DHCP Proxy Agent는 DHCP Ask 메시지의 MAC 주소와 IP 주소 그리고 DHCP Server Identifier(Option 54) 필드를 변경하여 DHCP 서버로 유니 캐스팅한다.

2.2.3 IP 주소 반납 절차

IP 주소 반납시에 단말은 DHCP Release 메시지를 DHCP 서버로 바로 유니 캐스팅한다. [그림 10-6]과 같이 단말이 알고 있는 DHCP 서버 IP 주소는 DHCP Proxy Agent의 업 링크 IP 주소이므로 본 메시지는 DHCP Proxy Agent로 전달되고, DHCP Proxy Agent가 이 메시지를 재처리 후 DHCP 서버로 전달한다.

[3]에서 DHCP Relay Agent는 본 절차에 대해 관여하지 않는 반면 DHCP Proxy Agent는 중간에서 DHCP Release 메시지를 수신하여 재처리 한다.

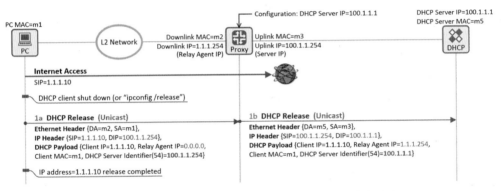

[그림 10-6] DHCP Proxy Agent 환경에서 IP 주소 반납 절차

2.2.4 DHCP Release

단말은 DHCP Release 메시지의 Destination IP 주소를 DHCP Proxy Agent로 하여 유니 캐스팅하고 이 메시지를 수신한 DHCP Proxy Agent는 DHCP Release 메시지의 MAC 주소, IP 주소 그리고 Relay Agent IP 주소와 DHCP Server Identifier(Option 54) 필드를 변경하여 DHCP 서버로 유니 캐스팅한다.

DHCP Proxy Agent를 통한 DHCP 보안 기능

앞서 살펴 본 바와 같이 단말과 DHCP 서버간에 주고 받는 모든 DHCP 메시지는 DHCP Proxy Agent에서 재처리된다. DHCP Proxy Agent의 보안 기능으로, 정상적인 DHCP 절차를 통해 IP 주소를 할당 받지 않은 사용자 트래픽을 어떻게 차단하는지 그 과정을 살펴보도록 한다. [그림 10-7]은 DHCP 보안 기능의 개요를 설명하고 있다.

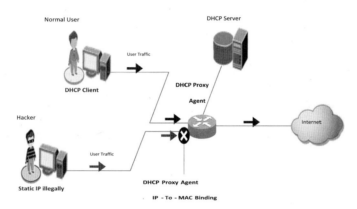

[그림 10-7] DHCP Proxy Agent의 DHCP 보안 기능

3.1 IP-to-MAC 바인딩 테이블 생성 절차

[그림 10-8]은 DHCP 메시지를 통해 DHCP Proxy Agent에 IP-to-MAC 바인딩 테이블이 생성되는 과정을 보이고 있다.

① DHCP Proxy Agent는 IP 할당(임대) 절차의 마지막 단계인 DHCP Ask 메시지의 파라미터를 파상하여 IP-to-MAC 바인딩 테이블에 단말 MAC 주소(m1), 단말 IP 주소(1.1.1.10), IP 주소 임대기간(3,600초)과 단말이 연결된 DHCP Proxy Agent의 Interface (Ge1/1) 정보를 기록한다. 또한 Expired Time 필드를 관리하게 되는데 이는 처음에 IP 주소 임대기간과 같은 값으로 설정되고, 이후 매초 마다 그 값이 1씩 감소된다.

② 단말의 T1 타이머가 Expire되면(IP 주소를 할당 받은 후 1,800초가 지나면) 단말은 IP
주소 임대기간 연장 절차를 시작하고[2], DHCP Proxy Agent는 IP-to-MAC 바인딩 테이
블의 Lease Time과 Expired Time 필드들을 DHCP Ask 메시지의 IP 주소 임대기간
(3,600초)으로 갱신한다.

③ 이후 사용자가 단말 전원을 껐다고 가정하자. 이 경우 DHCP Proxy Agent는 그 사실
을 알지 못하며 (DHCP 서버 역시 모름) Expired Time 필드는, 매 초마다 1씩 감소되
다가 3,600초가 지나면 마침내 필드 값이 0이 되어 IP-to-MAC 바인딩 테이블의 해당
엔트리가 삭제된다. 물론 단말이 DHCP Release 메시지를 DHCP Proxy Agent로 송신
하게 되는 경우에도, 해당 단말에 대한 엔트리는 삭제된다.

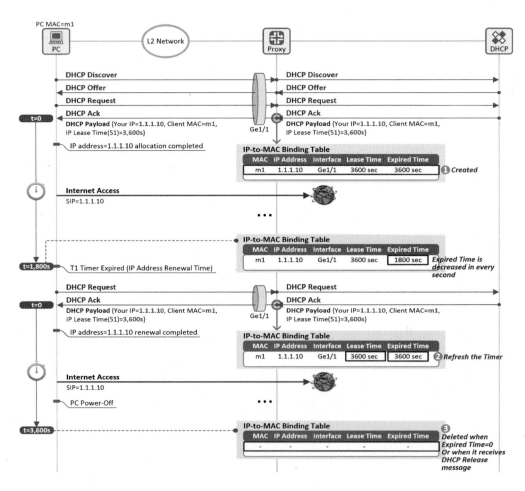

[그림 10-8] IP-to-MAC 바인딩 테이블 생성 절차

3.2 비정 트래픽 차

일반적으로 단말의 Default Gateway에 해당하는 라우터(단말이 첫 번째로 만나는 라우터)에 DHCP Proxy Agent 기능을 enable하여 사용하게 되는데, DHCP Proxy Agent는 단말의 ARP 요청 패킷(ARP Request)에 대해 MAC-to-IP 바인딩 테이블을 검사하여 단말의 유효성을 검사하게 된다. [그림 10-9]는 그 과정을 설명하고 있다.

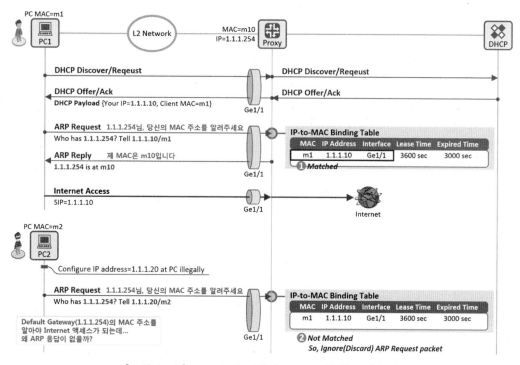

[그림 10-9] IP-to-MAC 바인딩 테이블 이용한 트래픽 차

① PC1은 정상적인 DHCP 절차를 통해 IP 주소를 할당(임대) 받았으므로 해당 단말의 정보가 IP-to-MAC 바인딩 테이블에 존재한다. PC1이 ARP Request 패킷을 보내면, 이를 수신한 DHCP Proxy Agent는 ARP Request 패킷의 Sender MAC address(m1)와 Sender IP address(1.1.1.10) 필드가 IP-to-MAC 바인딩 테이블에 존재하는지 확인 후에 단말에게 ARP Reply를 전달한다.

② PC2는 고정 IP 주소를 할당한 단말이므로 해당 단말의 정보(MAC 주소, IP 주소)가 IP-to-MAC 바인딩 테이블에 존재하지 않는다. 따라서 PC2가 보낸 ARP Request 패킷

의 Sender MAC address(m2)와 Sender IP address(1.1.1.20) 정보가 IP-to-MAC 바인딩 테이블에 존재하지 않기 때문에 DHCP Proxy Agent는 단말에게 ARP Reply를 전달하지 않는다. 따라서 PC2는 Default Gateway Router에 해당하는 DHCP Proxy Agent의 MAC 주소를 알 수 없으므로 인터넷 액세스를 할 수 없게 된다.

DHCP 보안 기능은 ARP 요청 패킷에 대한 응답 제어를 통해서 단말의 망(인터넷) 접근을 제어할 뿐이지 단말의 모든 데이터 트래픽을 검사하는 것은 아니다. 즉, 해커가 Default Gateway(DHCP Proxy Agent)의 MAC 주소를 알 수만 있다면(아는데 별로 어렵지도 않고) DHCP 보안 기능은 무력화되어 버린다. 따라서 일부 통신 사업자의 경우 좀 더 견고한 보안을 위해 BRAS(Broadband Remote Access Server)라는 장비를 도입하였고 이를 통해 가입자의 모든 상하향 데이터 트래픽을 검사한다. 국내 통신사업자 망에 도입된 대표적인 BRAS 장비로는 Juniper E320과 Red back(Ericsson company) SE800이 있다.

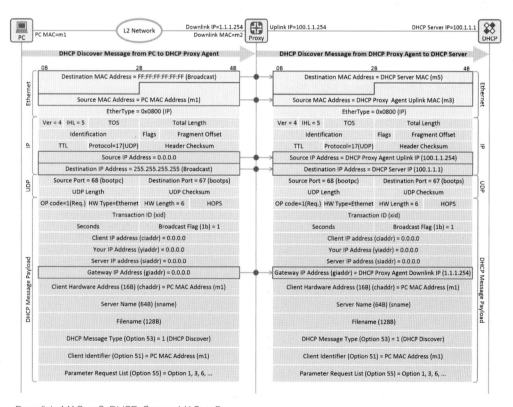

SECTION 4

IP 주소 할당(임대) 절차의
DHCP 메시지 포맷

부록 A에서는 IP 주소 할당(임대) 절차에서 DHCP Proxy Agent에 의해 변경되는 DHCP 메시지 파라 미터의 상세 예를 보인다.

4.1 DHCP Discover Message

Downlink MAC=m3 DHCP Server MAC=m5

[그림 10-10] IP 주소 할당(임대) 절차 : DHCP Discover 메시지

4.2 Ethernet Header

Destination MAC Address : Broadcast MAC 주소(FF : FF : FF : FF : FF : FF)를 DHCP 서버의 MAC 주소(m5)로 변경 Source MAC Address : PC의 MAC 주소(m1)를 DHCP Proxy Agent의 업 링크 MAC 주소(m3)로 변경한다.

4.3 IP Header

○ Source IP Address : IP 주소 0.0.0.0을 DHCP Proxy Agent의 업 링크 IP 주소(100.1.1.254)로 변경

○ Destination IP Address : IP 주소 255.255.255.255를 DHCP 서버의 IP 주소(100.1.1.1)로 변경

4.4 DHCP Message Payload

Gateway IP Address(giddy) : IP 주소 0.0.0.0을 DHCP Proxy Agent의 다운링크 IP 주소(본 메시지를 수신한 인터페이스 IP 주소인 1.1.1.254)로 변경한다.

4.5 Offer Message

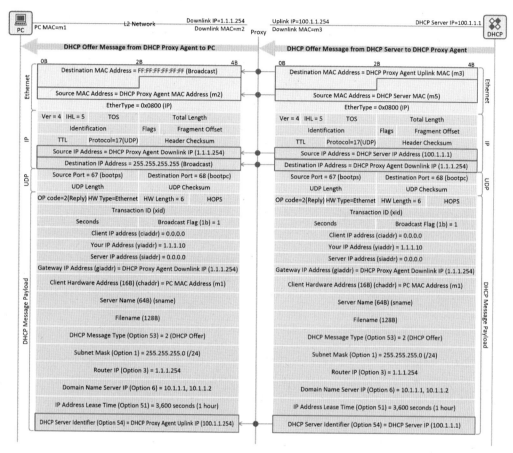

DHCP Server MAC=m5

[그림 10-11] IP 주소 할당(임대) 절차 : DHCP Offer 메시지

4.6 Ethernet Header

Destination MAC Address : DHCP Proxy Agent의 업 링크 MAC 주소(m3)를 Broadcast MAC 주소(FF : FF : FF : FF : FF : FF)로 변경

Source MAC Address : DHCP 서버의 MAC 주소(m5)를 DHCP Proxy Agent의 다운링크 MAC 주소(m2)로 변경한다.

4.7 IP Header

Source IP Address : DHCP 서버의 IP 주소(100.1.1.1)를 DHCP Proxy Agent의 다운링크 IP 주소(1.1.1.254)로 변경한다.

Destination IP Address : DHCP Proxy Agent의 다운링크 IP 주소(giddy=1.1.1.254)를 Broadcast IP 주소(255.255.255.255)로 변경(본 예에서는 Broadcast Flag=1로 가정)

DHCP Message Payload는 DHCP Server Identifier(Option 54) : DHCP 서버의 IP 주소(100.1.1.1)를 DHCP Proxy Agent의 업 링크 IP 주소(100.1.1.254)로 변경

4.8 Request Message

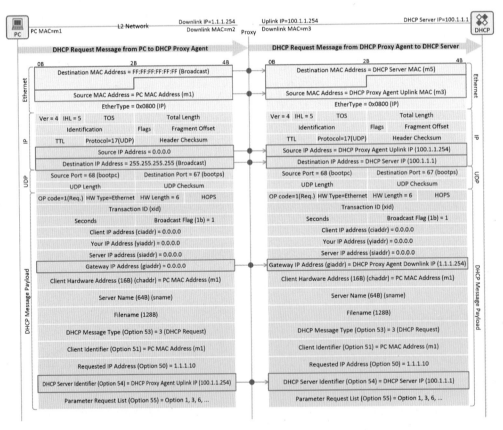

DHCP Server MAC=m5

[그림 10-12] IP 주소 할당(임대) 절차 : DHCP Request 메시지

4.9 Ethernet Header

Destination MAC Address : Broadcast MAC 주소(FF : FF : FF : FF : FF : FF)를 DHCP 서버의 MAC 주소(m5)로 변경

Source MAC Address : PC의 MAC 주소(m1)를 DHCP Proxy Agent의 업 링크 MAC 주소(m3)로 변경

4.10 IP Header

Source IP Address : IP 주소 0.0.0.0을 DHCP Proxy Agent의 업 링크 IP 주소(100.1.1.254)로 변경하며, Destination IP Address : IP 주소 255.255.255.255를 DHCP 서버의 IP 주소(100.1.1.1)로 변경 한다.

4.11 DHCP Message Payload

Gateway IP Address(giddy) : IP 주소 0.0.0.0을 DHCP Proxy Agent의 다운링크 IP 주소(본 메시지를 수신한 인터페이스 IP 주소인 1.1.1.254)로 변경하고, DHCP Server Identifier(Option 54) : DHCP Proxy Agent의 업 링크 IP 주소(100.1.1.254)를 DHCP 서버의 IP 주소(100.1.1.1)로 변경 한다.

4.12 Ask Message

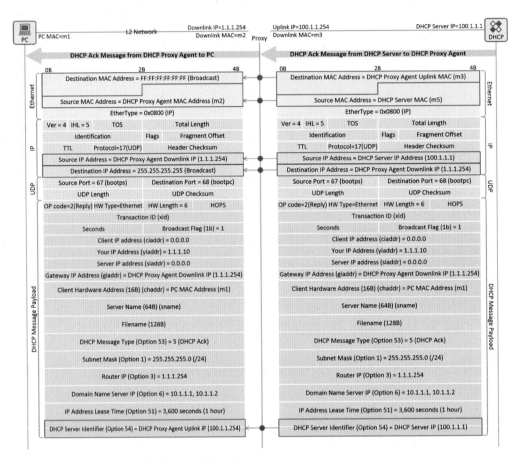

DHCP Server MAC=m5

[그림 10-13] IP 주소 할당(임대) 절차 : DHCP Ask 메시지

4.14 Ethernet Header

Destination MAC Address : DHCP Proxy Agent의 업 링크 MAC 주소(m3)를 Broadcast MAC 주소(FF : FF : FF : FF : FF : FF)로 변경하고, Source MAC Address : DHCP 서버의 MAC 주소(m5)를 DHCP Proxy Agent의 다운링크 MAC 주소(m2)로 변경한다.

4.15 IP Header

Source IP Address : DHCP 서버의 IP 주소(100.1.1.1)를 DHCP Proxy Agent의 다운링크 IP 주소(1.1.1.254)로 변경하고, Destination IP Address : DHCP Proxy Agent의 다운링크 IP 주소(giddy=1.1.1.254)를 Broadcast IP 주소(255.255.255.255)로 변경(본 예에서는 Broadcast Flag=1로 가정)한다.

4.16 DHCP Message Payload

DHCP Server Identifier(Option 54) : DHCP 서버의 IP 주소(100.1.1.1)를 DHCP Proxy Agent 의 업 링크 IP 주소(100.1.1.254)로 변경한다.

5G시대 네트워크 – 유무선 네트워크부터 5G까지

Chapter
10 연 습 문 제

1 SET(Secure Electronic Transaction)에 대한 설명 중 옳지 않은 것은?

① 초기에 마스터카드, 비자카드, 마이크로소프트, 네스케이프 등에 의해 후원되었다.

② 인터넷상에서의 금융 거래 안전을 보장하기 위한 시스템이다.

③ 메시지의 암호화, 전자증명서, 디지털서명 등의 기능이 있다.

④ 지불정보는 비밀키를 이용하여 암호화한다.

2 SYN Flooding Attack을 방어하기 위해 TCP 프로토콜에 사용되는 플래그의 설명 중 옳지 않은 것은?

① SYN(Synscronization) : 초기 TCP 연결 요청

② FIN(Finish) : TCP 연결을 즉시 종료

③ PSH(Push) : 수신측에 가능한 빨리 데이터를 전달

④ URG(Urgent) : 인터럽트

3 데이터베이스를 만들어 저장한 후 생성된 데이터베이스와 비교하여 추가·삭제되거나 변조된 파일이 있는지 점검하고 관리자에게 레포팅 해주는 무결성 검사도구는?

① TRIPWIRE   ② Nmap

③ CIS   ④ TCP–Wrapper

4 Linux 커널에서 기본으로 제공하는 넷필터(Net Filter)를 이용하여 방화벽을 구성할 수 있는 패킷 제어 프로그램은?

① iptables   ② nmap

③ fcheck   ④ chkrootkit

5 공개키 암호화 방식에 대한 설명 중 옳은 것은?

① 암호화와 복호화시 같은 키를 사용한다.

② 수신된 데이터의 부인 봉쇄 기능은 지원하지 않는다.

③ 전자 서명의 구현이 가능하다.

④ 비밀키 암호화 방식보다 처리 속도가 빠르다.

6 다음 중 스니핑(Sniffing) 해킹 방법에 대한 설명으로 가장 올바른 것은?

① Ethernet Device 모드를 Promiscuous 모드로 전환하여 해당 호스트를 거치는 모든 패킷을 모니터링 한다.

② TCP/IP 패킷의 내용을 변조하여 자신을 위장한다.

③ 스텝 영역에 Strcpy와 같은 함수를 이용해 넘겨받은 인자를 복사함으로써 스택 포인터가 가리키는 영역을 변조한다.

④ 클라이언트로 하여금 다른 Java Applet을 실행시키도록 한다.

7 웹의 보안 기술 중에서, 네트워크 내에서 메시지 전송의 안전을 관리하기 위해 네스케이프에서 만들어진 프로토콜로 HTTP에서 가장 많이 사용되며 RSA 암호화 기법을 이용하여 암호화된 정보를 새로운 암호화 소켓으로 전송하는 방식은?

① PGP   ② SSL

③ STT   ④ SET

8 Linux에서 사용자 계정 생성 시 사용자의 비밀번호에 관한 정보가 실제로 저장되는 곳은?

① /usr/local   ② /etc/password

③ /etc/shadow   ④ /usr/password

9 네트워크 보안을 위하여 설치되는 방화벽(Firewall)에서 보안 및 모니터링을 위하여 제공하는 주요 기능으로 옳지 않은 것은?

① 내부에서 행해지는 해킹 행위 방지

② 사용자 인증

③ 유용한 통계 정보를 제공할 수 있는 로깅 기능

④ 바이러스에 감염된 프로그램의 전송 방지 기능

11

웹 보안

개 요

웹 위협은 크게 외부망을 통한 1차 해킹과 내부망에서의 2차 해킹으로 분류된다. 1차 해킹을 통해 내부 시스템에 접근이 가능하도록 한 후, 내부 시스템을 통한 2차 해킹 (기밀 정보 유출, 악성코드 삽입 등)을 시도하는 식이다. 해킹 사례들을 얼핏 보면 다양한 경로를 통해 해킹이 이루어지는 것 같지만, 막상 분류를 정리해보면 이 분류를 크게 벗어나지 않는다.

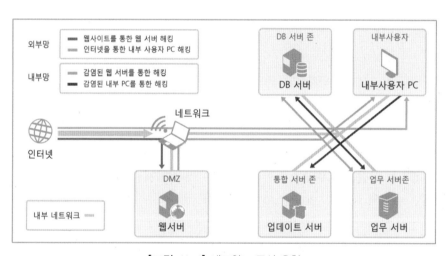

[**그림 11-1**] 네트워크 구성 유형

1차 해킹인 외부망을 통한 위협에는 크게 웹 서버 해킹과 내부 PC 해킹이 있다. 웹 서버 해킹은 일반적으로 웹사이트를 통해 이루어진다. SQL Injection1 등의 웹 공격을 통해 웹 서버를 해킹하여 관리자 계정을 확보하고 내부 시스템으로 침투할 수 있는 발판을 마련하는 목적으로 시도된다.

내부 PC 해킹은 내부 사용자의 실수로 웹사이트나 메일을 통해 악성코드가 설치되거나 비인가 저장매체 사용, 사내 직원 인식 부족, 협력사 직원의 악의적 행동 등으로 기업 내 시스템 침입 등 다양한 위험들이 존재하며 이외에 내부 PC에서 사용중인 특정 애플리케이션의 업데이트 서버가 해킹 당한 경우, 이 업데이트 서버 접속을 통해 내부 PC가 해킹 당하는 경우도 존재한다.

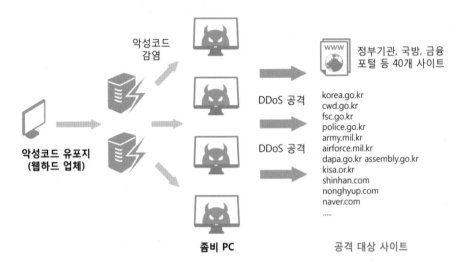

[그림 11-2] 악성 코드 감염을 통한 DDoS 공격 시도 전개도

웹 서버나 내부 PC가 감염 당하게 되면, 이를 통해 기업 내부 시스템에 접속이 가능하기 때문에 DB서버나 업무 서버 접속을 통한 정보 유출, 통합 서버 존 접속을 통한 내부 시스템 장악 및 파괴 등과 같은 내부망을 통한 2차 해킹이 발생하게 된다. 또 내부 PC가 좀비 PC화 되어 DDoS 공격에 악용될 위험도 존재한다.

1.1 웹 보안에 대한 올바른 이해

보안이라는 단어가 완벽함을 보장하기 어렵듯이, 웹 보안 역시 완벽에 가까운 보안을 달성하기 위해서는 전문가라 하더라도 구축 설계부터 운영까지 많은 어려움이 따른다. 웹 보안의 경우 현재 표준화된 보안 대책이 따로 없어 제 각각 보안을 구축하고 있는 상황이다. 대부분의 기업들이 웹 보안 솔루션을 운영하고 있지만 각각의 환경에 알맞은 솔루션이 운영되는 곳은 그리 많지 않다. 이는 웹 보안 솔루션의 종류가 다양하고 해당 솔루션들이 각각의 역할에 따라 설치 및 운영 되고 있지 못하고 있기 때문이다. 안전한 웹 보안을 위해서는 기업의 보안 담당자가 웹 보안에 대하여 충분히 이해하고, 자사의 IT 시스템에 맞는 웹

웹 보안 11

보안을 구축하는 것이 필요하다. 이를 위해서는 우선 자사의 IT 시스템에 대한 적절한 이해와 파악이 선행되어야 한다. 기업 내 IT 시스템 구조를 이해하기 위해서는 우선 IT 시스템 구조에 대한 이해가 필요하다. 일반적으로 IT 시스템은 크게 네트워크, 시스템, 애플리케이션 계층으로 구성되어 있다.

가장 하단에 있는 네트워크 계층은 데이터의 송수신과 관련된 통신을 담당하는 역할을 하고, 시스템 계층은 우리가 흔히 알고 있는 Windows, Linux와 같은 운영체제가 하는 역할처럼 여러 애플리케이션이 동작할 수 있는 플랫폼 역할을 한다. 애플리케이션은 최상위 계층으로 여러 가지 기능을 가지고 동작하는 프로토콜 및 응용 서비스 제공 역할을 한다. 서버의 시스템 구조도 이 IT 시스템 구조를 기본적으로 따르고 있기 때문에, 결국 안전한 서버 보안이란, IT 시스템의 세 가지 계층의 보안, 즉 네트워크 보안, 서버 시스템 보안, 애플리케이션 보안이 모두 안전하게 구축된 것을 의미한다.

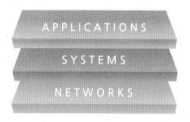

[그림 11-3] IT 시스템 모델 계층

1.2 네트워크 보안

네트워크 보안은 쉽게 말해 외부 보호막이라고 생각하면 된다. 시스템 내부와 시스템 외부 사이에 방화벽을 위치시켜 내/외간 비정상적인 통신이나 패킷을 차단하는 역할을 한다. 네트워크 보안을 위해서는 안전하지 않은 IP나 Port에 대한 접근 제어가 필요하고, 허용한 IP나 PORT로 들어온 트래픽에 대해서도 유해성 여부를 체크할 필요가 있다. 이를 위해 대부분의 기업은 방화벽(Firewall)과 침입탐지3 /방지시스템4 (IDS/IPS)를 구축한다. 하지만 방화벽의 경우 허용된 IP나 Port로부터의 공격은 막을 수 없고, 또 IDS/IPS에서 이루어지는 네트워크 계층에서의 유해성 검사는 애플리케이션 계층에 대한 이해가 없이 이루어지기에 애플리케이션 취약성을 노린 공격에 대해서는 방어가 불가능하다는 한계가 있다.

1.3. 서버 시스템 보안

시스템 보안은 대부분 O/S와 연관된 항목이 많다. Windows, Linux, Unix 등의 O/S에 대한 개발 및 제공을 담당하는 제조업체들은 자사의 시스템에 대한 주기적인 보안 업데이트 및 패치를 통하여 알려진 웹 위협에 대하여 대비하고 있다. 기업의 보안 담당자는 보안 업데이트 및 패치뿐만 아니라, 주기적으로 시스템 악성코드 점검을 통하여 시스템을 항상 안전한 상태로 유지해야 한다. 이를 위해 기업들은 주로 안티바이러스 솔루션을 구축한다.

1.4. 웹 애플리케이션 보안

애플리케이션 계층은 네트워크 계층이나 시스템 계층에 비해 고도화 되어 있고, 애플리케이션의 종류도 다양하기 때문에, 대부분의 보안 관리자들이 보안을 적용함에 있어 많은 어려움을 겪는다. 침입차단시스템(Intrusion Prevention Systems) 방화벽의 웹은 모두 우리가 일반적으로 이용하는 애플리케이션으로 구성이 되어 있다. 웹사이트, 모바일 앱 등은 모두 애플리케이션으로 구성이 되어 있고, 이를 타겟으로 공격하는 웹 공격 또한 애플리케이션의 취약성을 이용한 애플리케이션 공격이 대부분이다. SQL Injection, XSS과 같은 유명한 웹 공격도 결국 모두 웹 애플리케이션인 웹사이트의 취약성을 노린 공격이고, 웹 쉘이라고도 불리는 웹 기반 악성코드 또한 php등으로 구성된 웹 애플리케이션이다. 웹 보안 업계에서 유명한 OWASP(The Open Web Application Security Project)에서 선정한 Top 10 웹 취약점 또한 모두 웹 애플리케이션 공격이다. 즉, 현재 이루어지고 있는 웹 공격의 90% 이상은 모두 웹 애플리케이션을 노린 공격이라고 해도 과언이 아니다. 결국 안전한 웹 보안을 구축하고자 한다면 안전한 웹 애플리케이션 보안 구축이 필연적이다. 이를 위해 주로 기업들은 웹 취약점 스캐너, 웹 방화벽, 웹 악성코드 탐지, 시큐어 코딩, 데이터 암호화 등과 같은 솔루션을 구축하고 있다.

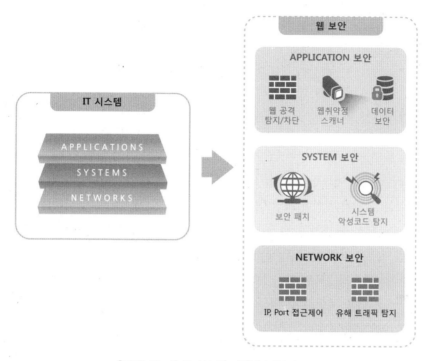

[그림 11-4] IT 시스템 계층별 보안 요소

안전한 웹 보안의 개념

웹 보안에 있어 애플리케이션 보안이 가장 중요한 부분이지만 정작 애플리케이션 보안은 투자비용 측면에서도 네트워크 보안의 1/10에 불과하며 또 어떻게 보안을 구축해야 하는지에 대한 어려움 때문에 적절한 보안이 이루어지지 않고 있다. 기업의 보안 관리자들은 다양한 웹 보안 솔루션을 도입하여 웹 공격에 대비하고 있다. 하지만, 자사에서 구입하고 관리하는 웹 보안 솔루션의 역할이 무엇이고, 이 중에서 애플리케이션 보안과 연관된 솔루션이 무엇인지 정확하게 구분할 수 있는 보안 관리자는 그리 많지 않다. 다시 말해 기본적인 네트워크 보안 솔루션을 제외하고, 애플리케이션 보안에 있어서 적절한 웹 보안 솔루션을 적용하고 운영 중인 기업이 많지 않다는 이야기이다. 이러한 애플리케이션 환경은 기업의 전반적인 보안 수준을 낮추고 있으며, 나아가 해커들의 잠재적인 공격 대상이 될 수 있다. 애플리케이션 구축은 집짓기와 비교를 하면 이해가 쉽다. 집을 어떻게 짓느냐에 따라 집이 안전할 수 있듯이 애플리케이션을 어떻게 구축하느냐에 따라 애플리케이션의 안정성이 결정된다.

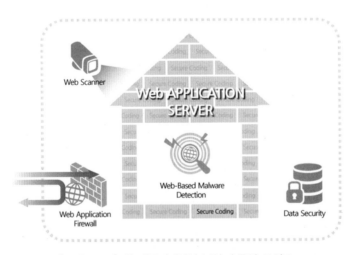

[그림 11-5] 웹 애플리케이션 보안 솔루션 모식도

따라서 애플리케이션 보안은 구축 초기인 개발 단계부터 구축 이후의 유지보수에 이르기까지 모든 단계에 걸쳐 신경을 써야 한다. 하지만, 이를 실천하기 힘든 가장 큰 이유는 적절한 가이드라인의 부재도 있겠지만, 웹 애플리케이션 보안을 쉽게 이해하기 어렵다는 점이 있다. Web Scanner, Web Application Firewall 등 용어 자체의 뜻은 알 수 있지만, 정확한 기능이나 동작위치 등을 쉽게 이해하기가 어렵다.

2.1 시큐어코딩 (Secure Coding)

개발 단계는 집을 짓는 과정이라고 생각할 수 있다. 우선, 집을 지을 때 가장 기본이 되는 역할로 기초가 튼튼해야 보다 안전한 집을 지을 수 있을 것이다. 그점을 고려하여 단단한 지반에 튼튼하고 안전한 벽돌로 집을 지어야 한다. 개발 단계는 집을 짓는 과정이라고 생각할 수 있다. 우선, 집을 지을 때 가장 기본이 되는 역할로 기초가 튼튼해야 보다 안전한 집을 지을 수 있을 것이다. 그점을 고려하여 단단한 지반에 튼튼하고 안전한 벽돌로 집을 지어야 한다. 개발과정에서 개발자의 지식부족이나 실수, 또는 각 프로그래밍 언어의 고유한 약점 등 다양한 원인으로 발생할 수 있는 취약점을 최소화하기 위하여, 설계 단계부터 보안을 고려하여 코드를 작성하는 제작방식의 의미를 가지고 있다. Gartner 조사에 따르면 릴리즈 이전 소프트웨어에서 취약점을 50% 감소시키면 침해사고 대응 비용이 75%가량 감소한다고 한다. 안전하지 않은 개발 환경에 다른 웹 보안 솔루션을 도입하는 것은 아랫돌 빼어 윗돌 괴는 것처럼 임시방편에 불과하다.

2.2 웹 스캐너 (Web Scanner)

또한, 집이 완성된 이후에 벽돌에 금이 간 것은 아닌지, 집이 기울어진 것은 아닌지 확인할 필요가 있다. 외부에서 애플리케이션을 점검하는 웹 스캐너를 주기적으로 실행해서 확인할 필요가 있다. 웹 스캐너는 웹 취약점 점검 툴로 불리며, 웹 애플리케이션 외부에서 통신을 통하여 잠재적인 취약점이나 설계상의 취약점을 분석하는 프로그램이다. 시중에는 많은 종류의 웹 스캐너가 판매되고 있으며, 비상업적 용도로도 제공되는 다양한 웹 스캐너가 있다. 다양한 만큼 웹 스캐너의 성능은 다를 수 있지만, 확실한 것은 효과를 보기 위해서는 꾸준한 점검을 통하여 애플리케이션의 상태를 주기적, 지속적으로 확인해야 한다는 것이다.

2.3 웹 서버 악성코드 탐지 (Web-based Malware Detection)

그 이후에 집안 내부에서도 비가 새는 것은 아닌지, 벌레가 숨어 들 수 있는 구멍은 없는지 체크할 필요가 있다. 애플리케이션 내부를 점검하는 솔루션에는 웹 서버 악성코드 탐지 솔루션이 있다. 일반적으로 웹 서버 악성코드(Web-Based Malware)는 웹 쉘(Web Shell) 이라고 불리며, 애플리케이션 내부에서 동작하는 악성코드이다. 해커는 웹 쉘을 통해 보안 시스템을 우회하여 별도의 인증 없이 시스템에 접속하는 것이 가능하다. 이를 점검하기 위해서는 전문적으로 웹 쉘만 탐지해주는 솔루션을 활용하여 서버 내부에서 탐지하여야 한다. 웹 스캐너와 동일하게 웹 서버 악성코드 탐지 솔루션도 주기적인 점검과 실행이 필수적이다.

2.4 웹방화벽 (Web Application Firewall)

이제 애플리케이션이라는 집을 안전한 벽돌로 제작하고, 외부/내부적으로 점검하였다. 그렇다면 이것이 끝일까? 집을 짓고 나면 우리는 예상치 못한 외부의 접근으로부터 집을 지키고, 미처 발견하지 못한 내부의 위험 요소를 최종적으로 보완하고자 울타리나 담을 제작하게 된다. 애플리케이션 보안에서 이러한 울타리를 웹방화벽(Web Application Firewall) 이라고 부를 수 있다. 웹방화벽은 웹을 통한 외부의 침입이나 웹 공격을 탐지하고 대응하는 역할을 한다. 특히 시큐어코딩, 웹 스캐너가 담당하는 웹 보안 취약점을 외부에 노출되지 않도록 보안해 줄 뿐만 아니라 이 솔루션들에게 공격이 다다르기 전에 외부에서 차단하는 역할을 수행한다. 또한 웹 서버 악성코드가 웹 서버로 업로드 되는 것 역시 막아준다. 이는 일반적인 방화벽(Firewall)과 다르게 웹방화벽이 웹 애플리케이션에 특화되어 개발되어 있기에 가능한 역할이다. 또한, 다른 솔루션과 달리 서버에 구축/적용하는 비용이 들지 않고, 외부에 편리하게 설치할 수 있다. 웹보안의 정석 18 최신 웹방화벽의 경우 광범위하고 다양한 웹 공격을 실시간으로 차단하고, 학습 모드를 통한 룰 적용이 가능한 특징을 지닌다.

2.5 데이터 보안 (Data Security)

　마지막으로 집안에 가장 중요한 현금, 통장과 같은 재산을 어떻게 보관할지 중요하다. 애플리케이션에서 이러한 재산을 개인정보나 카드정보, 계좌정보와 같은 중요 데이터(Data)로 볼 수 있다. 일반적인 웹 애플리케이션 환경에서는 데이터베이스(DB)를 구축하여 데이터를 보관하고 관리한다. 데이터를 안전하게 관리하기 위해서는 데이터 보안과 연관된 웹 보안 솔루션을 도입하여 안전하게 데이터를 관리하여야 한다. 일반적으로 데이터를 암호화함으로써 해커가 최종적으로 노리는 데이터를 알아볼 수 없게 만드는 데이터 암호화 솔루션을 많이 도입하고 있다. 하지만 암호화로 끝나는 것이 아니라 누가 접근할 수 있고, 언제 접근하였는지를 확인하는 접근제어와 감사 로그에 많은 주의를 기울어야 한다. 또한 데이터 암호화에 있어서는 암호화된 데이터를 열어 볼 수 있는 키(Key) 관리가 매우 중요하기에, 키 관리에도 각별히 주의하여야 한다. 사실 시큐어 코딩부터 데이터 보안까지의 전 과정은 한 분야의 전문가가 담당해야 한다기 보다는 각 분야의 전문가의 관리가 필요한 다소 분업이 필요한 형태라고 할 수 있다. 개발자부터 기업 내 관리자까지 각자의 역할에서 충분히 발휘해야 보다 완전한 보안을 이룰 수 있기 때문이다. 또, 위와 같은 시스템을 구축하는 것만으로는 안전한 웹 보안은 달성할 수 없다. 각 솔루션 요소의 설명에서도 언급하였듯이, 지속적인 관리를 통해 보안 상태를 확인하고 보완하는 과정이 필수적으로 동반되어야만 한다.

SECTION 3

보안환경

3.1 브라우저 · 호스트 · 서버 보안

안전한 웹 보안 환경을 구축하기 위해서는 3개 요소가 제대로 운용 되어야 만이 비로소 안전 한 환경을 구축한다고 볼 수 있다. 이 3개 요소는 웹 브라우저 보안, 서버가 탑재되는 호스트 보안과 웹 서버 보안이다.

3.1.1. 브라우저 보안

현재 가장 보편적으로 사용되고 있는 브라우저는 네비게이터, 익스플로러와 핫자바 (Hot Java)가 있다. 이외에도 많은 브라우저들이 개발되어 사용되고 있다. 설명하고자 하는 내용은 모든 브라우저에 공통적으로 적용되는 점들을 나열한다. 브라우저 사용자들은 브라우저를 사용할 때 프라이버시 문제와 보안 문제점을 이해하고 있어야 한다. 대부분의 사용자들이 웹을 항해할 때 인터넷 쇼핑, 재미있는 자료, 다양한 광고 별 의심없이 보는데 자신의 프라이버시 정보가 상상외로 쉽게 노출될 수 있다는 점을 모르고 있다.

브라우저는 사용자가 인터넷을 항해한 정보를 가지고 있다. 만약 이 내용이 유출되었을 경우 사용자의 관심사나 인터넷 항해 습관에 대한 프라이버시가 노출되게 된다.

○ 전자메일을 통하여 받거나 보낸 메시지의 모든 내용이 하드디스크에 저장되어 있으므로 이 내용이 유출되었을 경우 사용자가 언제 누구와 어떠한 내용의 메시지를 주고받았는지 알 수 있다.

○ 모든 웹 브라우저는 자체 내의 캐시를 사용하고 있다. 이는 사용자가 같은 사이트를 반복적으로 방문하였을 경우 그 페이지를 다시 다운로드하기 보다는 캐시에 저장되어 있는 내용으로 보여주도록 하여 시간을 절약하는 방법이다. 하지만 공격자가 캐시 디렉터리를 찾아낼 수 있다면 앞에서 언급한 바와 같이 사용자의 관심사항 및 항해 습관

을 파악할 수 있으며 악성 코드를 캐시에 저장한 후 실행하게 하는 경우가 발생할 수 있다.

○ 외부 프락시 서버를 사용할 경우 내부 네트워크에서는 사용자가 인터넷의 어느 곳을 방문하는지 알 수 없지만 프락시 서버 운용자는 사용자의 인터넷 항해 내용을 전부 가지고 있다는 점이 보안상 불리하다.

○ 자바와 자바 스크립트는 웹 페이지에 화려함을 더해 주지만 그에 따른 보안상의 많은 취약점을 가지고 있다. 그러므로 사용자는 신뢰할 만한 사이트를 방문할 경우를 제외하고는 자바와 자바 스크립트 기능을 사용하지 말 것을 권장하고 있다.

○ 브라우저가 복잡한 기능을 제공함에 따라 사용자들이 브라우저가 내장하고 있는 보안 옵션을 이해하거나 관심을 두지 않는 경향이 있다. 브라우저 구입시 설정되어 있는 기능은 사용자의 편의를 위주로 설정되어 있으므로 옵션을 적절히 설정하여 보안성을 강화시켜야 한다.

○ 브라우저가 다운로드 받은 파일을 처리하지 못할 때, 플러그인 프로그램을 이용하여 실행하게 된다. 그러나 플러그인 프로그램이 악성일 수 있으므로 주의하여야한다.

○ 브라우저 사용중에 나오는 pop-up 창에 내용을 확인하지 않고 yes를 클릭하는 경우, 보안상 취약한 환경이 될 수 있다.

3.1.2 호스트 보안

호스트는 웹 서버 프로그램이 수행되는 컴퓨터를 말하며, 호스트가 안전한 운용체제 환경에서 운용 되어야 수행되는 서버 프로그램이 안전하다. 호스트를 안전하게 운용하기 위해서는 다음의 7가지 사항을 준수해야 한다.

(1) 간략성

안전한 정보 시스템을 구축할 때 간략성이 매우 중요하다. 웹 서버를 구축하는데 있어서 보안에 민감한 기능은 타 시스템과 별도로 구축하여야 한다. 또한 서버에 필요 없는 기능은 모두 없애야 한다. 즉, NFS 데모니 필요 없다면 아예 없애도록 하며 C 컴파일러가 필요 없다면 인스톨하지 말아야 한다. 서버에서 많은 기능을 제공하면 할수록 각 기능의 취약점으로 인한 위험 부담을 감수하여야 한다. 마지막으로 서버에 로그인할 수 있는 인원의 수를 최소화하여야 한다. 관리자는 지속적으로 사용자 명단을 검토하여 불필요한 인원의 로그인을 가능한 한 줄이도록 노력하여야 한다.

(2) 슈퍼 유저 권한

서버에 최소한의 기능만을 수행하도록 한다 하더라도 슈퍼 유저의 권한은 호스트 보안의 기초가 되는 것으로서 꼭 권한을 필요로 하는 사람 이외에는 어떠한 방법으로도 슈퍼 유저 권한을 가질 수 없도록 하여야 한다.

(3) 접근통제

접근통제는 누가 무엇에 어떻게 접근할 수 있는가를 결정하는 것으로 서버에서의 접근통제는 다른 시스템의 접근통제와 같으나 그것과 비교할 때 더 중요하다고 볼 수 있다.'

(4) 책임추적성

인터넷은 다양한 플랫폼의 컴퓨터가 상호 연결되어 운용된다. 이러한 환경에서 모든 시스템을 완벽하게 통제하기란 매우 어렵다. 그러므로 정확하게 파악하기 위해서는 누가 무엇을 사용하여 어떠한 작업을 수행 하는지에 대한 정확한 정보를 기록해 두어야 한다. 정확하게 통제할 수 없다면 누구의 책임인가를 밝힐 수 있는 최소한의 정보는 기록해 두어야 한다.

(5) 감사

호스트 보안을 담당하는 자는 컴퓨터 시스템에 능통한 자일 수도 있지만 인간이 완벽하지 않다는 점을 감안할 때 감사는 필수적이라고 할 수 있다. 감사를 자주 할수록 보안에 유리 하나 업무 효율성이 떨어질 수 있다. 하지만 호스트 시스템이 자주 바뀐다거나 여러 사람이 서버를 관리하는 경우 또는 관리해야 하는 데이터의 양이 많고 해커의 표적이 되는 서버를 운용할수록 감사는 자주 이루어져야 한다.

(6) 공고

보안 취약점을 여러 사람에게 알리는 역할 역시 호스트 보안에 매우 중요하다. 이는 시스템의 취약점을 파악하며 패치를 사용하여 시스템을 안전하게 하거나 사용자가 취약한 소프트웨어를 사용하지 않도록 하여 안전한 시스템을 운용할 수 있도록 한다. 시스템과 소프트웨어의 취약점을 파악하여 알려주는 기관이 있다. 이들은 한국정보보호센터의 한국 전산망 침해사고 대응지원팀(CERTCC-KR) ; http://www.certcc.or.kr, 침해사고 대응지원(CERT) ; http://www.info.cert.org, 미 에너지성의 Computer Incident Advisory Capability(CIAC) ; http://ciac.llnl.gov와 World Wide Web Consortium(W3C) ; http://www.w3.org 등이 있다.

(7) 복구

정보보호에 있어서 가장 중요하면서도 기초가 되는 것이 바로 백업이다. 아무리 시스템 관리자와 사용자가 완벽한 보호 체제를 갖추고 있다 하더라도 100% 안전한 시스템이란 없다. 만약 시스템이 침해 사고를 당하거나 관리자 또는 사용자의 실수로 데이터나 시스템에 이상이 생겼다면 사고 전 상태의 업무 환경으로 복구하는 것이 제일 급선무이다. 이는 사고 전 상태로 돌아가 지속적인 업무를 수행할 수 있도록 하는 최선의 방법이다. 관리자는 정기적으로 시스템을 백업하여야 하며 특히, 업무상 중요한 데이터는 자주 백업해 두어야 한다.

서버 설치관리

4.1 서버 보안

앞에서 언급된 7가지 사항을 잘 준수하여 안전한 호스트를 구축한다면 다음은 그 위에 서버를 안전하게 구축하여 운용하는 것이다. 서버는 다른 호스트와는 달리 위험에 매우 취약하다. 그러므로 서버에 로그인 할 수 있는 사용자 인증 기능에 특별한 관심을 가져야 한다. 다음은 서버의 안전한 설치와 관리 및 기본 인증, IP 주소를 이용한 접근통제와 패스워드 검사 및 네트워크 주소를 병합한 접근통제에 대해 알아보기로 한다.

가. 웹 서버의 안전한 설치와 관리

○ 루트가 아닌 nobody, daemon, 웹 등과 같이 비 특권 사용자로 서버 실행

○ 디렉터리의 접근권한 관리

○ cheroot 환경을 구성하여 하나의 가상 파일시스템 구축

○ 침입차단시스템(firewall)과의 연계

(1) 비 특권 사용자로 서버 실행

일반적으로 웹 서버는 intend가 fork하여 동작하지는 않는다. 그러나 웹 서버인 httpd가 일반적으로 inetd를 통해서 루트 권한으로 동작한다 할지라도, 일단 httpd가 수행된 뒤에는 cone/httpd.conf 구성파일에 지정된 UID로 동작하게 된다. 부분의 경우 cone/httpd.conf 파일에 User로서 루트를 설정해 두는 경우가 많은데, 이는 매우 위험한 일이다. 이러한 경우 httpd는 루트 권한으로 동작하고 있으므로, CGI의 취약점을 통해 시스템 파일에 접근할 수 있게 된다면, /etc. /passed 파일의 내용을 고치는 등의 크래킹이 가능하다. 그러므로, 아래와 같이 cone/httpd.conf 파일에 User와 Group을 설정한다.

User/Group : httpd를 수행하는 사용자나 그룹의 이름 또는 ID를 지정한다.

User webmaster : 해당 User는 임의로 설정할 수 있다. 단, root는 제외 Group staff : /etc. /group 내 임의의 group도 설정가능 즉, 일단 루트가 시스템 부팅 시에 hatted를 동작시키 더라도, httpd.conf 파일을 참조하여, httpd 프로세서의 소유자를 'webmaster'로 전환하게 되 며, 파일시스템에 해커가 접근 가능하게 되더라도, 중요한 시스템 파일의 내용을 바꿀 수는 없게 된다.

(2) 디렉터리 접근 권한

웹 서버가 설치된 디렉터리의 접근 권한 관리에도 매우 주의해야 한다.

drawer-or-x 5 WWW WWW 1024 Aug 8 00:01 chi-bin/ drawer-x--- 2 WWW WWW 1024 Jun 11 17:21 conf/ -rwx------ 1 WWW WWW 109674 May 8 23:58 httpd drwxrwxr-x 2 WWW WWW 1024 Aug 8 00:01 htdocs/ drwxrwxr-x 2 WWW WWW 1024 Jun 3 21:15 icons/ drwxr-x---2 WWW WWW 1024 May 4 22:23 logs/

위와 같이 접근권한이 설정되어 있을 경우 어차피 hatted 데모는 루트의 권한으로 수행되 었다가 UID가 바뀌는 것이므로, 차라리 내부의 공격에 비하여 소유자를 root로 바꾸는 것 이 더 나을 것이다. 또한, 외부인이 cgi-bin에 포함된 cgi 스크립트를 주의 깊게 살펴볼 수 있다면 취약점을 찾아낼 수 있으므로, cgi-bin 디렉터리의 통제권한은 711 즉, rwx--x--x로 해두는 것이 가장 바람직하다.

(3) 서버 구성 파일

웹 서버를 구축하면 다음과 같은 네 개의 파일이 생성된다. 이 파일들은 웹 서버를 운용 하는데 있어서 기본 옵션을 설정해주는 파일들이다. access.conf 파일은 서버 관련 파일 및 서버에서 사용하는 문서파일에 한 접근통제 권한을 설정하여 준다. httpd.conf 파일은 웹 서버 운용에 있어서 가장 기본적인 옵션을 설정하는 파일이다. mime. Types 파일은 파일 확장자와 MIME 파일 형식 간의 매핑 정보를 저장하여 둔다. srm.conf 파일은 server

Resource Map이라고 불리며, 도큐먼트 소유자가 누구 인지에서부터 시작하여, CGI 스크립트는 어디에 존재하는지 등, 서버의 자원에 관한 전반적인 내용을 담고 있는 설정파일이다. 이러한 파일들은 루트 외에는 통제할 수 있어서는 안 되므로, 소유자는 반드시 루트이어야 하며 통제권한은 600 즉, rw------으로 해두어야 한다.

(4) chroot 환경

chroot 환경을 만들면 사용자가 설정한 디렉터리가 루트가 된다. 외부의 접근 시 상위 디렉터리 접근은 불가능하다. 새 루트에는 인터프리터나 구성 파일이 없어야 한다.

```
Cheroot /path/to/new/root /server-root/hatted
```

(5) 웹 서버와 침입차단시스템

침입차단시스템을 설치할 경우에는 침입차단시스템 내의 내부 네트워크에 웹 서버를 설치하는 것은 매우 위험하다. 서버가 해킹 당한다면 침입차단시스템의 설치는 의미가 없어진다. 그러므로 침입차단시스템 외부에 웹 서버를 설치해야 한다. 그래서 웹 서버가 해킹당하더라도 해커는 침입차단시스템을 뚫어야지만 내부 네트워크의 시스템에 접근할 수 있게 된다.

나. 로그파일 관리

서버 프로그램에는 logs라는 디렉터리가 존재하고, 그 밑에는 access.log와 error.log라는 파일이 존재한다. access.log에는 서버에 접근 성공한 내용이 기록되고 error.log에는 접근에 실패한 내용이 기록된다. access.log에 기록된 내용을 보면 다음과 같다.

```
〈xxx.xxx.xxx.18--[21/Nov/1996:15:10:53+0900]GET/security/title.html  HTTP/1.0  200  325〉
```

이 기록에 의하면, xxx.xxx.xxx.18이라는 호스트에서 1996년 11월 21일 오후 3시 10분에 서버에 연결하여, security/title.html 파일을 열람했다는 것을 알 수 있다. Error_log에 남는 기록의 내용은 다음과 같다.

⟨[Wed Nov 1 14:37:09 1996] httpd : access to /WWW/hatted/hotdogs/auth3/tip.html failed for 111.111.111.111, reason : client denied by server configuration⟩

이 기록은 /WWW/hatted/hotdogs/auth3/tip.html 문서에 1996년 11월 1일 오후 2시 37분에 누군가가 접근하려다가 서버가 요구하는 조건에 맞지 않아 접근이 거부된 기록을 보여준다.

access.log와 arror.log를 사용하여 서버의 이용상태에 대한 정보를 파악할 수 있고, 만약 서버에 문제가 발생했을 경우, 이 로그 파일을 통하여 침입에 대한 증거를 확보할 수 있다. 하지만, 이 파일이 불법침입과 같은 사고를 미리 방지해 줄 수는 없으며 위의 형태와 같은 자료가 파일에 계속 누적되어 쌓이므로 나중에 문제가 발생하여 파일을 검사할 때에 검색자에게 편리한 인터페이스를 제공해 주지 못한다. 더욱이 접근이 빈번하게 일어나는 서버의 경우 이 로그파일의 크기가 빠르게 커지기 때문에 로그 파일의 유지, 관리가 문제점으로 남게 된다.

다. 사용자 ID와 패스워드를 이용한 기본 인증(Basic Authentication)

HTTP 버전 1.0부터 제공된 클라이언트 인증 방법이다. HTTP에서 지원하기 때문에 HTTP를 사용하는 모든 브라우저와 서버 사이에서 이용할 수 있다. 이 방법을 사용하기 위해서는 몇 개의 파일을 작성해 주어야 한다. 필요한 파일은 .hatches, .htpasswd, .htgroup이다. 각 파일의 내용을 보면, .htaccess는 접근통제를 요구하는 디렉토리마다 하나씩 존재한다. 이 파일에는 해당 디렉터리에 접근을 허용하는 사용자 ID의 목록, .htpasswd 파일의 위치 등을 명시해준다. 내용을 보면 다음과 같다.

```
AuthUserFile /otherdir /.htpasswd
AuthGroupFile /dev/null
AuthName ByPassword
AuthType Basic
⟨Limit GET⟩ require user foo
⟨/Limit⟩
```

위의 내용을 살펴보면, 제일 윗줄의 Auth User File에는 사용자의 패스워드를 저장하고 있는 파일의 패스를 지정해 준다. .ht passwd에는 각 사용자의 등록된 로그인명과 암호화된 패스워드가 저장되어 있다.

접근이 허용된 사용자의 수가 많을 경우, 관리의 효율성을 위해 htgroup 파일을 만들어 모든 사용자 ID를 저장하고, .htaccess 파일에는 .htgroup 파일이 있는 곳의 패스를 지정해 준다. 사용자 ID를 모두 저장하고 있는 파일을 지정해 준 곳이 두 번째 줄의 Auth Group File 이다. AuthName의 ByPassword는 접근통제 방식으로 패스워드를 사용하고 있다는 것을 나타낸다. 위에서 AuthType은 이 방법이 기본인증(Basic Authentication)이라는 것을 나타낸다. 〈Limit GET〉을 사용한 이 접근통제 방식은 GET 메쏘드(method)를 이용한 요청에 해당한다는 것을 나타낸다. Require user는 패스워드 검사를 통해 접근이 허용되는 사용자의 ID 리스트를 지정해 놓는다. 위의 예에서는 foo에게 접근이 허용되고 있다. foo는 올바른 패스워드를 입력함으로써 해당 디렉터리에 있는 자료 열람이 허용된다.

하지만, 이 방법이 완벽한 접근통제를 구현해 주는 것은 아니다. 클라이언트가 입력한 패스워드는 암호화되지 않고 단지 uuencode된 형태로 서버에까지 전송되기 때문에 도중에 네트워크 상에서 패스워드가 노출될 수 있다. 패스워드가 노출되면 접근권한이 없는 사람이 그 패스워드를 사용하여 적합한 사용자인 것처럼 가장한 후 서버에 접근할 수 있다. 또한 등록 되어 있는 사용자의 수가 너무 많거나, 이의 패스워드를 자주 변경해 주어야 할 경우에는 서버 관리자에게 너무 큰 업무부하가 주어지는 문제점이 발생한다.

라. IP 주소를 이용한 접근통제

사용자 인증을 위해서 HTTP에서 제공하는 또 하나의 방법으로 클라이언트의 IP 주소를 이용한 접근통제 방법이 있다. 이 방법을 사용하기 위해서는 .htaccess 파일에 사용자 ID가 아닌 클라이언트의 주소를 지정해 줌으로써 접근을 허용하거나 거부할 수 있다. 만약, xxx.xxx.xxx이라는 도메인에서 오는 요청을 허용하려면. htaccess 파일에 allow from xxx. xxx.xxx.*이라고 지정해 주고, 거부할 경우에는 allow 대신에 deny를 사용한다.

```
〈Limit GET〉 order deny, allow deny from all allow from xxx.xxx.xxx.*
〈/Limit〉
```

그 이외의 다른 곳에서 오는 요청은 거부한다는 것을 알 수 있다. 이 방법은 사용자 ID와 패스워드가 네트워크를 통해 전송되지 않아도 된다는 점에서 더욱 간단하고 안전하다고 볼 수 있다. 하지만, 대다수의 해커가 자신의 IP 주소를 변조할 수 있다면 이 방법도 반드시 안전하다고는 할 수 없다.

마. 패스워드 검사와 네트워크 주소를 병합한 접근통제

접근통제를 하는 부분의 서버는 패스워드를 검사하는 방법과 네트워크 주소로 접근을 제어하는 두 가지 방법을 혼합하여 사용하고 있다. xxx.xxx.xxx에서 오는 요청 중에서 foo 에 해서만 패스워드를 검사하여 접근을 허락하고, 그 이외의 도메인이나 xxx.xxx.xxx.*에 있는 사람일지라도 foo 이외의 사람에게는 접근을 허용하지 않는다. 이를 표현하는. htaccess 파일의 구성은 다음과 같다.

```
AuthUserFile /otherdir /.htpasswd
AuthGroupFile /dev/null
AuthName ExampleAllowFromChungNam
AuthType Basic 〈Limit GET] order deny allow deny from all allow from xxx.xxx.xxx.* require user foo
〈/Limit〉
```

두 가지 방법을 혼합하여 좀 더 안전한 인증을 꾀하고 있지만, 패스워드가 평문으로 전송된다는 점과 IP 주소가 변경될 수 있다는 점을 근본적으로 고치지는 못한다.

4.1.1 CGI(Common Gateway Interface)

CGI는 웹 서버에서 외부 프로그램이나 소프트웨어를 실행하는 가장 간단한 방법이다. 즉, 클라이언트가 URL과 기타 정보를 이용해 웹 서버에게 요청하면 웹 서버가 적절한 방법으로 CGI 스크립트를 실행하게 되고 이후에는 CGI 스크립트가 그에 대한 응답을 책임지게 된다. 물론 대부분의 클라이언트는 웹 브라우저이므로 CGI의 실행 결과는 일반적인 HTML 문장이 된다.

가. CGI의 특징

한마디로 CGI를 표현하자면 프로그램이 만들어내는 HTML 문서라 할 수 있기 때문에 HTML의 장점과 한계를 대부분 동시에 가지게 된다.

○ 서버를 일관된 방법으로 확장할 수 있다. : 현재까지의 웹은 웹 브라우저와 서버간의 통신으로 이루어진다. 통신 방식은 HTTP라고 하지만, 내용은 HTML로 작성된 문서이다. CGI는 이 구성에서 벗어나지 않고 외부 실행 파일을 실행해 그 결과를 볼 수 있는 가장 간단한 방법이다. 즉 그 자체가 HTML 문서라고 보아도 무방하다. 그러므로 지금까지 사용해 온 방법을 적용할 수 있으며, 별도의 프로토콜이나 처리가 필요하지 않다.

○ 표준이다. : 모든 CGI는 명령 행(command line)이나 표준 입력, 환경변수를 통해 인수를 받고, 표준출력으로 자료를 출력한다. 또한 주고받는 환경변수 등이 잘 정의되어 있으면 모든 서버에서 같은 방식으로 지원할 수 있다. 그러므로 서버와 모든 브라우저에서 외부 프로그램을 실행할 수 있는 방법이라 할 수 있다.

○ URL로 참조할 수 있다. : http://foobar/cgi-bin/foobar.cgi 등과 같이 CGI를 직접 지정할 수 있다. 즉 URL 입력에서 직접 CGI에 대한 URL을 적는 것만으로 웹 서버에 있는 CGI 프로그램을 실행시킬 수 있다. 그러므로 정보 검색 시스템은 CGI로 이루어진 문서를 지원할 수 있지만, 이외의 다른 방법으로는 이런 작업을 수행할 수 없다.

○ 웹 서버에만 설치하면 된다. : 동일한 작업을 CGI로 구현할 수 있고, 넷스케이프 플러그인 또는 인터넷 익스플로러의 고유 기능을 이용해 구현할 수 있다.

그러나 서버 관리자의 입장에서 보면 특정 브라우저에 의존하거나 또는 모든 방문자에게 플러그인 같은 소프트웨어를 설치해 준다는 것은 사실상 어려운 일이다. 그러므로 서버 관리자의 관점에서는 CGI가 가장 적당한 해결책이 될 것이다.

나. CGI의 문제점

이것은 CGI의 문제점을 파악할 때 꼭 지적되는 사항으로 문제점을 충분히 검증하지 않은 CGI가 서버에 설치된다면 보안에 구멍이 생길 수 있다. 그와 함께 NCSA, CERN 등의 부분의 서버에서 지원하는 디렉터리 별 인증 시스템은 CGI에 대해서는 아무런 효력이 없다. 파일의 내용을 보여 주는 CGI가 설치되어 있다면, 어떤 디렉터리에 어떤 파일이 있다는 것을 짐작할 수 있는 경우 htpasswd나 htgroup과 같은 방법으로 이루어진 인증 시스템은 무의미 해진다. 예를 들면, /secret이라는 디렉터리에 htpasswd로 기본(Basic) 인증기능을 설치한 http://foobar/secret/passwd라는 URL로 참조하면 사용자 ID와 비 번호를 입력하는 다이얼 로그가 실행되어 그에 대한 인증 절차를 거치지만 http://foobar/cgi-bin/listfile.cgi/secret /passwd라는 URL로 참조할 경우에는 인증 과정 없이 파일의 내용을 볼 수 있게 된다.

서버에서의 가장 큰 보안 취약점은 주로 CGI의 문제점에서부터 시작된다. CGI 프로그램은 사용자 입력을 입력 값으로 받아 실행한다. 만약 CGI 프로그램에서 입력 값에 아무런 확인도 하지 않는다면 사용자는 입력 값 뒤에 OS의 특수문자와 악성 명령어를 추가시켜 시스템에 엄청난 피해를 입힐 수 있다. 전자우편을 서버에 보내는 CGI 프로그램일 경우, 프로그램 코드 안에 system(/usr/lib/sendmail -t $USER 〈 input_file)과 같은 라인이 존재하게 된다. 클라이언트는 USER 변수에 USER = what@wherever.com 〈 /dev/null ; rm -rf / 와 같은 값을 주면, system 명령이 수행되면서 먼저 지정된 주소로 빈 메일을 보내고, 특수문자인 " ; "로 분리된 두 번째 명령인 rm을 수행하여 모든 파일을 삭제하게 된다.

그러므로 CGI 프로그램이 사용자의 입력을 받아 실행되는 프로그램이라면 입력 값 내의 특수 문자 존재 여부를 확인하여야 할 것이다. 또한 최근 CERT 권고문 96.06에 발표된 NCSA httpd_1.5a-export와 APACHE httpd_1.0.3 보다 이전 버전에 포함된 예제( ) CGI 코드의 버그를 이용하여 임의의 명령을 수행할 수 있다. phf라는 예제 CGI 프로그램은 system()이나 open()과 같은 쉘 기반의 버그를 방지하기 위한 escape_shell_cmd() 라이브러리 함수가 있는데 이 함수를 이용하는 다른 CGI 프로그램도 공격 상이 될 수 있다. 다음과 같은 URL을 사용하여 패스워드 파일과 디렉터리 구조를 구할 수 있다.

```
http://xxx.xxx.xxx/cgi-bin/phf?Qalias=x%0a/bin/la%20-la%20
http:// xxx.xxx.xxx/cgi-bin/phf?Qalias=x%0a/bin/cat%20/etc/passwd
```

또 다른 CGI 관련 문제로 NCSA와 APACHE 서버의 cgi-bin 디렉터리에 있는 test-cgi 프로그램에 다음과 같은 코드가 있다.

```
echo QUERY_STRING = $QUERY_STRING
```

이 코드는 "*"와 같은 문자를 포함하는 질의어(query)를 보내면 확장자로 쓰여 디렉터리 내의 모든 파일을 되돌려 주고 "/*"와 같은 질의어(query)를 보내면 root 디렉터리의 리스트를 되돌려 준다.

```
% echo "GET /cgi-bin/test-cgi?/*" | nc host.domain 80
% echo "GET /cgi-bin/test-cgi?*" | nc host.domain 80
```

또는

```
%telnet host.domail 80
GET /cgi-bin/test-cgi?*
```

4.1.2. 자바 보안

자바 언어로 작성된 애플릿은 조그마한 프로그램으로서 멀티미디어에 중점을 두었으며 클라이언트는 서버의 애플릿을 다운로드 받아 클라이언트의 자원을 사용하여 클라이언트에서 실행하도록 되어 있다. 이는 서버의 자원을 사용하지 않는다는 점에서 분산환경 컴퓨팅을 실현화해했으며 쓰레드 기능을 사용하여 애니메이션, 사운드 등 여러 기능을 한꺼번에 실행하도록 하여 사용자뿐만 아니라 프로그래머의 사랑을 독차지하고 있다. 반면에 애플릿은 많은 보안상의 취약점이 발견되어 많은 전문가들이 브라우저의 자바 기능을 사용하도록 추천하지 않는다.

애플릿은 사용자에게 미치는 피해의 정도에 따라 적의적(Hostile) 애플릿과 악성(Malicious) 애플릿으로 구분된다. 적의적 애플릿은 다운로드 된 애플릿이 실행될 경우 시스템에 치명적인 피해를 입히는 것을 말하며 악성 애플릿은 백 그라운드 사운드를 지속적으로 플레이하거나 시스템의 모든 자원을 소모시켜 사용자의 시스템을 다운시키는 등 사용자를 성가시게 하는 것을 말한다.

적의적 애플릿은 로컬 컴퓨터의 권한으로 실행되므로 자바 언어에서 다운로드 된 프로그램에 적용되는 모래박스(Sand Box)의 제한을 받지 않아 시스템의 모든 데이터를 지우는 등의 치명적인 행동을 할 수 있다. 다음은 적의적 애플릿이 발견된 날짜별로 정리한 표이다.

[표 11-1] 적의적 애플릿

취약점명	날짜	취약점이 발견된 브라우저	수정 버전	취약점
Jumping the Firewall	1996년 1월	네비게이터 2.0	네비게이터 2.1	자바 통신 소프트웨어의 취약점
Slash and Burn	1996년 3월	네비게이터 2.01	네비게이터 2.02	내부 클래스 참조의 취약성
Applet running Wild	1996년 3월	네비게이터 2.01	네비게이터 2.02	자바 바이트 코드 검사기와 자바 클래스 코딩 기법의 취약점
Casting Caution to the Wind	1996년 5월	네비게이터 2.02 익스플로러 2.0B2	네비게이터 3.0B3 익스플로러 2.0B2	자바 번역기 응용 취약 점
Tag-Team Applets	1996년 6월	네비게이터 3.0B3	네비게이터 3.0B4	자바 번역기 응용 취약 점
You are not my Type	1996년 6월	네비게이터 3.0B5	네비게이터 3.0B6	자바 배열타입 응용의 취약점
Casting Caution to the Wind	1996년 7월	네비게이터 3.05B	네비게이터 3.0B6	자바 번역기의 취약점
Big Attacks come in Small Packages	1996년 8월	익스플로러 3.0B3	익스플로러 3.0B4	내부 클래스 참조의 취약점
Digital Sign	1997년 4월	핫자바 1.0의 J아 1.1.1	핫자바 1.0의 J아 1.1.2	디지털 사인 데이터베이스 취약점

가. 악성 애플릿

악성 애플릿은 사용자에게 치명적인 피해를 입히지 않는다. 악성 애플릿의 공격을 받았을 경우, 브라우저를 다시 실행하거나 컴퓨터를 재부팅하면 된다. 악성 애플릿은 단순히 사용자가 원하지 않는 이미지를 모니터에 디스플레이 하는 것부터 시스템의 자원을 모두 사용하여 작업을 더 이상 수행할 수 없는 상황을 초래한다. 다음은 악성 애플릿의 종류 이다.

(1) 성가신 애플릿 (annoying applet)

악성 애플릿 중 가장 간단한 기법을 사용하는 것으로서 사용자를 성가시게 하는 애플릿이다. 이들은 배경 사운드를 지속적으로 발생시키거나 성인용 이미지를 화면에 디스플레이하는 등의 일을 한다.

(2) 서비스 거부 공격 (Denial of Service)

서비스 거부 공격은 시스템의 모든 자원(CPU 사이클, 메모리, 화면 등)을 사용함으로써 사용자가 컴퓨터를 사용하지 못하는 상황을 초래하게 하는 방법이다. 이 공격은 빠른 시간 내에 이루어지거나 사용자가 모르는 사이에 컴퓨터의 자원을 소모하므로 사용자가 공격을 중단 시키지 못하게 된다. 잘 알려진 서비스 거부 공격의 하나는 화면에 여러 개의 형 윈도우를 생성하여 시스템을 다운시키는 것이 있다.

(3) CUP 시간 훔치기 (Stealing CPU time)

자바의 장점은 애플릿을 사용하여 여러 시스템에 저장되어 있는 코드를 다운로드 받아 사용할 수 있다는 점이다. 다시 말하면 공격자의 시스템에 저장되어 있는 코드를 여러 웹 항해자에게 다운로드 받아 실행하도록 한 후, 애플릿 소유자의 시스템과 통신을 연결하여 그 결과를 전송하도록 하는 것이다.

(4) 전자우편 위조

이 기법은 잘 알려진 방법으로서 포트 25를 사용하여 sendmail 데몬과 직접 대화를 하여 전자우편을 전송한다. 전자우편 위조 공격은 인터넷의 표준을 사용한 것으로서 우편을 사용하는 호스트는 포트 25를 통해 들어오는 SMTP 우편을 모니터 하도록 되어 있다. 유닉스, 윈도우 95와 윈도우 NT 등은 이러한 기법을 사용하고 있다. 이 애플릿은 피해자가 악성 애플릿을 다운로드 받으면 피해자의 이름과 컴퓨터를 사용하여 전자우편을 전송한다. 이 공격은 피해자의 컴퓨터에서 전자우편이 전송됨으로써 위조 우편인지 정상적인 우편인지 판단하기 어렵다.

(5) 애플릿 암살자

애플릿 암살자라는 이름을 가진 애플릿은 사용자의 인터넷 웹 항해를 모니터하며 다운로드 되어 실행되는 모든 애플릿 쓰레드를 종료시킴으로써 결과적으로 애플릿을 종료시킨다. 사업 암살자 애플릿은 특정한 사이트에서 다운로드 된 애플릿만을 종료시키지만 애플릿 암살자는 모든 애플릿의 쓰레드를 종료시킨다. 자바 규칙에 의하면 애플릿의 쓰레드는 다른 애플릿의 쓰레드를 종료시키지 못하게 되어있으나 불행히도 이 규칙이 올바르게 적용되지 않아 다른 애플릿의 쓰레드를 종료시킬 수 있게 되어있다.

보안 관련 기술

5.1 웹 보안 관련 기술

5.1.1 SHTTP(Secure HTTP)

1994년 HTTP에 보안요소를 첨가한 Secure HTTP가 발표되었다. Secure HTTP는 범용으로 사용될 수 있도록 설계되었으며 트랜잭션의 기성, 인증, 무결성 등을 지원해준다. 응용 레벨에서의 메시지 암호화를 통해 안전한 트랜잭션을 보장해 주고, RSA Data Security사의 공개키 암호 알고리즘을 이용하여 서버와 클라이언트가 공유하여야 하는 정보(세션 키) 등을 암호화하여 전송한다.

···→ **SHTTP의 특징**

○ 클라이언트와 서버에서 행해지는 암호화 동작이 동일하다. 즉, 요청과 응답에 같은 암호화 처리를 한다.

○ HTTP가 가지고 있는 트랜잭션의 형태를 변화시키지 않으며 HTTP의 특성을 모두 보존하고 있다.

○ PKC-7, PEM, PGP 등 여러 암호 알고리즘에 사용되는 다양한 암호문 형태를 지원한다.

○ 클라이언트의 공개키를 요구하지 않으므로, 사용자 개인의 공개키를 선언해 놓지 않고 사적인 트랜잭션을 시도할 수 있게 한다. 그러므로 서버보다는 클라이언트에 좀 더 비밀스러운 입장을 유지할 수 있도록 해 주었다.

○ 선택 협상(Option Negotiation) 과정이 있기 때문에 획일적인 암호화를 지양하고 다양한 암호 알고리즘, 모드, 매개변수의 사용에 융통성을 제공해 주고 있다.

5.1.2 SSL(Secure Socket Layer)

SSL은 Netscape Communications사에서 개발한 것으로 응용프로그램 프로토콜과 TCP/IP 사이에 위치하며 자료의 암호화, 서버의 인증, 메시지의 무결성을 제공해 주고 있다. 서버에 대한 인증은 반드시 수행되지만 클라이언트에 대한 인증은 선택적으로 수행할 수 있는 방법을 제공해준다.

SSL은 서버와 클라이언트 양쪽의 TCP/IP 연결을 위해서 핸드쉐이크 프로토콜을 수행한다. 이 결과로 양쪽은 암호화 통신에 합의하고, 암호화 통신과 인증에 필요한 값을 준비한다. 이 단계가 지나면 SSL은 응용프로그램 프로토콜에서 생성해 낸 바이트스트림의 암호화와 복호화만 수행하게 된다. 이는 HTTP 요청과 HTTP 응답에 포함되는 모든 정보(URL, 양식자료, 접근통제 인증자료.)가 암호화되어 전송된다는 것을 의미한다. 핸드쉐이크 프로토콜을 [그림 11-6]으로 나타내면 다음과 같다.

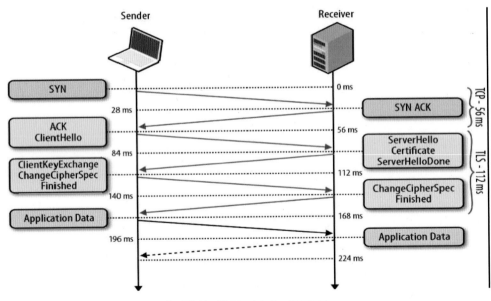

[그림 11-6] Handshake 프로토콜

SSL은 port 번호 443번을 사용하고 같은 서버에서 안전한 서버와 안전하지 않은 서버를 모두 운 할 수 있다. 예를 들면, 상점의 경우에 상품을 소개하는 자료는 반드시 안전해야 할 필요가 없으므로 안전하지 않은 서버에서 운하여 모두에게 공개하고, 주문과 지불에 관련한 자료는 안전한 서버에서 관리할 수 있다.

(1) SSL의 특징

○ 자료의 암호화를 위한 비 키를 핸드쉐이크 프로토콜 단계에서 정한 후 그 키를 사용하여 암호화된 메시지로 통신하기 때문에 기성이 보장된다.

○ 공개키 알고리즘을 사용하여 상대방의 신원을 인증할 수 있다.

○ 안전 해수함수(Secure hash function[MD5, SHA,])를 사용하여 메시지인증코드 (Message Authentication Code)를 만들어 메시지에 포함시키기 때문에 통신이 신뢰성 있다.

(2) Secure HTTP와 SSL의 관계

Secure HTTP와 SSL은 서로 다른 통제 방법을 가지고 있다 SSL은 HTTP, NNTP와 같은 응용프로그램 프로토콜의 하위에서 동작하는 것에 반해, Secure HTTP는 PEM처럼 메시지 기반인 통제 방법을 사용한다. 하지만 이 둘은 서로 배타적인 구조를 가지고 있는 것이 아니기 때문에 SSL 위에 Secure HTTP가 위치하는 구조로 각자가 가지고 있지 않은 부분을 서로 보완하여 새로운 웹 보안 메커니즘을 개발할 수 있다. Secure HTTP와 SSL은 모두가 공식적인 표준으로 지정되어 있는 상태가 아니므로 현재 EIT사와 Netscape Communications 사는 공동연구를 통해 Secure HTTP와 SSL을 하나의 방법으로 통합하는 방법을 개발하여 공식 표준으로 만들기 위해 노력하고 있다.

Chapter 11 연 습 문 제

1 '대칭키 암호 시스템'과 '비대칭키 암호 시스템'의 비교 설명으로 옳지 않은 것은?

① 키의 분배 방법에 있어 대칭키 암호 방식은 비밀스럽게 분배하지만 비대칭 키 암호 방식은 공개적으로 한다.

② DES는 대칭키 암호 방식이고, RSA는 비대칭 키 암호 방식이다.

③ 대칭키 암호 방식은 비대칭 키 암호 방식보다 암호화의 속도가 빠르다.

④ N명의 사용자가 서로 데이터를 비밀로 교환하려 할 때 대칭키 암호 방식에서 필요한 키의 수는 2N 개이고, 비대칭키 암호 방식에서는 'N(N-1)/2' 개가 필요하다.

2 LINUX 시스템에서 패스워드의 유효 기간을 정하는데 사용될 수 없는 방법은?

① '/etc/login.defs'의 설정을 사용자 account 생성 시 지정

② chown 명령을 활용하여 지정

③ '/etc/default/useradd' 파일의 설정을 account 생성 시 지정

④ change 명령을 활용하여 지정

3 SET(Secure Electronic Transaction)에 대한 설명 중 옳지 않은 것은?

① 초기에 마스터카드, 비자카드, 마이크로소프트, 네스케이프 등에 의해 후원되었다.

② 인터넷상에서의 금융 거래 안전을 보장하기 위한 시스템이다.

③ 메시지의 암호화, 전자증명서, 디지털서명 등의 기능이 있다.

④ 지불정보는 비밀키를 이용하여 암호화한다.

4 분산 환경에서 클라이언트와 서버 간에 상호 인증기능을 제공하며 DES 암호화 기반의 제3자 인증 프로토콜은?

① Kerberos ② Digital Signature

③ PGP ④ Firewall

5 OSPF Area에 대한 설명으로 옳지 않은 것은?

① 다수의 Area를 구성할 때 'Area 0'은 반드시 있어야 한다.

② Stub Area 내부에는 LSA Type 5가 유입되지 않는다.

③ Area 내부의 라우터들의 자원의 규모가 작을 경우, 그 Area를 Stub Area로 적용하면 적절하다.

④ Totally Stub Area내부에는 LSA Type 3가 유입된다.

6 Hub가 사용하는 OSI 계층은?

① 물리 계층 ② 세션 계층

③ 트랜스포트 계층 ④ 애플리케이션 계층

7 네트워크 장비 중 Repeater의 특징으로 옳지 않은 것은?

① 회선상의 전자기 또는 광학 신호를 증폭하여 네트워크의 길이를 확장할 때 쓰인다.

② OSI 7 Layer 중 물리적 계층에 해당하며 두 개의 포트를 가지고 있어 한쪽 포트로 들어온 신호를 반대 포트로 전송한다.

③ HUB에 Repeater 회로가 내장되어 Repeater를 대신하여 사용하는 경우가 있다.

④ 단일 네트워크에는 여러 대의 Repeater를 사용 할 수가 없다.

　우리나라는 고도의 정보사회를 구축하여 국민의 삶을 향상시키기 위해, 초고속정보통신망 구축, 멀티미디어 교육 S/W, 원격진료시스템 구축과 같은 사업을 지정하여 추진 중에 있다. 그러나 사회가 고도로 정보화 될수록 개인의 프라이버시를 비롯하여, 전산망의 불법적인 해킹 등 많은 역기능적인 문제가 대두 되어 이를 방지하기 위한 정보보호 문제가 중요시 되고 있다.

　암호기술은 이러한 정보보호문제를 해결할 수 있는 핵심기반기술로 제시되고 있다. 일반적으로 암호기술이란 서로 신뢰하지 않는 사람들 간에 제기되는 비성, 인증, 무결성 문제를 해결하는 기술이라 정의할 수 있다. 암호기술은 [그림 12-1]과 같이 암호화 기술과 암호 프로토콜 기술로 분류할 수 있다.

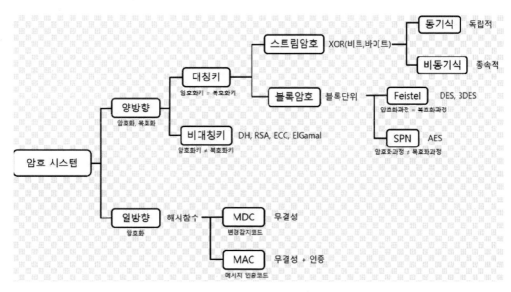

[그림 12-1] 암호 기술 분류

암호화 기술이란 형문을 해독 불가능한 형태로 변형하거나 또는 생성된 암호문으로부터 해독 가능한 형태로 변환하기 위한 원리, 수단, 방법 등을 취급하는 기술로 공개된 전산망에서의 불법적인 도청을 방지하기 위하여 사용한다. 암호화 기술은 사용되는 키의 종류에 따라 구분되는데, 암호화 키와 복호화 키가 같은 대칭키 암호 알고리즘과 암호화 키와 복호화 키가 다른 비대칭키 암호 알고리즘으로 구분된다. 대칭키 암호 알고리즘은 변환하는 방법에 따라 블록 암호 알고리즘과 스트림 암호 알고리즘으로 구분한다.

암호 프로토콜 기술이란 고도의 정보화 사회에서 야기되는 인증, 무결성 문제를 해결하는 유한한 절차로, 대표적인 정보보호 프로토콜에는 전산망에서 상방의 신분을 확인하는 개인 식별 및 인증기술, 현재의 도장이나 사인을 정보사회에 적합하게 변환시킨 전자서명 기술 등이 있으며 현재 많은 관심과 시급한 개발이 요구되는 전자결재 및 전자화폐에도 암호 프로토콜 기술의 응용 분야이다.

본 장에서는 대칭키 암호 알고리즘, 비대칭키 암호 알고리즘, 암호 프로토콜 기술의 기본적인 개념을 중심으로 전개하고, 응용분야로 전자서명과 일회용 패스워드 시스템에 대해 살펴보고자 한다.

키 암호 알고리즘은 비대칭 암호 알고리즘 또는 단일키 암호 알고리즘이라고도 명명하며, 송·수신자가 동일한 키에 의하여 암호화 및 복호화 과정을 수행하는 것을 특징으로 한다. [그림 12-2]는 비대칭 암호 시스템 과정을 보여주고 있다.

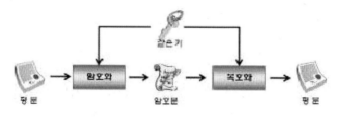

대칭키(비밀키) 암호 시스템

[**그림 12-2**] 비대칭 암호 시스템

2.1 블록 암호 알고리즘

블록 암호 알고리즘은 고정된 크기의 입력 블록을 고정된 크기의 출력 블록으로 변형하는 암호 알고리즘에 의해 암호화 및 복호화 과정을 수행하는 암호 시스템이다. 표적인 블록 암호 알고리즘으로는 미국의 DES(Data Encryption Standard), Triple-DES, Skipjack, 유럽의 IDEA(International Data Encryption Algorithm), 일본의 FEAL(Fast data Encipherment Algorithm), MISTY 등이 있다.

2.1.1 DES(Data Encryption Standard)

DES는 IBM에서 개발한 Lucifer 시스템을 발전시킨 암호 시스템으로, 1976년 11월 23일 연 방 표준으로 승인되어, 1977년 1월 15일 FIPS PUB 46(Federal Information Processing

Standard 46)에 "Data Encryption Standard"로 공표되었다.

NBS1)는 DES 표준에 관하여 매 5년마다 안전성을 재평가하여 표준으로써의 존속 여부를 결정한다. 1987년 3월 6일 NBS는 DES에 관한 3가지 고려사항을 발표하고, 이 때 NSA(National Security Agency)가 표준화 작업에 참여하여 사용 중지가 고려되었으나 NSA가 ST(National Institute of Standards and Technology)의 전신 이다.

NSA의 참여로 인한 문제점은 당초에 128비트이던 키 크기를 56비트로 축소함으로써 안전도를 떨어뜨렸다는 지적을 받고 있고, DES 내부 함수로 사용되는 S-BOX의 설계원칙을 공개하지 않음으로써 설계자만이 알 수 있는 트랩도어가 있을 수 있다는 것이다. 이러한 사실에도 불구하고 DES는 1998년까지 표준으로 사용하는 것이 결정되어 사용되고 있다. 현재까지의 연구 결과에 의하면 DES의 안전성에 문제가 있는 것으로 파악되고 있다. 그러므로 암호학적으로 큰 문제점이 없는 것으로 알려져 있는 기존의 알고리즘을 중심으로 새로운 개념의 알고리즘을 개발하여 DES을 표준으로 채택하려는 움직임이 있다. DES는 기본적으로 16라운드로 구성되며, 암호화는 동일한 동작 과정의 반복으로 이루어진다. 복호화는 암호화 과정과 동일하나 사용되는 키만 역순으로 작용하면 된다.

2.1.2 Triple-DES

Triple-DES는 DES 알고리즘을 세 번 적용한 알고리즘으로 DES보다 안전하다는 평가를 받아 DES의 안으로 제시되고 있는 알고리즘들 중 하나이다.

[표 12-1] Triple-DES의 특성

사용된 키	표기	특성
서로 다른 두 개의 DES 키(K1,K2)	DES-EDE2	EK1(DK2EK1(M)) : 2개의 다른 키로 DES "암호 복호 암호 —— "
〃	DES-EDE2	EK1(EK2EK1(M)) : 2개의 다른 키로 DES "암호 암호 암호—— "
서로 다른 세 개의 DES 키(K1,K2,K3)	DES-EDE3	EK1(DK2EK3(M)) : 3개의 다른 키로 DES "암호 복호 암호—— "
〃	DES-EDE3	EK1(EK2EK3(M)) : 3개의 다른 키로 DES "암호 암호 암호—— "

Triple-DES는 변형 방법에 따라 [표 12-1]과 같은 다양한 방식이 제안되었고, ANSI 표준 X9.17에서는 그 중 DES-EDE2 방식을 Triple-DES로 정의하고 있다. Triple-DES의 기본 구조는 [그림 12-3]과 같다. 본 알고리즘은 비 정보가 아닌 64비트 초기값(Ⅳ), 3개의 비 64비트 키(K1, K2, K3), 평문을 64비트의 크기로 쪼개어 놓은 n개의 64비트 평문 블록(X1, X2,…, Xn), n개의 64비트 암호문 블록(Y1, Y2,…, Yn)으로 구성된다.

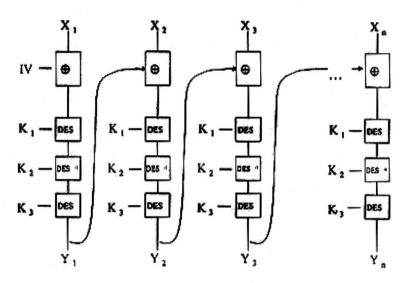

[그림 12-3] DES-EDE3의 기본 구조

DES-EDE3 알고리즘에서 키 세 개가 모두 같으면(K1=K2=K3), DES-EDE3는 DES-CBC 모드와 같게 된다. 그러므로 DES-EDE3를 하드웨어로 수행할 때 DES 모드를 수정하지 않고 사용할 수 있으므로 기존에 DES를 사용하고 있는 시스템에 사용하기에 적합하다는 장점을 가지고 있다.

2.1.3 Skipjack

NSA가 클리퍼 칩과 캡스톤 칩을 위해 개발한 암호 알고리즘으로, 알고리즘 자체는 비공개 인데 그 이유는 안전성을 고려해서라기보다는 사용자로 하여금 클리퍼 키 위탁 메커니즘을 사용하게 하기 위해서이다.

1985년 NSA가 디자인하기 시작하여 1990년 평가 완료되었고, EES(Escrowed Encryption Standard)에서 암호 알고리즘으로 선택되었다. Skipjack 알고리즘은 64비트 블록, 80비트의 키, 32라운드를 사용한다.

2.1.4 IDEA(International Data Encryption Algorithm)

1990년에ETH(Eidgenossische Techinsche Hochschule)의 Lai와 Massey는 EURO-CRYPT 90에서 수적 구조가 다른 세 가지 연산을 사용한 암호 알고리즘을 PES(Proposed Encryption Standard)라는 이름으로 발표하였다. CRYPTO'90에서 입출력 변화 공격법이 발표되자, Lai와 Massey는 EURO-CRYPT'91에서 Markov cipher 개념을 제시 하고 위의 공격법에 대응하여 PES를 개량한 IPES(Improved PES)를 발표 하였다.

IPES를 IDEA(International Data Encryption Algorithm)로 개명 하고, 1994년 5월 idea-tm 이라는 이름으로 ISO에 등록한다. 현재 IDEA는 안전성에서 인정을 받아 PGP에 사용되고 있고 유럽 표준으로도 등록되어 있다. IDEA 알고리즘은 세 가지 연산(XOR($\oplus$), 법216 덧셈(도형 P368M), 법(216+1)곱셈($\odot$)), 64비트 블록, 128비트의 키, 8라운드를 사용한다.

IDEA는 16비트 단위의 연산을 사용하여 16비트 프로세서에 구현이 용이하도록 설계 되었고, 서로 다른 연산과는 배분법칙, 결합법칙이 성립하지 않고, 하나의 연산으로 다른 연산을 표현할 수 없도록 설계되었다.

2.1.5 FEAL(Fast Encipherment ALgotithm)

1987년 일본의 NTT(Nippon Telecommunication Technology)는 고속 동작이 가능하도록 설계한 암호 알고리즘을 FEAL이라는 이름으로 발표 하다[11].

발표 당시의 FEAL은 4라운드로 제안 했으나, 발표 즉시 1,000개의 선택형문을 이용한 해독 방식[5]이 알려져 NTT는 보완책으로 라운드 수를 4에서 8로 증가시킨 FEAL-8로 개량한다. 그러나, 1989년 Biham과 Shamir가 SECURICOM에서 FEAL-8의 기지 평문 공격 방식을 발표한 것을 계기로 FEAL-N(N=4,8,12,16,32)으로 확장되었다. FEAL 알고리즘은 64 비트 블록, 64비트의 키를 사용하고 8비트 프로세서에 구현이 적합하도록 256을 법으로 하 는 정수 덧셈과 비트 쉬프트 연산을 기본으로 설계되었다. FEAL은 S-Box를 사용하지 않고 산술 연산을 이용하여 고속 실현을 목표로 하는 것이 특징이다.

2.1.6 MISTY

MISTY는 일본 미쯔비시 전기 주에서 입출력 변화공격과 선형근사 공격 관점에서 안전성을 증명할 수 있는 블록 암호 알고리즘으로 발표한 알고리즘의 예이다[9]. MISTY라는 이름은 개발자 Matsui, Ichigawa, Sorimachi, Tokita, Yamagishi의 첫 자를 따서 만든 이름이다. MISTY의 구현 속도는 Workstation(HP9735, PA7150-125MHz)으로 30Mbps 정도이며 MISTY Ⅱ는 하드웨어로 구현할 때, 병렬처리가 가능하므로 MISTY Ⅰ에 비해 약 2배정도의 속도를 향상시킬 수 있다. MISTY Ⅰ은 암·복호화 속도가 같지만 MISTY Ⅱ는 복호화 속도가 암호화의 경우보다 느리기 때문에 ECB나 CBC 방식의 동작보다는 CFB, OFB 방식의 동작이 권장되고 있다. MISTY 알고리즘은 64비트 블록, 128비트 키, S-Box를 사용 한다. MISTY 설계의 특징은 크기가 다른 S-Box를 사용하여 수적 공격에 강하고, 병렬 구현이 가능하다는 점이다.

2.1.7 기타 블록 암호 알고리즘

다음에서는 위의 알고리즘 이외에 사용되고 있는 여러 가지 블록 암호 알고리즘에 대해 간단히 소개하려고 한다.

(1) BLOWFISH

Bruce Schneier에 의해 개발되어 1994년 발표된 알고리즘으로 특허나 로열티 문제가 없다. 본 알고리즘은 키 크기가 36비트에서 448비트에 이르기까지 다양하고, 32 비트 프로세서를 위해 개발되었기 때문에 DES보다 속도 면에서 월등하다는 특성을 가지고 있다.

(2) SAFER K-64

Cylink사의 요구에 의해 1993년 Massey가 개발한 알고리즘으로 지적 재산권 사용에 제한이 없고, 모든 사용자가 무료로 사용 가능하다. 본 알고리즘은 키 스케줄 부분을 제외한 모든 부분이 바이트 단위로 구성되어 소프트웨어 구현이 용이하며, 특히 스마트 카드 응용에 적합한 것으로 알려져 있다.

(3) ICE(Information Concealment Engine)

DES류의 알고리즘에서 사용하는 Feistel 구조를 이용한 알고리즘으로 안전성의 수준에 따라 다양한 키 크기를 유지한다. 블록 크기와 디폴트로 주어지는 키 크기는 64비트인데 이 때 평문 또는 암호문을 키로 사용할 수 있다. ICE 알고리즘은 취약 키가 없고 meet-in-the-middle 공격에 안전하다.

(4) CAST(Carlisle Adams와 Stafford Travares)

캐나다에서 개발한 알고리즘으로 키 길이 와 라운드 수가 다양하다는 것과 알고리즘의 강도가 키에 의존하는 것이 아니라 S-Box에 의존 하다는 것이 특징이다. 블록 크기는 DES 와 같은 64비트이다. 캐나다에서 새로운 암호 표준으로 평가 중에 있다.

(5) R2C

RSA Data Security사에서 DES를 대체할 목적으로 Ron Rivest 의해 개발한 알고리즘으로 ISO (International Standard Organization)에 1994년 등록된 알고리즘이다. 본 알고리즘은 S-Box를 사용하지 않고, mix와 mash라는 두 연산을 가지고 있어 각 라운드에서 사용자가 그 중 하나를 선택하도록 설계되었다는 것이 특징이다.

(6) AES(Advanced Encryption Standard)

1998년까지 한시적으로 표준으로 인정받고 있는 DES의 안전성 문제 때문에 현재 미국 NIST에서는 DES를 대체할 만한 알고리즘인 AES를 개발 중에 있다. NIST에서는 정부와 상업계에서 사용할 수 있는 강력한 블록 암호 알고리즘 개발을 목적으로 하고 최소한의 수용 요구 사항과 평가 기준을 정해 놓고 있다.

2.2 스트림 암호 시스템

암호화하려는 평문 문자길이가 키 길이가 동일한 one-time pad 암호 시스템이 이론적으로 안전하다는 사실이 Shannon에 의해 수학적으로 증명되었다. 그러나 one-time pad 방식은 키 관리의 어려움으로 인하여 경비가 많이 들고, 기술적인 면에서도 운용이 어렵다는 단점을 지니고 있다. 이러한 이유로 one-time pad 방식은 특정 통신 시스템에 한정하여 이용되고 있다.

One-time pad 방식과 같이 안전성을 보장하며 일반적인 통신망에도 적용 가능한 시스템을 설계하기 위해 스트림 암호 시스템의 개념이 도출되었다. 스트림 암호 시스템은 키를 알고리즘에 주입하여 발생되는 무한 수열로 평문을 암호화하는 시스템이다. 스트림 암호 알고리즘의 이진수열 발생기의 대비도와 같다. 그래서 이진수열 발생기가 갖추어야 할 조건으로 다음을 고려해 볼 수 있다.

○ 이진수열의 주기 : 주기가 클수록 좋다.
○ 이진수열의 랜덤 성 : 이진수열이 랜덤 하게 보여야 한다.
○ 비선형성 : 이진수열이 키와 선형 관계가 아니어야 한다.

스트림 암호 시스템은 이동 통신 환경에서 구현이 용이하고, 안전성을 수학적으로 엄하게 분석할 수 있으며, 블록 암호 방식과는 달리한 비트의 통신에 따라 수십 비트의 오류로 확장 되는 오류전파현상이 발생하지 않는 장점이 있으므로, 이동 통신 등의 무선 통신 데이터 보호에 적합하다.

SECTION 3

암호 시스템

3.1 비대칭 암호 시스템

Diffie와 Hellman은 암호화 키와 복호화 키가 서로 같은 기존의 암호 알고리즘 블록 암호 (알고리즘, 스트림 암호 알고리즘)과는 대조적으로 암호화 키와 복호화 키가 서로 다른 비대칭 암호 알고리즘, 즉 공개키 암호 알고리즘 개념을 소개한다. [그림 12-4]는 공개키 암호 시스템 과정을 보여주고 있다.

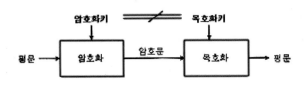

[그림 12-4] 공개키 암호 시스템의 구조

공개키 암호 시스템에서는 모든 사용자들이 공개키와 비공개키(private key) 한 쌍을 소지 하고, 공개키는 일반에게 공개하고 비공개키는 비밀로 유지한다. 키를 공개한다는 점에서 공개키 암호 알고리즘은 당시로서는 혁신적인 개념이었다. 이후 많은 공개키 암호 알고리즘이 제안되었으며, 그 중에서 인수분해 문제에 기반을 둔 RSA 공개키 암호 알고리즘과 이산 대수 문제에 기반을 둔 ElGamal 공개키 암호 알고리즘이 대표적인 암호 알고리즘이다. 공개키 암호 시스템은 각종 정보보호 메커니즘의 중추적인 역할을 하고 있으며, 앞서 살펴본 대칭키 암호 알고리즘과 서로 보완하며 많은 응용 분야에서 활용되고 있다.

대칭키 암호 시스템에서는 송신자가 정보를 암호화하여 수신자에게 보내는 경우 미리 암호화 키를 공유할 수 있도록 키 분배 방법을 설정해야 한다. n명이 가입된 통신망에서 상호 비 통신을 할 경우 n(n-1)/2개의 키가 필요하다. 이러한 키 관리의 어려움 외에도 대칭키 암 호 시스템에서는 전자문서의 내용에 한 전자서명을 검증할 수 없다는 문제가 있다[4]. [표 12-2]는 대칭키 암호 시스템과 공개키 암호 시스템의 비교표이다.

[표 12-2] 대칭키 암호 시스템과 공개키 암호 시스템의 비교

구분	대칭키 암호 시스템	공개키 암호 시스템
장점	• 암호화 복호화 속도가 빠름 • 키 길이가 짧음	• 키 분배가 용이함 • 사용자가 증가함에 따라 관리해야 할 키의 개수 가상적으로 적어짐 • 키 변화의 빈도가 적음 • 여러 가지 분야에 응용 가능
단점	• 키 분배의 어려움 • 사용자가 증가함에 따라 관리해야 할 키의 개수 가상적으로 많아짐 • 키 변화의 빈도가 많음 • 응용 분야의 제약	• 암호화 복호화 속도가 느림 • 키 길이가 길음

3.1.1. 이산대수 문제를 이용한 알고리즘

Diffie와 Hellman은 1976년 공개된 채널 상에서의 비대키의 교환에 관한 개념을 제안하고, 트랩도어 개념의 필요성을 역설 하다. 이러한 동일한 비대키를 얻게 되면 송신자와 수신자 는 이 키를 공유하여 각기 자신의 평문을 암호화하거나 암호문을 해독할 수 있게 된다[7]. 이 때 Diffie와 Hellman이 이용한 방식이 이산대수 문제의 어려움에 근거를 둔 방식인데, 이산대수 문제란 다음과 같다.

소수 p가 주어지고 y=gx mod p인 경우, 역으로 x=loggy mod p인 x를 계산하는 문제. 여기서 x를 법 p상의 y의 이산수라 한다. 단, g의 위수 k는 gk=1 mod p를 만족하는 최소의 양의 정수

이산대수의 어려움에 근거를 둔 공개키 암호 알고리즘의 표적인 예로 ElGamal의 공개키 암호 시스템을 들 수 있는데 이 시스템은 암호화 및 복호화와 서명 알고리즘으로 구성되며 암호화 알고리즘은 Diffie-Hellman의 키 분배 시스템과 유사하다. ElGamal의 공개키 암호 시스템은 먼저 키 생성 과정을 수행하고 생성된 키를 이용하여 암호화 및 복호화를 수행한다[12].

---

12) 1985년 Koblitz와 Miller는 타원곡선 이산 수 문제에 기반을 둔 타원 곡선 암호 시스템(Elliptic Curve Cryptosystem)을 개발 하고, 1992년 Menezes, Okamoto와 Vanstone는 특정한 타원곡선에서의 이산대수 문제가 유한 체에서의 이산 수 문제로 전이될 수 있음을 보여 안전도 비교에 획기적 전기를 마련하다. 그 이후 타원 곡선 암호 시스템에 관한 많은 연구가 수행되었고, 현재 IEEE P1363으로 표준 작업 중에 있으며, 실용화 단계에 있다.

3.1.2. 소인수분해 문제를 이용한 알고리즘

Diffie와 Hellman은 자신의 논문에서 암호 학의 새로운 논리와 요구 사항들을 제시하다. 그들의 논리에 근거하여 1977년 MIT의 Ron Rivest, Adi Shamir 그리고 Len Adleman은 소인수분해의 어려움을 이용한 공개키 암호 알고리즘을 개발 하고, 1978년 공포 하다. RSA 공개키 암호 시스템은 현재 세계적으로 가장 널리 사용되고 있으며, 실질적인 세계 사업 표준으로 자리 잡고 있다.

RSA 공개키 암호 시스템은 약 200자리 정수의 소인수분해 어려움에 그 안전성을 근거하고 있는 방식으로, 인수분해 문제는 다음과 같다.

○ 주어진 합성수 n의 소인수를 찾는 문제로 n의 자릿수가 매우 큰 경우(10^{150} 이상)에는 n의 소인수를 다항식 시간 내에 찾는 효율적인 알고리즘이 존재하지 않는다.

RSA 공개키 암호 시스템은 공개키 n과 e를 가지고 비 공개키 d를 구할 수만 있다면 무용지물이 된다. d를 찾기 위해서 $\lambda(n)$을 계산할 수 있어야 하는데, 이를 위해서는 n의 소인수분해가 필요하다. p와 q가 100자리의 소수이고 따라서 n이 200자리의 합성수라면 현재의 알고리즘과 전자 기술로 n을 소인수 분해하는 것은 거의 불가능하다고 알려지고 있다. RSA 공개키 암호알고리즘의 개발 이후로 소인수분해의 어려움에 근거하는 여러 가지 암호 시스템들이 제안되었다. 1979년 Michael O. Rabin의 암호 시스템, 1980년 Hugh William의 암호 시스템 등이 있다. 또한, 1993년 초에 RSA 공개키 암호 시스템이 PC상의 구현이 어렵고 전자서명상의 취약성이 발견됨에 따라 LUC 공개키 암호 시스템이 제안되기도 한다. 이는 Edouard Lucas(1842~1891)의 수열 등을 이용하여 제안된 공개키 암호 시스템으로 뉴질랜드의 컨소시엄에 의해 특허로 보호받으며 구현되고 있다.

Pomerance의 소인수분해 전용 기계 - 1년에 150자리 정수를 인수분해 할 수 있는 기계의 가격이 약 1천만 달러로 견적되지만, Big Brother라면 이 정도의 자금과 시간을 투자할 수 있다고 본다. 소수 판정법의 연구가 안전한 비 키의 생성을 위해서라면, 소인수분해에 한 연구는 RSA 공개키 암호 시스템을 깨뜨리기 위한 연구가 될 것이다.

3.2 해쉬 함수

해쉬 함수는 임의의 길이의 비트스트링을 고정된 길이의 출력 값인 해쉬 코드로 압축시키는 함수로서 다음의 성질을 만족한다.

○ 주어진 출력에 하여 입력 값을 구하는 것이 계산상 불가능하다.
○ 주어진 입력에 하여 같은 출력 값을 내는 것이 계산상 불가능하다.

암호학적 응용에 사용되는 부분의 해쉬 함수는 위의 두 성질뿐만 아니라 이보다 강한 충돌 저항성을 지닐 것이 요구된다. 즉 같은 출력을 내는 임의의 서로 다른 두 입력 메시지를 찾는 것이 계산상 불가능하다.

암호학적 해쉬 함수의 충돌 저항성은 전자서명에서 송신자 외의 제 3 자에 의한 문서위조를 방지하는 부인봉쇄 서비스를 제공하기 위한 필수적인 요구조건이다.

국제 표준화 과정을 보면 해쉬 함수는 블록 암호 알고리즘에 기초한 해쉬 함수, 전용 해쉬 함수와 모듈로 연산을 이용한 해쉬 함수 세 가지로 나눌 수 있다. 블록암호를 이용한 해쉬 함수는 이미 구현되어 사용되고 있는 블록암호를 이용할 수 있다는 이점이 있으나, 블록 암호를 기본함수로 이용하므로 블록암호보다도 훨씬 더 속도가 떨어지는 단점을 가지고 있고, 모듈로 연산을 이용한 해쉬 함수는 속도가 느려 사용 영역에 제한이 있어 현재는 부분의 응용에서 전용 해쉬 함수가 주로 이용된다.

전용 해쉬 함수 가운데 1990년 Rivest가 발표한 MD4(Message Digest4)는 부분의 전용 해쉬 함수(MD5, RIPEMD, RIPEMD-128/RIPEMD-160, HAVAL, SHA-1 등)의 기본 모델이 되고 있다.

[표 12-3] 해쉬 함수의 특성

해쉬 함수	해쉬 값의 크기	입력값	라운드 수
MD4	128 비트	512 비트	3 라운드
MD5	128 비트	512 비트	4 라운드
RIPEMD-128	128 비트	512 비트	4 라운드
RIPEMD-160	160 비트	512 비트	5 라운드
HAVAL	128~258 비트	1024 비트	3~5 라운드
SHA-1	160 비트	512 비트	4 라운드

현재 ISO/IEC 10118의 부록에 예로 제시되고 있는 RIPEMD-160과 SHA-1, 그리고 HAVAL 은 기존의 공격에 비교적 안전하다고 알려져 있다. SHA-1은 NSA가 1993년 발표 하 던 SHA(Secure Hash Algorithm)를 자체 보완하여 1995년에 발표한 알고리즘으로 현 재 미국 연방정부의 표준 해쉬 함수로서 공인되었고, HAVAL은 해쉬 값을 128비트에서 256 비트까 지 32비트 단위로 가변 되도록 하고, 라운드 수 역시 3에서 5 사이를 선택할 수 있도록 하는 등 새로운 방식을 도입한 것으로 아직은 알려진 공격법이 없다.

해쉬 알고리즘은 대칭 암호 시스템, 비대칭 암호 시스템과 함께 현 암호 시스템에 꼭 필 요한 요소기술로 자리 잡고 있다.

암호 프로토콜

정보사회에서는 종이문서에 기반을 둔 기존의 모든 업무가 고도로 발달된 통신처리 및 정보 처리 기술에 의해 전자문서에 기반들 둔 새로운 형태의 업무(전자적인 방식)로 변화된 대[그림 12-5].

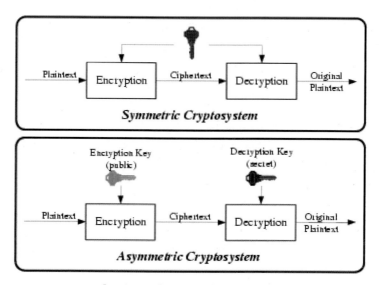

[그림 12-5] 업무의 전산화 프로토콜

그러나 현재의 업무가 정보사회에 알맞은 전자적인 방법을 이용한 업무로 변환되기 위해서는 해결해야 할 몇 가지 문제가 있다. 예를 들어 현재의 부동산 계약이 정보사회에서의 전자계약으로 변환되는 과정을 분석하여 본다. [그림 12-6] 현 사회의 계약 관계를 자세히 고찰해보면 다음과 같은 안전성에 관련된 중요한 특성을 내포하고 있다.

○ 계약 당사자간의 상방의 신분 인증(주민등록증, 주민등록등본 등)
○ 계약문서의 확인(문서 인증)

○ 계약 도장의 인증(인감증명)
○ 동시성(동일장소에서 동시에 계약서에 인감을 날인)

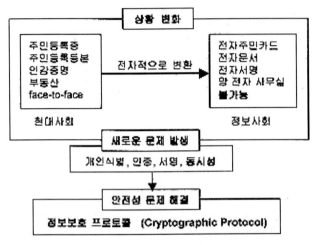

[그림 12-6] 전자계약에서의 안전성 문제

물론 정보사회에서의 전자계약도 위의 특성을 만족해야 한다. 계약 당사자 간의 상방의 신분을 확인하는 것이 개인 식별 문제, 계약문서의 내용을 확인하는 것이 인증 문제, 인감 도장을 전자적으로 실현하는 것이 전자서명 문제이다. 특히 통신망을 통하여 전자적으로 동시성 특성을 해결하는 문제는 매우 어려운 문제로 현실적으로 불가능해 보이기도 한다. 이렇게 안전성에 관련된 많은 문제들을 해결해주는 분야가 암호기술 분야의 암호 프로토콜이다.

4.1.1 키 관리

암호 시스템의 안전성과 신뢰성은 주어진 보안 매개 변수들에 한 관리와 보호에 기반을 두고 있다. 가장 견고한 암호 시스템이라 할지라도 만약 키 관리가 소홀하다면 그 시스템은 무용지물이 되어버리는 것이다.

키 관리의 목적은 칭키 또는 비 칭키 암호 시스템에 사용되는 암호학적 키들을 안전하게 다루기 위한 키의 생성, 등록, 확인, 분배, 설치, 저장, 파생, 보관, 취소, 말소, 폐기 등 일련의 절차들을 제공하는 것이다. 다음 [표 12-4]는 키 관리 서비스에 한 간단한 설명이다.

[표 12-4] 키 관리 서비스

키관리 서비스	내 용
키-생성	강한 비도를 가진 키를 안전하게 생성할 수 있는 절차 제공
키-등록	키와 사용자를 연결시키는 서비스로 등록기관에 의해 제공
키 확인서-생성	공개키와 사용자의 연관성을 보장하는 것이며 인증기관에 의해 제공
키-분배	인가된 사용자들에게 키 관리 정보 객체들을 안전하게 제공해 주는 일련의 절차
키-설치	키를 사용하기 전에 늘 필요한 절차로 키 관리 설비 내에서 키가 위태롭지 않은 방식으로 배치하는 것
키-저장	미래에 사용하거나 백업(backup)을 위해 생성된 키들을 안전하게 저장 해 주는 서비스
키-파생	파생 키라고 불리는 비 근원 키를 이용하여 다시 새로운 세션키드를 생성하는 작업
키-보관	일반적인 사용 후에 키들의 안전한 보관을 위해 제공되는 일련의 절차
키-취소	키의 노출, 확인서 사용기간의 만료와 같은 경우에 사용자에 의해 사 용키 취소 가능
키-말소	키와 사용자의 연결을 단결시켜 주는 서비스로 키 폐기 서비스의 일부분이 됨
키-폐기	더 이상 사용될 필요가 없는 키들의 안전한 폐기를 위한 절차 제공

(1) 비 칭키 암호 시스템과 인증서

비 칭키 암호 시스템에서 비공개키는 그 소유자만이 알고 있고 공개키는 공개된다. 공개키를 공개하는 문제는 실제 구현 시 공개키를 공개하는 데에 사용되는 메커니즘(공개키 디렉터리, 게시판 등)이 자체적으로 안전하지 않아 누구나 쉽게 접근하여 정보를 변경할 수 있으므로 공개키의 위·변조 문제를 야기 시킨다. 이렇게 공개된 공개키가 위·변조되지 않았음을 보장 하는 보장 하는 문제 즉, 공개키의 무결성을 보장하기 위해 등장한 것이 공개키 인증서 개념이다.

인증서(Certificate)란 개인 또는 단체의 공개키를 인증하는 전자 증명 문서이다. 인증서에는 만기일, 인증서를 발행한 인증기관의 이름, 일련번호 등의 정보가 포함되어 있다. 가장 중요 한 것은 인증서에 인증서 발행자의 전자서명이 들어 있다는 것이다. 가장 널리 인정되는 인 증서의 형식은 ITU-T X.509 국제 표준에 의해 정의된다. 다음의 [표 12-5]는 X.509의 버전 3 인증서 형식이다.

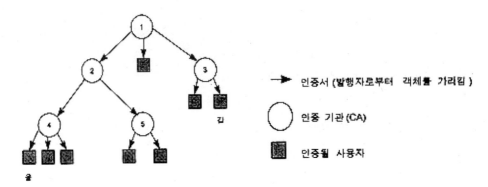

[그림 12-7] 계층적 구성

[표 12-5] X.509v3 인증서 형식

버전	X.509 버전으로 0은 버전 1, 1은 버전 2, 2는 버전 3을 의미함
일련번호	발행자가 생성한 각각의 확인서에 한 유일 식별자
서명 알고리즘 식별자	발행자가 확인서를 서명하는 데에 사용한 알고리즘을 기입
발행자 이름	확인서를 서명하고 생성한 발행자의 id로 X.500명명 방식을 따름
유효기간	확인서가 사용될 수 있는 시작 시간과 끝 시간을 기입하는 것으로 시간과 날짜 (UTCT 형식)로 표현됨
공개키 사용자 이름	확인서를 받는 공개키 소유주의 id로 X.500 명명 방식을 따름
사용자의 공개키 정보	사용자의 공개키와 공개키에 한 정보(알고리즘과 파라미터)를 기입
발행자의 유일한 식별자	(선택) 버전 2 이상에서 사용되는 것으로 발행자의 부가적인 정보를 포함 함
사용자의 유일한 식별자	(선택) 버전 2 이상에서 사용되는 것으로 객체의 부가적인 정보를 포함 함
부연 설명	(선택) 인증 정책 등 여러 가지 사항을 포함함
서명	앞의 목록들에 한 서명 값

인증서는 인증기관(CA)이 발생하는데, 인증서 요구자의 신원, 키, 이들의 관계를 보증할 수 있는 신뢰성 있는 중앙기관이 인증기관이 될 수 있다. 인증서 위조를 방지하기 위해서 인증기관의 공개키는 반드시 신뢰할 수 있어야 한다. 인증기관은 그의 공개키를 공개하거나 공개키의 유효성을 입증할 수 있는 상위급 인증기관이 발행한 인증서를 제공해야만 한다.

[그림 12-7]은 인증기관 간의 계층구조의 예이다.

인증기관들은 하위 인증기관들에게 인증서들을 발행한다. 최상위 인증기관의 공개키는 모든 사람에게 알려져 있어 사용자들의 인증서는 최상위 인증기관에서 자신의 신뢰하는 인증기관까지의 인증 경로를 검증함으로써 상 방의 인증서를 검증한다. [그림 12-7]에서 갑이 을의 전자서명을 검증한다고 하자. 우선 갑은 을의 공개키를 획득해야 한다. 갑은 CA1과 CA3를 신뢰하고 을은 CA1과 CA4를 신뢰한다. 을은 갑에게 서명문과 함께 인증기관 CA1에서 CA4까지의 인증경로를 전송한다. 갑은 을이 자신과 같은 도메인에 있음을 확인한 후 자신 이 알고 있는 CA1의 공개키를 이용해 CA1에서 CA4까지의 인증경로를 검증하여 을의 공개키를 획득한 후 서명 문을 검증한다.

암호 시스템 응용 분야

5.1 전자서명

종이문서에 기반을 둔 업무는 주로 날인(도장)이나 사인을 사용하여 업무의 안전성을 보장 한다. 전자문서에 기반을 둔 업무에서도 안전성을 보장하기 위하여 날인이나 사인에 응하는 전자적인 기능을 가져야 한다. 종이문서에 기반을 둔 업무에서의 날인이나 사인과 같은 기능을 갖도록 전자적으로 구현한 것을 전자서명이라 한다.

전자결재시스템, E야, CALS, 전자화폐, EFT, 전자상거래, 전자선거 등은 데이터의 무결성과 사용자 인증이 필수적이며, 이를 해결할 수 있는 기술이 전자서명 기술이다.

5.1.1 전자서명 기술이 제공하는 서비스

○ 위조 불가(Unforgeable) : 서명자만이 서명 문을 생성 가능

○ 서명자 인증(Authentic) : 서명문의 서명자를 확인 가능

○ 재사용 불가(Not reusable) : 서명문의 서명은 다른 문서의 서명으로 사용 불가능

○ 문서 변경 불가(Unalterable) : 서명된 문서의 내용을 변조 불가능

○ 부인봉쇄(Non-repudiation) : 서명자는 서명한 후에 서명한 사실을 부인 불가능

5.1.2 전자사명의 서명 형태에 따른 분류

○ 메시지 회복형(Digital Signature giving Message Recovery) : 서명 확인과정에서 서명으로부터 메시지가 복구되는 형태로 RSA, Rabin, Nyberg-Rueppel 등이 있다.

○ 부가형(Digital Signature with Appendix) : 서명 확인과정에서 메시지와 메시지의 서명이 입력의 일부분이 되는 방식으로 DSA, ElGamal, Schnorr 등이 있다.

5.1.3 전자서명 기술의 현황

선진각국은 이미 전자서명 기술의 중요성을 인식하여, 미국의 경우 독자적으로 개발한 DSS(Digital Signature Standard)를 연방 정부 표준으로 제정하고, 유럽에서는 프랑스, 독일을 중심으로 G-Q 방식을 국제표준으로 제정하기 위한 노력을 경주하고 있다.

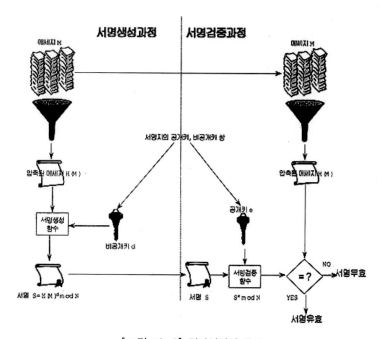

[그림 12-8] 전자서명의 구조

5.2 일회용 패스워드 시스템

사용자의 ID와 패스워드를 인증 기반으로 하고 있는 UNIX 시스템의 패스워드 누출은 많은 위험성을 내포하고 있다. 최근 네트워크를 감청하거나 ID와 패스워드를 도용하기 위하여 스니퍼나 IP 스푸핑 등을 이용한 해킹 방법이 많이 사용되고 있다. 또한 국내에서 발생한 해킹 사례의 많은 부분들이 타인의 ID와 패스워드를 도용하거나 이를 이용한 해킹 사례들이다.

일회용 패스워드 시스템이란 로그인할 때마다 네트워크를 도청하고 있던 제 3 자가 유추할 수 없도록 다른 패스워드를 생성하는 시스템을 말한다.

이러한 시스템은 매번 다른 패스워드를 생성하므로 불안전한 네트워크상에서 가능한 「도청/재시도 공격」에 안전하다.

일회용 패스워드 시스템은 블록 암호 알고리즘, 공개키 암호 알고리즘, 해쉬 알고리즘 등을 이용하여 구현할 수 있다. 기존의 방식은 블록 암호 알고리즘 DES를 이용한 DES 시도/응답 방식을 사용했으나 서버에 사용자의 비 키를 저장함으로써 사용자들의 패스워드가 노출될 위험이 있고, 사전 공격법(Dictionary attack)과 같은 네트워크상의 가능한 공격에 취약 하다. 이와 같은 취약점을 보완하기 위하여 해쉬 알고리즘을 이용한 S/KEY 방식과 공개키 암호 알고리즘을 이용하는 방식이 등장하게 되었다. S/KEY 방식의 특징은 서버에 비 번호를 저장하지 않고 방식 자체가 간단한 반면 사용횟수에 제한이 있고 사전 공격법, 스푸핑 공격법, race attack에 취약하다는 단점이 있다. 공개키 암호 알고리즘 이용 방식은 앞에서 언급한 두 가지 방식에 비해 안전성에서 인정을 받고 있고, 멱승 계산의 속도를 증 가 시 켜 실시간에 서명 생성과 검증을 처리할 수 있는 속도를 유지하고 있다. 사용자의 비 키 보관에 관한 문제가 있었으나 비 키 저장 매체로 사용하고 있는 스마트 카드 기술의 발전으로 설치상의 어려움을 극복하고 있다.

⟶ DES 시도/응답(Challenge/Response) 스킴

사용자가 인증 요구와 함께 사용자 식별 번호를 인증 서버에게 전달하면, 인증 서버는 난수를 생성하여 사용자에게 전달한다. 사용자는 DES를 이용하여 난 수를 자신의 패스워드로 암호화한 후, 인증 서버에 응답한다. 사용자로부터 응답을 받은 인증 서버는 계산한 값과 수신 된 응답 값을 비교하여 일치하는 경우에 사용자를 정당한 사용자로 인증하게 된다.

5.2.1 공개키 암호 알고리즘 이용 방식

DES 시도 응답 스킴과 유사하나 사용하는 알고리즘이 공개키 암호 알고리즘이라는 점이 다르다. 서버는 사용자에게 난수 Rb를 보낸다. 사용자는 보내온 난수를 자신의 비공개키로 암호화하여 보낸다. 서버는 사용자의 공개키로 복호화 하여 복호화한 정보가 자신의 난수 와 같은지 검증한다. 공개키 암호 알고리즘 이용 방식을 그림으로 나타내면 다음 [그림 12-9]와 같다.

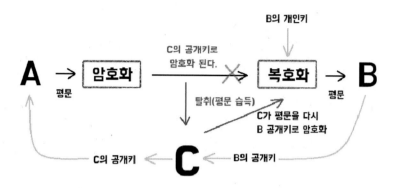

[그림 12-9] 공개키 암호 알고리즘을 이용한 일회용 패스워드 시스템

5.2.2 S/KEY 방식

S/KEY 인증 시스템은 passive attack에 해 사용자의 패스워드를 보호하기 위하여 단방향 해쉬 함수를 사용하는 시스템이다. 먼저 사용자의 비 패스워드와 서버의 seed로 이루어진 정보를 정해진 특정수 N만큼 단방향 해쉬 함수를 수행하여 첫 번째 일방향 패스워드를 생성한다. 두 번째 일방향 패스워드는 사용자의 패스워드와 서버에서 보내온 seed로 이루어진 정보를 단방향 해쉬 함수로 N-1번 수행함으로써 생성한다.

처음에 호스트 컴퓨터는 수신한 일방향 패스워드의 복사본을 저장하고, 그것을 단방향 함수에 적용한다. 만약 그들이 일치하면, 시스템은 사용자를 인증하고, 시스템 패스워드 파일 안에 있는 사용자의 엔트리는 단방향 함수의 마지막 실행 전에 저장되어 있던 일방향 패스워드의 복사본으로 갱신된다. 다음 [그림 12-10]은 S/KEY 방식의 구조를 나타내고 있다.

Initial setup
서버 : login id, 일련번호, seed, 첫 번째 one time password를 저장 사용자 : secret pass- phrase, 일련번호 저장

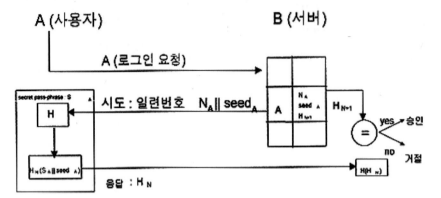

[그림 12-10] S/KEY 방식

6.1 디지털 서명의 원리

공개 열쇠 암호화의 특징을 디지털 서명에 활용 송신자는 자신의 개인 열쇠(Private Key)를 사용하여 메시지 암호화 가능 수신자는 송신자의 공개 열쇠(Public Key)를 사용하여 메시지 복호화 가능하도록 한다.

○ 전체 메시지에 대한 디지털 서명은 메시지 축약본(MD-Message Digest) 디지털 서명

공개 열쇠 암호화의 복잡성으로 인해 실제 적용 불가하여 해시 함수(Hash Function)을 사용하여 메시지 축약본(Message Digest) 생성한다. 그리고 개인 열쇠를 사용하여 메시지 축약본을 공개 열쇠 암호화 기법으로 암호화한다. 해시 함수(H)의 특성의 관계가 성립하는 서로 다른 메시지 x와 y를 찾는 것은 계산상으로 불가능하며, 해시 함수의 결과 값인는 원래 메시지 x에 비해 훨씬 작은 크기를 가짐.

○ MD5(Message Digest 5)는 120비트 크기의 축약본
○ SHA-1(Secure Hash Algorithm 1)은 160비트의 축약본

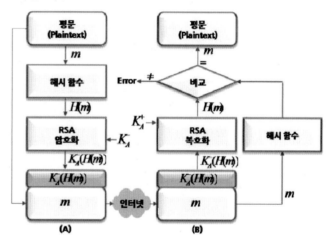

[그림 12-11] 메시지 축약본 디지털 서명 동작 과정

① IP 주소에 의한 인증 : 다른 사용자의 IP 주소를 사용하여 자신의 주소로 속이는IP 스푸핑(IP Spoofing)의 문제점 있다.

② 대칭 열쇠로 암호화된 비밀번호(Password)에 의한 인증과 중간에서 가로챈 정보를 사용하는 재현 공격(Replay Attack) 가능하다.

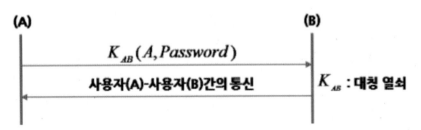

[그림 12-12] 대칭 열쇠로 암호화된 비밀번호(Password)에 의한 인

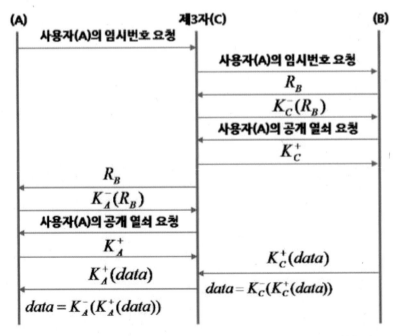

[그림 12-13] 사용자 인증의 중간자 공격(Man-in-the-middle Attack)의 예

6.2 공개 열쇠 인증

6.2.1 목적

악의적인 제3자가 다른 사용자의 공개 열쇠를 자신의 공개 열쇠인 것처럼 사용하는 것 방지한다.

(1) 인증기관(CA-Certification Authority)

정부기관 또는 정부에서 위임한 기관으로써 모든 사용자에게 잘 알려진 믿을 수 있는 기관 각 사용자는 다른 사용자와 구별할 수 있는 자신의 신원 정보와 공개 열쇠를 인증기관에 제시인증 기관은 인증기관의 이름 정보를 포함하는 인증서(Certificate)을 생성 생성된 인증서에 자신의 디지털 서명을 추가

(2) 인증기관을 통한 공개 열쇠 획득 절차

특정 사용자(A)의 공개 열쇠가 필요한 임의의 사용자(B)는 인증기관(CA)에 요청하여 사용자(A)의 인증서를 내려 받는다. 인증서를 수신한 사용자(B)는 인증기관의 공개 열쇠로 인증서의 서명을 확인 한다. 인증기관의 공개 열쇠는 충분히 잘 알려져 있어서 잘못 사용될 소지는 없다. 인증서의 서명 확인 결과 인증서의 무결성이 확인되면(위조되지 않았으면) 인증서상의 사용자(A)의 공개 열쇠를 믿고 사용한다. 그렇지 않으면 인증서에 문제가 있으므로 사용자(A)의 공개 열쇠를 사용할 수 없다.

필드	설명
버전(Version)	X.509의 버전
순서 번호(Serial Number)	CA에 의해 인증서에 부여되는 유일한 순서 번호
서명(Signature)	CA의 디지털 서명
발행 기관(Issuer)	CA의 이름
유효 기간(Validity Period)	인증서의 유효 기간
주체 이름(Subject Name)	공개 열쇠가 인증되는 주체의 이름
공개 열쇠(Public Key)	공개 열쇠와 관련 암호화 기법

[그림 12-14] ITU(International Telecommunication Unoin)에서 개발한 인증서에 대한 국제 표준

Chapter 12 연 습 문 제

1 스크리닝 라우터(Screening Router)에 관한 설명으로 옳지 않은 것은?

① OSI 참조 모델의 3계층과 4계층에서 동작

② IP, TCP, UDP 헤더 내용을 분석

③ 하나의 스크리닝 라우터로 네트워크 전체를 동일하게 보호 가능

④ 패킷 내의 데이터에 대한 공격 차단이 용이함

2 방화벽의 세 가지 기본 기능으로 옳지 않은 것은?

① 패킷 필터링(Packet Filtering)

② Port Mirroring

③ VPN(Virtual Private Network)

④ 로깅(Logging)

3 웹 브라우저, 웹 서버 간에 데이터를 안전하게 교환하기 위한 프로토콜로서, 웹 제품뿐 아니라 FTP나 Telnet 등 다른 TCP/IP 애플리케이션에 적용할 수 있는 보안기술은?

① SET

② SSL

③ PPTP

④ PGP

4 대칭키 암호 알고리즘 SEED에 대한 설명으로 올바른 것은?

① 국제적 컨소시움에서 개발하였다.

② SPN 구조로 이루어져 있다.

③ 20 라운드를 거쳐 보안성을 높였다.

④ 2005년 ISO/IEC 국제 블록암호알고리즘 표준으로 제정되었다.

5 S/MIME에 대한 설명으로 옳지 않은 것은?

① 전자우편 보안 서비스로, HTTP에서는 사용이 불가능하다.

② X.509 형태의 S/MIME 인증서를 발행하여 사용한다.

③ 전자 서명과 암호화를 동시에 사용할 수 있다.

④ 대칭키 암호 알고리즘을 사용하여 전자우편을 암호화 한다.

6 Apache 웹 서버 로그에서 확인 할 수 없는 정보는?

① 클라이언트의 IP Address

② 클라이언트의 요청 페이지

③ 클라이언트의 접속 시도 날짜

④ 클라이언트의 게시판 입력 내용

7 시스템 침투 형태 중 IP Address를 접근 가능한 IP Address로 위장하여 침입하는 방식은?

① Sniffing   ② Fabricate

③ Modify   ④ Spoofing

8 S-HTTP와 SSL에 대한 설명으로 옳지 않은 것은?

① SSL은 잘 알려진 보안 프로토콜인 S-HTTP의 대안으로 제시되었다.

② SSL에서는 전자서명과 키 교환을 위해 RSA 방식을 이용한다.

③ SSL은 보안기능을 강화하기 위하여 Server 인증, Message의 신뢰성, 무결성을 지원하고 있다.

④ SSL은 주고받는 메시지를 암호화하고 그것을 해독하는 기능을 한다.

9 방화벽의 일반적인 구성 요소라고 볼 수 없는 것은?

① 배스천 호스트(Bastion Host)

② 방어선 네트워크(Perimeter Network)

③ 프락시 서버(Proxy Server)

④ 스크리닝 라우터(Screening Router)

10 네트워크 서비스 거부 공격 중 공격자의 공격 입력 전달 방법에 있어서 그 성격이 나머지 것과 다른 것은?

① TCP SYN Flood   ② Smurfing

③ Land   ④ ICMP Flood

11 SET(Secure Electronic Transaction)에 대한 설명 중 옳지 않은 것은?

① 초기에 마스터카드, 비자카드, 마이크로소프트, 네스케이프 등에 의해 후원되었다.

② 인터넷상에서의 금융 거래 안전을 보장하기 위한 시스템이다.

③ 메시지의 암호화, 전자증명서, 디지털서명 등의 기능이 있다.

④ 지불정보는 비밀키를 이용하여 암호화한다.

12 스니핑(Sniffing) 해킹 방법에 대한 설명으로 가장 올바른 것은?

① Ethernet Device 모드를 Promiscuous 모드로 전환하여 해당 호스트를 거치는 모든 패킷을 모니터링 한다.

② TCP/IP 패킷의 내용을 변조하여 자신을 위장한다.

③ 스텝 영역에 Strcpy와 같은 함수를 이용해 넘겨받은 인자를 복사함으로써 스택 포인터가 가리키는 영역을 변조한다.

④ 클라이언트로 하여금 다른 Java Applet을 실행시키도록 한다.

13 Linux에서 사용자 계정 생성 시 사용자의 비밀번호 정보가 실제로 저장되는 곳은?

① /usr/local   ② /etc/password

③ /etc/shadow   ④ /usr/password

C·H·A·P·T·E·R

13

무선통신망 보안

1. 무선통신망 보안
2. 무선랜 적용영역 별 보안대책 및 AP 보안
3. 개인 및 SOHO 사업자의 무선랜 보안

무선통신망 보안

1.1 개요

무선네트워크의 미래 데이터 트래픽은 유선에서 무선으로 트래픽의 비중이 증가하고 있으며 데이터 트래픽의 규모도 급격히 증가될 것으로 예측되고 있다. 데이터 트래픽을 효과적으로 수용하기 위하여 단일한 전송 기술을 이용하는 방식 보다는 다양한 유무선 전송 기술을 기반으로 효과적으로 다양한 유무선 자원을 제어하고 상황에 따라 최적의 전송 기술을 적용함으로써 제한된 유무선 자원을 효율적으로 이용하는 기술이 필요하다. 미래 통신 네트워크는 다양한 액세스 망을 통합 관리함으로써 망 구축비용 및 운영비용을 절감하고 효과적으로 망 자원을 이용하는데 새로운 요구사항을 가지는 신규 서비스에 적절히 대응하기 위하여 유연하고 지능화된 유무선 융합 네트워크 구조로 발전되어야 한다. 본 장에서는 유무선 융합 네트워크 기술을 중심으로 지금까지 진행된 융합 기술에 대해 간단히 살펴보고 유럽을 중심으로 현재 연구되고 있는 유무선 융합 기술에 대하여 설명한다. 그리고, 2020년의 1,000배 빅 데이터의 트래픽을 수용하기 위한 5G 모바일코어망의 요구사항에 대하여 살펴본다.

1.2 차세대 무선랜 보안 기술

1.2.1 무선랜 표준에서의 보안 기술

802.11 표준에서는 RSNA(Robust Security Network Association)을 근간으로 보안기술 정의하고 있다. RSNA 이전(Pre-RSNA) : WEP을 이용한 데이터 프라이버시(알고리즘 자체취약성 존재, 802.11n 이후 미지원) 및 공유키 방식의 인증 제공 하며, TKIP/CCMP(WPA/WPA2)은 무선구간 데이터 프라이버시 보호와 무결성 인증 및 키 관리, 비인가에 대한 접속제어 (802.1X 표준 및 EAP)와 MFP(Management Frame Protection) 또는 BIP(Broadcast/Multicast

Integrity Protocol) : 무선랜 관리 프레임에 대한 무결성 제공으로, 관리 프레임을 이용한 서비스 거부 공격 방어 (802.11w 표준) 무선랜은 기존 유선랜의 확장 개념에서 가정 또는 일반 사무실 환경에서 사용되는 경우가 많아, 대부분이 기존의 유선랜에 무선 AP를 연결한 후, 클라이언트에 무선 랜카드를 장착하여 접속하는 형태로 구성되고 있다. 따라서 유선랜과 무선랜의 분리는 전혀 고려되지 않는 경우가 많으며, 이로 인한 보안 상 문제점이 존재하게 된다. 무선 인터넷 서비스의 취약점은 크게 무선 네트워크 접속 시 인증 과정에서의 문제점과 무선 전송 데이터의 암호화 약점으로 나눌 수 있다. 최초 무선랜 표준안인 IEEE 802.11에서는 별도의 무선랜 인증과 전송 데이터에 대한 암호화는 포함되어 있지 않았다. 제공(802.11i 표준)한다.

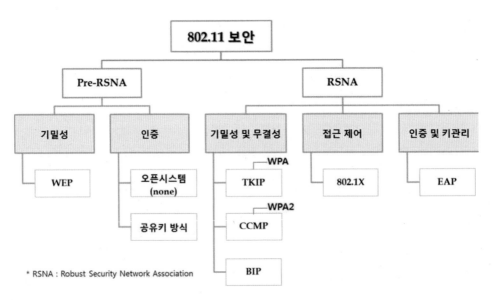

[그림 13-1] 802.11 표준에서의 보안 기술

이로 인해 초기 무선랜은 별도의 인증 절차 없이 접속이 가능하였고, 평문 데이터가 전송되었다. IEEE 802.11b에서 처음으로 무선 전송 데이터의 암호화에 대한 내용이 포함 되었는데, 802.11b에서 정의된 WEP(Wired Equivalent Privacy)은 클라이언트와 무선 AP 사이의 구간에 적용되어 무선 전송 데이터의 암호화를 통해 유선랜 수준의 보안을 제공한다. 하지만, 이 또한 취약점이 발견되어 간단한 도구를 이용해 암호화 key값을 알아내는 것이 가능한 상황이다.

이 외에도 무선 AP에 대한 서비스 거부 공격, 불법 AP를 통한 데이터 유출 가능성 등 다양한 무선 서비스에 대한 취약점이 존재한다.

1.2.2 무선랜의 보안 취약점 분석

(1) 무선랜의 물리적 보안 취약점

가. 무선 장비의 물리적 보안 취약점

무선랜을 구성하는데 있어 중요한 역할을 하는 무선 AP의 경우, 원활한 서비스의 제공을 위해 외부에 노출된 형태로 위치하게 되는 것이 일반적이다. 이러한 무선 AP는 장비가 외부로의 노출로 인해 비인가자에 의한 장비의 파손 및 장비 리셋을 통한 설정 값 초기화 등의 문제가 발생할 수 있다. 무선 AP로 연결되는 유선 네트워크 케이블에 대한 보안도 무선 AP와 마찬가지로 철저해야 하는데, 무선 AP로 연결된 네트워크 케이블이 내부 네트워크로 접근하는 하나의 수단으로 이용될 수 있기 때문이다. 따라서 기본적으로 무선 AP의 설치장소는 외부의 비인가자가 접근할 수 없는 위치에 설치를 하도록 하며, 부득이한 경우, 별도의 시설 설치를 통해 외부로부터 접근이 불가능하도록 철저히 보호하여야 한다.

나. 무선 단말기의 물리적 보안 취약점

무선 단말기는 무선랜 서비스를 구성하는 주요 요소 중의 하나로서 무선랜 사용업체의 필요조건에 따라 여러 형태의 무선 단말기가 존재할 수 있다.무선 단말기의 유형 중 이동성을 가진 노트북, PDA 등의 경우, 항상 분실의 위험성이 존재하게 되는데 이 경우, 저장 데이터의 유출은 물론 무선랜의 내부 보안 설정이 함께 유출될 가능성이 존재하게 된다. 따라서, 무선 단말기의 경우 업무시간 이외에는 반드시 정해진 장소에 보관 하도록 하고, 보관 시에는 단말기의 전원을 종료하여 외부 비인가자의 오용을 사전에 차단하도록 한다. 또한 무선 단말기의 최초 사용 시 로그인 절차 등을 적용하여 비인가자의 접근을 차단하도록 한다.

(2) 무선랜의 기술적 취약성

무선랜은 공기를 전송매체로 사용하는 서비스의 특성 상 많은 취약점이 존재하게 된다. 또한 불특정 다수의 신호 수신이 가능함으로 인해 도청이 가능하고, 무선전파를 전송하는 무선 장비에 대한 공격이 가능하다. 또한 유선랜에서 존재하는 여러 가지 공격 기법이 사용 가능 하다.

가. 도청

무선랜의 가장 근본적인 문제점이라고 할 수 있는 것이 바로 도청이다. 무선 AP에서 발송되는 전파의 강도와 지형에 따라 서비스가 필요한 범위 이상으로 전달될 수 있으며, 이 경우 외부의 다른 무선 클라이언트에서 무선 AP의 존재여부를 파악할 수 있고 더불어 전송 무선 데이터의 수신을 통한 도청이 가능하게 된다. 이 경우, 만일 무선 데이터가 암호화 되어있지 않은 경우 모든 전송 데이터를 볼 수 있어 심각한 문제가 발생하게 된다. 도청은 기본적으로 무선랜 카드가 탑재된 클라이언트는 모두 이용 가능하며, 일반적으로 암호 해독에 이용되는 프로그램을 위한 노트북과 신호 수신을 위한 안테나 등이 사용된다. 무선 전송 데이터의 도청에 이용되는 별도의 S/W는 인터넷을 통해 손쉽게 구할 수 있는데, 이를 이용해 탐지되는 무선랜의 기본적인 구성을 파악할 수 있다. 대표적인 무선랜 분석 S/W인 Net Stumbler의 화면으로 무선랜의 구성요소인, SSID 정보, 무선랜 암호화 방식정보, 무선랜의 속도, 신호감도 등의 정보를 확인할 수 있다. 이러한 S/W와 함께 원거리에서도 무선랜의 신호를 탐지하기 위한 별도의 무선 통신 수신안테나를 이용하여 미약한 무선 신호를 증폭시켜 무선랜의 전송 데이터를 무단으로 취득하게 된다.

나. 서비스 거부

서비스 거부란 무선 서비스를 제공하는 무선 AP 장비에 대량의 무선 패킷을 전송하는 서비스 거부 공격을 통해 무선랜을 무력화하는 것을 말한다. 또한, 무선랜이 사용하는 주파수 대역에 대해 강한 방해전파를 전송하는 것도 통신에 영향을 주게 된다. 무선 클라이언트와의 통신을 위해 설정된 SSID를 포함한 "Probe Request" 메시지를 브로드캐스트로 전송하게 된다. 이 신호를 수신한 무선 AP는 해당 클라이언트가 접속하는 것을 허용한다면 "Probe Response" 메시지를 회신하게 된다. 이러한 과정에서 다량의 request 메시지를 무선 AP로 전송하는 경우, response 메시지 회신 동작의 반복으로 인해 다른 무선 단말기의 접속이 불가능하게 된다. 이러한 무선 AP에 대한 서비스 거부 공격은 실제 내부 네트워크로의 침입으로 까지 발전되지는 않지만, 백화점과 같이 실시간으로 무선랜을 이용해 주요 업무가 이루어지고 있는 경우, 이와 같이 무선랜 자체를 이용해 회사의 중요업무를 수행하는 경우에는, 서비스 중지 시 대체할 수 있는 별도의 유선랜을 준비하여 만일의 경우에 대비하는 것이 반드시 필요하다.

다. 무선 암호화 방식

무선 데이터 암호화 방식으로 많이 사용되고 있는 WEP(Wired Equivalency Protocol)은 전송되는 MAC 프레임들을 40비트의 WEP 공유 비밀키와 임의로 선택되는 24비트의 Initialization Vector(IV)로 조합된 총 64비트의 키를 이용한 RC4 스트림 암호화 방식으로 보호한다.

기본적으로 무선 클라이언트와 무선 AP는 동일한 패스워드 문장으로부터 4개의 고정된 장기 공유키를 생성한 후 이들 중에서 하나를 선택하여 암호 및 인증에 활용한다. 문제는 선택된 공유키의 KEY ID와 IV값을 평문으로 상대방에게 알려줘야 하기 때문에 WEP키가 추출될 수 있는 약점이 존재한다. WPA/WPA2의 경우에도 초기 무선랜에 접속하기 위한 인증단계에 사용되는 Preshared키 값(PSK)을 무선 전송패킷의 수집을 통해 유추해낼 수 있는 취약점이 존재하는 것으로 알려져 있으나, WEP과는 달리 무선 데이터 전송 시 고정된 키 값을 이용해 무선 전송 데이터를 암호화 하지 않으므로 단순히 무선 전송 데이터 패킷의 수집을 통해서는 무선 전송 데이터의 암호화 키 값을 유추해낼 수는 없다. WPA/WPA2의 무선 AP와 무선 단말기간의 인증에 PSK 또는 802.1x/EAP인증방식을 이용한다. PSK 인증방식의 경우, 별도의 인증 서버가 설치되어 있지 않은 소규모 망에서 사용되는 인증방식으로서, 초기 인증에 사용되는 PSK 값을 이용해 4-웨이 핸드쉐이킹(4-way handshaking) 과정을 통해 무선 AP와 무선단말기가 동일한 값을 가지고 있는지 확인하게 된다.

이러한 인증 과정에서 별도의 암호화가 되어 있지 않아 무선 패킷 수집을 통해 비밀 키 값을 유추하는 것이 가능하다는 문제가 발생하고 기존 WEP 암호화 방식의 공격과 마찬가지로 4-handshake 과정의 초기 인증패킷만을 수집하여 준비된 사전파일을 사용하여 고정된 PSK 값의 유추가 가능하다. 하지만 PSK 값의 유추 작업이 항상 가능한 것은 아니며, 일반적으로 사용되는 단어를 사용하거나, 짧은 자리수의 암호를 사용하는 경우에만 적용된다. 실제 WPA와 802.11i 관련 문서에서는 최소 20자 이상의 비밀키를 사용하도록 권고하고 있으나 대부분의 일반 사용자는 짧은 자리 수의 암호나 일반 단어를 사용하는 경우가 대부분이어서 이러한 취약점에 노출되게 된다. 이러한 WEP과 WPA/WPA2 취약점 공격도구는 인터넷을 통해 쉽게 구할 수 있기 때문에 개인 사용자 또는 소규모 무선랜을 사용하는 중소업체의 경우, 공격대상 무선 네트워크 주변에서 패킷 수집 작업을 통해 무선 전송 데이터 암호화에 취약점을 악용할 수 있다.

라. 비인가 접근

① SSID 노출

기본적으로 무선랜에서 사용되는 기본적인 인증방식은 개방형 인증 방식, 즉 별도의 인증 절차 없이 무선 AP와의 연결이 이루어지는 방식이다. 무선 AP에 별도의 무선 전송 데이터의 암호화 방식이나, 인증 절차가 설정되어 있지 않은 경우에는 무선 전송 데이터의 모니터링을 통해 SSID 값을 획득하고, 획득한 SSID 값을 무선 단말기에 설정하는 것만으로 무선랜으로의 불법적인 접속이 가능하게 된다. 일반적인 무선 AP의 경우, SSID 값을 broadcast 하도록 설정되어 있어 SSID 값을 이용해 공격에 필요한 정보의 수집이 가능하며, 별도의 공격기술이나 도구의 사용이 없이도 공격에 필요한 기본적인 정보의 수집이 가능하다.

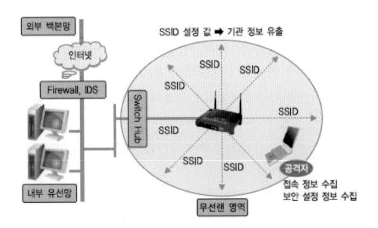

[그림 13-2] 인증 절차 없이 무선 AP와의 연결

② MAC 주소 노출

무선랜 환경에서 접근제어를 위해서 MAC 주소 필터링을 적용하기도 한다. 즉, 무선 전파를 송수신하는 무선랜 카드에 부여된 MAC 주소 값을 이용하여 무선랜 서비스의 접속을 제한하는데 활용하는 것이다. 이러한 MAC 주소 필터링은 간단한 접근제어 방식이면서 공격의 위험을 줄이는데 효과적이다. 또한, 네트워크 규모와 관계없이 적용될 수 있는 보안 메커니즘으로 무선랜 뿐만 아니라, 유선네트워크에서도 많이 활용되고 있는 방법이다. 하지만, MAC 주소 필터링은 공격자가 정상사용자의 MAC 주소를 도용함으로써 쉽게 무력화

되고 있는 실정이다. 아래 [그림 13-3]에서는 공격자에 의해 정상 사용자의 MAC 주소가 도용되어, AP에 설정된 MAC 주소 필터링을 무력화 시키며 접속 요청을 시도하는 모습을 나타내고 있다. 즉, 공격자가 자신의 접속 요청이 제한당하고 있음을 인지하고, 정상 사용자와 AP 사이의 신호를 분석하여 정상 사용자의 MAC 주소를 알아낸 후, 자신의 MAC 주소를 정상 사용자의 MAC 주소로 위조하여 접속을 재요청 하고 있다.

이 경우 AP는 정상 사용자의 접속 요청으로 여기고 접속을 허용하게 된다. 실제, 별도의 무선랜 보안 설정을 하지 않은 개방형 인증방식을 사용하는 곳을 우리 주변에서 쉽게 확인할 수 있으며, 만일 [그림 13-4]과 같이 이러한 무인증 무선 AP가 회사 내의 유선 네트워크에 연결되어 있는 경우, 별도의 인증 절차 없이 직접 내부의 서버와 자료에 접속을 할 수 있게 되어 심각한 보안상의 문제가 발생하게 된다.

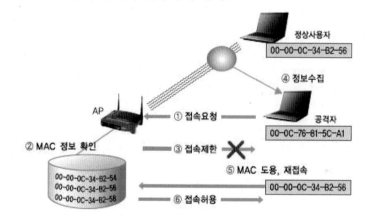

[그림 13-3] AC 주소 필터링을 무력화

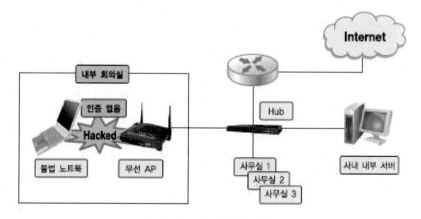

[그림 13-4] 무인증 무선 AP

1.2.3 사용자 인증 취약성과 대응기술

본 절에서는 무선랜 사용자 인증 메커니즘이 갖고 있는 취약성을 분석해 보고, 각 취약성의 대응방법을 알아본다. 무선랜은 전파가 도달되는 일정 거리 안에 있는 사람이라면 누구나 접속을 시도할 수 있다. 그 중에는 비인가자의 접속이 있을 수 있기에 내부망의 침해사고를 미연에 방지하는 강력한 사용자 인증이 반드시 적용되어야 한다.

1.2.4 SSID 설정과 폐쇄시스템 운영

(1) SSID 설정을 통한 접속제한

SSID는 AP가 제공하는 무선랜 서비스 영역을 식별하기 위해 사용하는 ID이다. 무선랜 서비스에 접속하려고 하는 사용자는 현재 자신의 위치에서 접속이 가능한 무선랜 서비스를 식별해야 한다. 무선랜 장비인 AP는 SSID 신호를 브로드캐스트하여 무선랜 서비스가 제공되고 있음을 접속을 원하는 사용자에게 알린다. 사용자는 AP가 보내온 SSID를 이용하여 연결을 원하는 무선랜 서비스에 접속을 시도한다. 무선랜 서비스를 식별하기 위한 SSID에 관한 사항을 좀 더 자세히 살펴보면, 무선랜 환경은 사용자의 접속 편의와 무선랜 서비스 식별을 쉽게 하기 위한 노력으로 SSID 값을 무선랜 서비스를 제공하는 기관의 이름이나, 읽고 기억하기 쉬운 값으로 설정하고 있다. 무선랜 장비인 AP는 자신이 제공하는 무선랜 서비스 영역을 좀 더 많은 사용자에게 알려, 자신의 서비스를 이용할 수 있도록 하고 있다. 이를 위하여, AP는 자신이 제공하는 무선랜 서비스를 식별하기 위한 식별자인 SSID를 브로드캐스트하는 것을 기본설정으로 하고, 이러한 설정은 특정 무선랜 서비스를 이용하고자 하는 사용자에게 SSID 값을 알려 좀 더 쉽게 연결을 시도할 수 있도록 하고 있는 것이다. 하지만, 만일 SSID를 모르는 사용자일 경우 접근을 제한 할 수 있는데 자신이 위치한 곳에서 제공되는 무선랜 서비스에 대한 정보가 없기 때문에 무선랜 서비스에 접속을 시도할 수 없다. 이러한 특성을 가진 SSID 설정 방법을 이용하여 가장 단순한 접근제어를 적용할 수 있다. 즉, 무선랜 관리자가 SSID를 브로드캐스트하지 않도록 설정하고, 인가된 사용자에게는 미리 SSID를 알려주면 인가된 사용자 이외의 SSID를 모르는 공격자의 연결 시도를 줄일 수 있다. 하지만, 단순한 접근제한은 무선랜 분석도구를 이용하여 SSID를 공격자의 접속 요청 시도까지 제한 할 수는 없다. [그림 13-5]와 [그림 13-6]는 공격자가 SSID 값을 알아내는 방법을 나타내고 있다. [그림 13-5]의 경우에는 AP에서 SSID를 브로드캐스트 하는

경우로, 이러한 경우에는 특별한 기술이 없어도 공격자가 단순히 AP 전파 수신영역 안에만
존재하면, 브로드캐스트하는 SSID 값을 알아낼 수 있다. [그림 13-6]의 경우에는 AP에서
SSID를 브로드캐스트하지 않고, 숨김 모드로 설정한 경우이다.

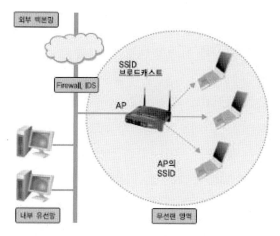

[그림 13-5] 공격자가 SSID 값을 알아내는 방법

이 경우에 공격자는 쉽게 SSID를 알아낼 수는 없지만, 무선 데이터 분석 도구를 사용하여
무선 데이터를 수집 분석하는 과정을 통해서 SSID를 알아낼 수 있다. SSID를 숨김 모드로
사용할 경우에는 공격자에게 SSID를 알아내기 위해서 무선랜 분석도구를 사용하여 일정
시간이상의 무선 데이터를 수집하여 분석하여야 하는 불편함을 준다. 이러한 과정을 통해
서 공격자가 공격을 포기하도록 유도한다.

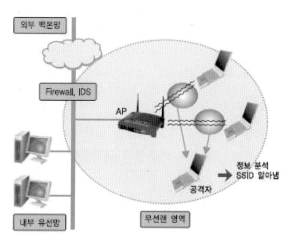

[그림 13-6] 공격자가 SSID 값을 알아내는 방법

(2) MAC 주소인증

가. MAC 주소 구성

MAC 주소는 네트워크 접속 장비인 랜카드에 부여되는 48bit의 주소 값으로, 랜카드 제조 회사가 완성된 랜카드 제품을 출시할 때 하드웨어에 부여하는 값을 말한다. 48bit의 MAC 주소는 24bit의 제조회사 식별 값과 24bit의 제조회사에서 제품 완료시 부여하는 시리얼 번호로 구성된다. 즉, 랜 카드에 부여된 MAC 주소 값을 확인하면 제조회사까지도 알 수 있다. 이러한 특성을 갖는 주소 값으로MAC 주소 값을 설정하기 때문에 하나의 랜카드에 부여되는 MAC 주소 값은 유일한 값으로 네트워크상에서 네트워크 기기를 식별하는데 사용되기도 한다. 무선랜에서 사용하는 랜카드도 유선 네트워크에서 사용하는 랜카드와 마찬가지로 유일한 값의 MAC 주소를 부여 받는다. 이 값을 이용하여 무선랜 장비인 단말기와 AP를 인증 하는데 사용하기도 한다. 대부분 인증 절차는 접속을 허용하는 사용자의 단말기가 사용하는 랜카드의 MAC 주소를 사전에 등록하여 놓고, 접속을 요청하는 단말기의 MAC 주소가 사전에 등록한 리스트에 존재하는지의 여부를 이용하여 인증을 하는 것을 말한다. 이러한 방법을 MAC 주소 필터링이라 부르기도 한다. 복잡한 사용자 인증 메커니즘을 적용하는 것이 아니고 단순히 사용하는 랜카드의 주소 값으로만 접속을 허용할 것이지 아닌지 여부를 결정하기 때문에 대부분 접근제한 방법에 적용되기도 한다. MAC 주소 필터링은 공격의 위험을 줄이는 간단한 방법이면서 네트워크 규모에 상관없이 적용할 수 있는 보안기술로 알려져 있다. 설정 방법 또한 간단하고, 기본적인 공격을 방어하는데 효과적인 방법으로 알려져 있다. MAC 필터링은 무선 네트워크로 진입하는 스위치나 AP 자체에서 설정하여 적용할 수 있다. 현재 나와 있는 많은 종류의 AP에서 지원하는 보안기능이다.

나. MAC 주소인증의 적용방법

① AP에 적용하는 경우

아래 [그림 13-7]은 AP에 MAC 주소인증 기능을 적용한 경우를 나타내고 있다. 무선랜 관리자가 사전에 무선랜 서비스에 접속 가능한 사용자들이 갖고 있는 단말기의 무선랜 카드에 부여된 MAC 주소 값을 조사하여 그 값을 AP에 저장하고, 연결을 요청하는 사용자가 있을 경우에 AP에 저장된 MAC 주소 값과 비교하여 같은 값이 존재하면 연결을 요청한 사용자가 정당한 접속 권한을 갖는 사용자로 간주하여 접속을 허용하고, 그렇지 않는 경우에는 접속을 차단하는 방식이다. 이러한 방식을 제공하기 위해서 AP에 허용하는 사용자들의

MAC 주소에 관한 데이터베이스를 구성하여 관리하여야 한다. 경우에 따라 AP의 저장 능력의 한계로 새로운 사용자 추가에 대한 MAC 주소 추가가 불가한 경우도 발생할 수 있다.

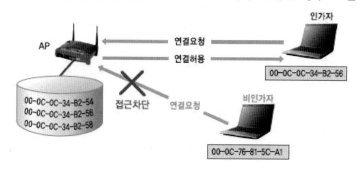

[그림 13-7] AP에 MAC 주소인증 기능을 적용한 경우

② 라우터에 적용하는 경우

아래 [그림 13-18]은 네트워크 장비인 라우터에 MAC 주소인증 기능을 적용한 예이다. MAC 주소인증 방식을 무선랜 장비인 AP에 적용하는 것이 아니라, 무선랜과 유선 네트워크와의 연결점이 되는 네트워크 장비에 적용하는 것을 말한다. 즉, 유선 네트워크에서 사용하는 장비인 라우터나 스위치 등에 MAC 주소인증 기능을 적용하는 것이다. 이러한 적용방법은 네트워크 장비인 라우터나 스위치에 부하를 가중시킬 수 있다. 즉, 네트워크 장비가 MAC 주소인증 기능을 수행함으로 인해, 네트워크 장비의 고유의 기능인 경로설정과 데이터 전송의 속도가 저하되는 경우가 발생할 수 있다. 이러한 단점으로 인해 실제로는 네트워크 장비인 라우터나 스위치 등에 MAC 주소인증 기능을 적용하는 예는 그리 많지 않다.

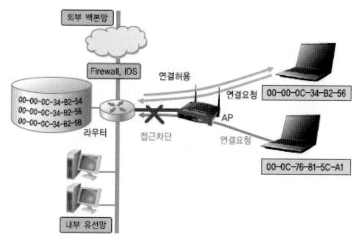

[그림 13-8] 네트워크 장비인 라우터에 MAC 주소인증

③ 인증서버에 적용하는 경우

무선랜에서 MAC 주소 인증을 적용하는 또 다른 방법은 인증 서버를 이용하는 방법이 있다. 인증 서버를 이용하여 MAC 주소 인증을 적용하면, AP를 이용할 때 발생하는 불편함인 메모리 한계로 인한 MAC 주소 정보 저장의 한계를 극복할 수 있고, 각AP 마다 유지 관리해야 했던 MAC 주소 정보를 인증서버 한 곳에서만 관리해도 됨으로 관리자의 업무 부담을 줄 일 수 있다. 이 방식을 적용하려면 무선랜 환경에 인증 서버를 구축하여 운영해야 함으로 비용이 증가하는 단점이 있다. 하지만, 동적 WEP의 적용이라던가, IEEE 802.1x 표준에서 정의한 보안기능인 EAP 인증기능 등을 사용하려면, 인증 서버가 필요하게 됨으로 인증 서버를 이용한 다양한 보안기능을 추가로 활용할 수 있게 된다.

다. MAC 주소 인증의 장점과 단점

앞에서 설명한 방법으로 MAC 주소인증을 적용하기 위해서는, 우선 무선랜 환경에 접속을 허용하는 사용자들의 MAC 주소 인증을 수행하는 장비에 미리 추가하여 설정하여야 한다. 하지만, MAC 주소 인증을 수행하는 장비관리 소홀과 해킹 등의 이유로 장비에 저장되어 있는 MAC 주소정보가 외부로 노출될 수 있다. MAC 주소가 외부로 노출되면, 공격자가 노출된 MAC 주소를 악용하여 무선랜을 통한 침해행위를 발생 시킬 수 있음으로 MAC 주소 정보 관리에 주의하여야 한다.

물론, 무선랜 사용자도 자신이 사용하는 무선랜 카드를 분실한다거나, MAC 주소정보를 다른 사람들에게 알려주는 등, 자신의 MAC 주소가 외부에 노출되는 것을 막기 위해 주의를 기울여야 한다. MAC 주소인증은 무선랜 서비스를 미리 정해진 인가된 사용자에게만 접근할 수 있도록 제공하고 있다. 즉, 간단한 보안 설정으로 미리 정해진 사용자에게만 MAC 주소 인증을 통한 접근을 허용하려는 접근제어를 수행하는 것이다. 하지만, 무선랜 장비가 많은 대규모 기관에서는 사용자의 MAC 주소를 관리하기 위한 관리자의 업무가 무척이나 많아진다. 앞에서도 언급한바 있듯이 MAC 주소정보를 사전에 등록하기 위해서는 많은 메모리를 요구하나, 네트워크 장비(AP, 라우터, 스위치, 인증서버 등)의 메모리에는 한계가 있어, 많은 수의 MAC 주소를 등록하지 못하는 경우가 발생하게 된다. 이러한 경우에 정당한 사용 권한이 있는 사용자의 접속이 이루어지지 못할 수가 있음으로 MAC 주소인증 방식의 적용을 위해서는 장비마다 적절한 접속 인원을 할당해서 적용해야 한다.

(3) WEP 인증 메커니즘

WEP은 앞에서 설명한 것과 같이 유선과 동등한 프라이버시를 제공한다는 목적에서 개발되었고, 데이터 암호화와 사용자 인증, 두 가지 기능을 모두 제공한다. 여기에서는 인증의 측면에서 WEP의 특성을 알아본다. WEP에서 제공하는 사용자 인증은 간단히 설명하면, 서로 같은 공유키를 갖는 사용자들을 정상적인 사용자로 인증하여 통신하는 방법을 제공한다. 이제 WEP 인증 절차와 WEP 인증이 갖는 보안상의 특성을 알아본다.

가. WEP 인증 절차

[그림 13-9]은 무선랜 장비인 AP와 사용자간의 WEP 인증을 수행하는 절차를 나타내고 있다. 앞에서 설명한 것과 같이 WEP의 암호화 방식을 이용하여, [그림 13-9]와 같이 4가지 절차를 거쳐서 AP와 사용자간의 인증을 수행한다.

① 사용자가 이용하고자 하는 무선랜 서비스의 SSID값을 알아내어, 무선랜 AP에 연결요청 메시지를 전송한다.

② 사용자의 연결요청을 메시지를 받은 AP는 임의의 문장을 생성 원본을 저장하고, 연결요청응답메시지를 이용하여 암호화되지 않은 사본을 전송한다.

③ 연결요청 응답 메시지를 받은 사용자는 AP가 보내온 임의의 문장을, 자신이 갖고 있는 공유키를 이용하여 WEP 암호화를 적용하여 암호문으로 만든다. 완성된 암호문을 AP에 전송한다.

④ 사용자가 자신의 공유키인 WEP키로 만든 암호문을 전송 받은 AP는 AP가갖고 있는 공유키를 이용하여 암호문을 복호한다. 복호화 된 문장과 자신이 저장하고 있던 원본의 문장을 비교하여 같으면, 사용자가 자신과 같은 공유키를 갖는 그룹원임을 인식하고, 연결 허용 메시지를 전송한다. 이러한 방식을 통하여 사용자와 AP가 같은 WEP 키값을 가지고 있다는 것을 인식하게 되고, 같은 키 값을 갖는 사용자들을 정당한 사용자로 인식하여, 무선랜 서비스를 제공한다.

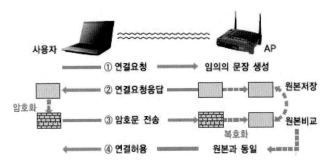

[그림 13-9] 무선랜 장비인 AP와 사용자간의 WEP 인증

나. WEP 인증 메커니즘의 취약성

　WEP을 이용한 인증 방식은 공유키인 WEP 키를 이용하여 사용자를 인증하는 방식으로 공유키 값을 모르는 사용자는 무선랜 서비스를 이용할 수가 없다. WEP 인증을 적용하는 방식은 아주 간단하다. 우선, AP를 이용한 WEP 인증은 AP와 사용자의 단말기에 같은 값의 WEP키를 설정하여 사용하면 된다. 인증 서버를 이용하여 WEP을 적용할 경우도 마찬가지다. WEP을 이용한 인증은 데이터 암호화와 함께 적용되기 때문에 편리하다. WEP을 적용하여 사용하기만 하면, 사용자 인증과 데이터 암호를 모두 적용할 수 있기 때문이다. 뿐만 아니라, 무선랜 장비에서 WEP을 구현하는 것도 무척이나 간단하고, 인증 절차 또한 간결하여 사용자에게 무척이나 많은 편의를 제공한다.

　하지만, WEP을 이용한 사용자 인증은 몇 가지 문제점을 갖고 있다. WEP이 갖는 문제점에 대해서 자세히 알아보기로 한다.

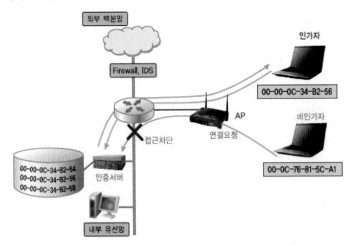

[그림 13-10] AP와 사용자의 단말기에 같은 값의 WEP키를 설정

→ 단방향 인증방식 제공으로 인한 취약성

WEP을 이용한 인증 방식은 앞에서도 알 수 있듯이, AP에서 사용자를 인증하는 단방향 인증 메커니즘을 제공하고 있다. 이러한 단방향 인증 방식은 인증방식이 안전하지 못하여 악의적은 목적으로 운영되는 복제 AP(clone AP : 악의적인 목적으로 정상 AP와 똑같은 설정을 갖도록 복제하여 구성한 AP)로 인한 피해가 발생하게 된다. 아래 [그림 13-11]는 복제 AP로 인해 정상 사용자가 접속을 잘못하여, 피해가 발생하는 경우를 나타내고 있다. 복제 AP를 이용하여 피해는 다음과 같은 절차로 발생하게 된다.

① 공격자가 정상적인 무선랜 환경에서 서비스를 제공하는 AP의 정보를 수집하여 같은 제조회사의 같은 모델을 이용해 정상 AP와 똑같은 설정을 갖는 AP를 복제하여 구성한다.

② 기관 내부에서 무선랜 서비스를 이용하는 사용자나 무선랜에 접속하고자 하는 사용자는 정상 AP보다 더욱 강력한 전파를 송신하는 복제 AP를 정상AP로 오인하게 된다. 정상 사용자는 아무런 의심 없이 복제 AP에 접속을 요구하는 메시지를 보내게 되고, 복제 AP는 응답 메시지를 통하여 거짓 인증요구를 한다. 사용자는 복제 AP에 자신의 인증정보를 보내게 되고, 복제 AP는 사용자의 인증정보와는 무관하게 무조건 접속을 허용한다.

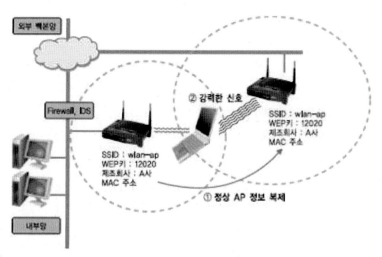

[그림 13-11] 복제 AP로 인해 정상사용자가 접속을 잘 못하여, 피해가 발생

이제 정상사용자는 복제 AP를 이용하여 인터넷 서비스를 사용하게 되며, 이 때 복제AP를 이용한 공격자는 정상 사용자가 이용하는 인터넷 패킷의 정보를 수집하여 개인정보나 금융 정보 등을 알아낸다.

이 때 만일 정상 AP와 사용자 사이에 WEP 인증을 수행한다면, 정상 AP를 복제한 복제 AP에서도 WEP 인증을 설정하여 수행함으로써, 정상 사용자의 연결을 아무런 의심 없이 처리할 수 있다. 아래 [그림 13-11]은 복제 AP를 이용하여 정상사용자의 접속을 유도하여 WEP 인증 메커니즘을 통과하는 과정을 나타내고 있다.

복제 AP가 강력한 전파를 발생하여 정상사용자의 접근을 유도한다. 정상사용자는 양질의 전파가 들어오는 AP가 자신이 사용하고자 하는 정상 AP로 인식하고, 연결요청 메시지를 보내게 된다.

① 복제 AP는 정상 사용자가 복제 AP임을 알아채지 못하도록 WEP 인증을 수행한다. 즉, 임의의 문장을 생성하여 정상 사용자에게 연결요청 응답메시지로 전송한다.
② 정상 사용자는 자신이 갖고 있는 WEP 키를 이용하여 암호문을 만들어 복제 AP에 전송한다.
③ 복제 AP에서는 WEP키를 모르므로 무조건 연결 허용 메시지를 보내어, 정상 사용자의 접속을 유도한다.

이러한 방식으로 복제 AP를 통한 정상 사용자의 무선랜 연결 설정이 완료되면, 정상 사용자가 송수신하는 패킷을 모니터링 하여, 공격에 필요한 정보를 수집한다. 위와 같은 공격이 가능하게 되는 이유는, 무선랜 서비스 사용자가 무선랜 서비스를 제공하는 AP에 대한 인증을 하지 않았기 때문이다. 다만, AP에게 자신이 WEP키를 갖고 있으며, WEP 메커니즘에 의해 생성된 암호문을 전송함으로써, 자신의 접속이 합법적으로 이루어지고 있다는 것을 간접적으로 알리기만 할 뿐, 자신의 접속여부를 결정하는 AP가 정상적으로 기관에서 설치하여 운영되고 있는 AP인지, 복제되어 공격에 이용되고 있는 AP인지의 여부를 체크하지 않고 있기 때문이다. 이러한 취약점은 단방향 인증 메커니즘을 이용하여 발생하는 것으로, 사용자도 AP가 자신이 접속하고자 하는 기관에서 운영되고 있는 AP인지 여부를 확인할 필요가 있다. 즉, WEP은 단방향 인증이므로 비인가 AP, 복제 AP 등에 의한 피해가 발생할 수 있음으로 WEP을 사용하는 기관의 사용자는 무선랜 서비스 이용할 때 항상 조심하여야 한다.

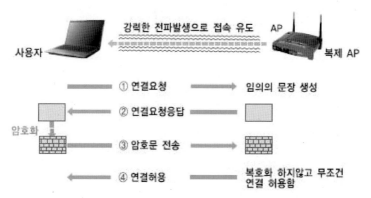

[그림 13-12] 복제 AP를 이용하여 정상사용자의 접속을 유도

무선랜 적용영역 별 보안대책 및 AP 보안

무선랜 표준에서 가장 이슈가 되고 있는 부분은 무선랜의 보안으로, 점차 무선랜의 속도가 향상되고 사용자가 증가함에 따라 그 중요성도 더욱 높아지고 있다.

본장에서는 무선랜을 적용하는 대상별로 어떻게 보안 기술을 적용 운영해야 하는지에 대해 알아보도록 한다. WPA와 WPA2는 [표 13-1]과 같이 인증과 암호화 관점에서 차이점이 있다. 무선랜 환경의 안전한 운영을 위해서는 WPA2를 사용하는 것이 권장되고 있다. 하지만, WPA2를 지원하는 하드웨어 장비가 구비되어야만 하기 때문에 무선랜 환경을 완전히 WPA2 기반으로 바꾸기는 어려운 실정이다 무선랜 적용을 2가지의 영역으로 나누면, 일정 규모 이상의 네트워크를 소유하고 이의 일부로 무선랜을 사용하는 기업 사용자와 네트워크 구성의 편리성을 위해 개인이나 SOHO 수준의 네트워크로 구분할 수 있다.

[표 13-1] 인증과 암호와 관점의 차이

구분	WPA		WPA2	
	Authentication	Encryption	Authentication	Encryption
엔터프라이즈 모드	IEEE 802.1X/EAP	TKIP/MIC	IEEE 802.1X/EAP	AES-CCMP
개인 모드	PSK	TKIP/MIC	PSK	AES-CCMP

일정규모 이상의 기업 사용자 관점에서는, 무선랜 보안 정책들이 정의되어야 하며, 보안 정책을 기반으로 기술의 적용이 이루어져야 한다. [그림 13-13]에서 WPA2를 기반으로 데이터의 암호화와 RADIUS 인증서버를 사용한 무선 단말의 인증을 통해 무선랜의 안전한 사용을 위한 보안구성을 보여주고 있다.

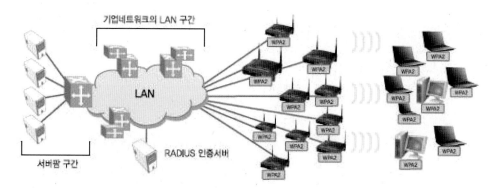

[그림 13-13] WPA2를 기반으로 데이터의 암호화와 RADIUS 인증서버

　본 절에서는 [그림 13-13]와 같은 보안 설정을 위한 요소기술 및 이들의 설정 방법을 제시하고자 한다. 또한, 개인 또는 SOHO 수준의 네트워크에서는 안전한 무선랜 환경을 만들기 위한 최선의 방법을 제시하고자 한다. 또한, 기업 및 개인 모두에게 적용될 수 있는 무선 AP의 관리적 물리적 방안을 제시하고자 한다.

2.1 기업 네트워크에서의 무선랜 보안

2.1.1 무선 단말 인증

　기업 네트워크에서의 무선단말 인증은 RADIUS(Remote Authentication Dial-In User Service) 서버를 활용하여 EAP 기반의 인증을 하도록 권고하고 있다. 무선 단말의 인증을 위해 사용할 수 있는 MAC 주소 인증의 경우 운영체제에서 손쉽게 스푸핑을 할 수 있기 때문에 권장하기 어려우며, 데이터의 암호화를 위해 사용하는 WEP 키 기반의 단말 인증은 그 취약점에 대해서 3장에서 명시하였다. 따라서, 무선 단말 인증을 위한 전용 서버의 사용은 기업 내 무선랜의 비중이 높아지는 시점에서 매우 필수적이라고 할 수 있다. 다음 [그림 13-14]은 윈도우 환경에서 MAC 주소를 변경하는 방법을 보여주고 있다.

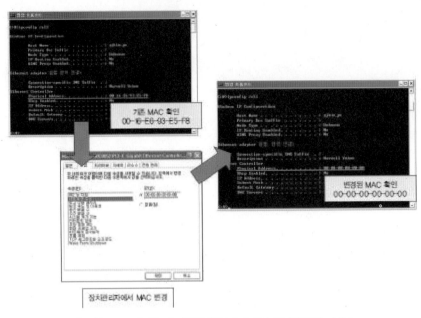

[그림 13-14] 윈도우 환경에서 MAC 주소를 변경하는 방법

　　별도의 RADIUS 서버 운영은 무선 AP에 참여할 수 있는 사용자에 대한 정보를 별도로 관리하여 허가받은 사용자에게만 무선랜의 사용을 허용함으로써 무선랜 보안 정책의 효과적 적용을 위한 기술적 지원 받을 수 있다. RADIUS 인증 절차는 [그림 13-15]와 같다. 무선 클라이언트는 사용자 계정을 포함한 EAP 메시지를 무선 AP로 송신(무선구간) 무선 AP는 수신된 EAP 패킷을 RADIUS 패킷으로 싸서 RADIUS 서버로 전달 (유선구간) RADIUS 서버는 사용자 계정DB와 비교하여 유효한 사용자인지를 판단한 후, 결과를 정상 사용자의 경우, EAP Success 메시지가 내포된 (Encapsulation) 된 RADIUS Access-Accept 메시지를 무선 AP로 전달된다.

　○ 무선 AP는 해당 사용자의 무선 인터넷 접속을 허용, EAP Success 메시지를 EAPoL 패킷에 내포하여 사용자에게 전달무선망에서의 RADIUS 인증은 EAP(Extensible Authentication Protocol)메시지를 이용해 사용자 인증을 수행한다.

　　EAP는 초기에는 PPP(Point to Point Protocol)에서의 사용을 위해서 개발되었으나, 무선랜 802.1x에서 사용자 인증 방법으로 사용되어지고 있다. 다음은 다양한 인증 방법에 사용될 수 있도록 설계된 EAP의 기본구조이다. EAP는 링크계층에서 다양한 인증 방법의 전송을 지원한다. EAP는 다양한 인증 방법을 제공하기 위해 코드 필드에서 사용하는 인증 방법을 구분하고, 데이터 영역은 가변 길이로 정의를 하고 있다.

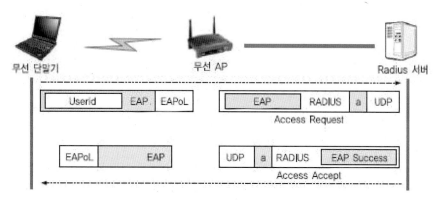

[그림 13-15] RADIUS

인증 절차는 코드필드의 값에 따라 지원되는 EAP 인증 프로토콜이 결정되며, EAP를 이용 하는 사용자 인증 방법으로는 WAP-MD5, EAP-TLS, EAP-TTLS, PEAP 등이 있다.

RADIUS 서버를 무선랜에 적용하는 경우, 추가적으로 RADIUS 서버에 대한보안도 같이 고려되어야 한다. 무선랜을 통한 RADIUS 서버로의 접근 제한을 통해, 일반 무선 클라이언트 등이 접속할 수 없도록 제한하고, 무선랜의 중요도에 따라 RADIUS 서버의 이중화 등도 고려하도록 한다. 다음은 EAP를 이용한 단말의 인증에 있어서 많이 사용되는 EAP-MD5, EAP-TLS에 대한 구성 및 설정을 보여주고 있다.

(1) EAP-MD5의 구성

EAP-MD5의 구성은 [그림 13-16]와 같다. 이는 많은 인터넷 뱅킹에서 사용하고 있는 보안카드를 떠올리면 이해가 쉽다. 즉, 인증 서버가 전송한 난수를 무선랜카드는 WEP 키를 이용해서 해쉬 값을 구해서 전송하게 되고, 인증서버는 자신이 구한 값과 클라이언트가 전송한 값을 비교하여 동일하면 인증에 성공한 것으로 간주한다. 따라서 EAP-MD5를 사용하기 위해서는 반드시 WEP 키가 설정되어 있어야 한다.

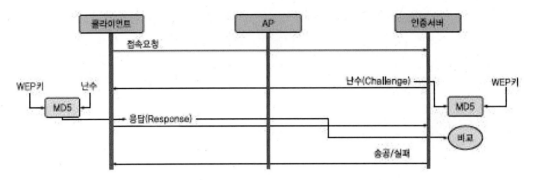

[그림 13-16] EAP–MD5의 구성도

클라이언트에서 EAP-MD5를 설정하는 방법은 [그림 13-17]과 같다.

[그림 13-17] EAP–MD5를 설정하는 방법

(2) EAP–TLS의 구성

EAP-MD5의 경우는 설정이 비교적 간단한 편이지만 EAL-TLS의 경우는 좀 더 복잡하다.
우선 EAP-TLS를 이용하기 위해서는 다음과 같은 구성요소가 모두 갖춰져야 한다.

○ AP : EAP-TLS를 지원하는 AP
○ 인증서버 : EAP-TLS를 지원하는 AAA (Authentication, Authorization, Accounting) /

RADIUS 서버

○ 클라이언트 : 윈도우 XP 및 EAP-TLS를 지원하는 무선랜카드

○ CA 시스템 : 인증서 발급을 위한 CA 시스템이 같은 EAP-TLS 관련 시스템들은 [그림 13-18]와 같이 구성된다. 일반적인 환경을 고려하여 네트워크 관련 서버도 추가하였다.

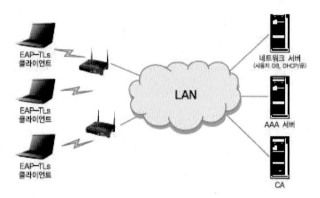

[그림 13-18] EAP-TLS 관련 시스템

(3) EAP-TLS 인증서

EAP-TLS는 인증서 기반의 상호인증을 제공하기 때문에 인증서버와 클라이언트는 모두 인증서를 소지하고 있어야 한다. 우선, 무선랜에서 사용되기 위해서 클라이언트 인증서는 다음과 같은 요구사항을 만족시켜야 한다.

○ 인증서는 X.509 v3 규격을 따라야 한다(이는 일반적으로 인터넷뱅킹 등에서 사용되는 인증서와 동일하다).

○ [그림 13-19]와 같이 Enhanced Key Usage 필드가 반드시 사용되어야 하며, 이 필드의 값은 Client Authentication 이어야 한다.

○ 발급대상(Subject name) 필드는 user ID와 동일해야 한다.

클라이언트 인증서가 정상적이라면 [그림 13-19]과 같이 유효한 것으로 검증되게 된다. 이 때 클라이언트 인증서의 발행 목적이 원격 컴퓨터에서 자신의 신원을 인증하는 것임을 눈여겨 볼 필요가 있다.

EAP-TLS 환경에서는 인증서버에서 사용자를 인증하기도 하지만 사용자 역시 인증 서버를 인증해야 한다. 따라서 인증서버 역시 적절한 인증서를 소지하고 있어야 한다. 서버 인증서 역시 다음과 같은 사항을 만족시켜야 한다.

○ 인증서는 X.509 v3 규격을 따라야 한다.
○ Enhanced Key Usage 필드가 반드시 사용되어야 하며, 이 필드의 값은 Server Authentication 이어야 한다.

사용자 및 서버 인증서의 설치에 대한 자세한 설명은 생략하기로 하고, Windows XP에서 EAP-TLS를 사용하기 위해 필요한 설정에 대해서 살펴보면 다음과 같다.

[그림 13-19] Enhanced Key Usage 필드

EAP-MD5의 경우와 마찬가지로 네트워크 설정 → 무선 네트워크 → 인증 창을 띄운다 ([그림 13-20] 참조).

[그림 13-21]에서 보는 바와 같이 EAP-TLS 사용을 위해서 IEEE 802.1x를 사용하도록 체크한다. 그리고 EAP Type는 "스마트카드 또는 기타 인증서"를 선택한다. 그 후 속성 버튼을 클릭하면 [그림 13-21]과 같이 인증서와 관련된 설정을 할 수 있는 창으로 이동한다.

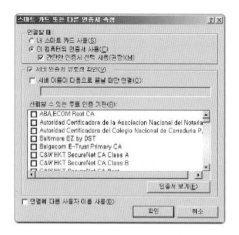

[그림 13-20] EAP-MD5네트워크 설정

이 때, "내 스마트 카드사용"은 클라이언트의 인증서가 스마트카드에 저장되어 있을 경우에 사용한다. "이 컴퓨터의 인증서 사용"은 인증서가 컴퓨터의 하드디스크에 저장되어 있을 경우에 사용한다. [그림 13-20]을 통해서 서버 인증서를 검증함을 알 수 있다. 즉, 클라이언트 인증뿐만 아니라 서버 인증도 수행한다. 그리고 최상위 CA를 설정하도록 되어 있음을 알 수 있다.

2.1.2 전송 데이터의 암호화

일정 수준이상의 기업 환경에서 사용 권장되는 무선 전송 데이터의 암호화 방식은 WPA-엔터프라이즈이며, 여기서는 TKIP 또는 AES 기반의 CCMP를 사용하여 암호화 및 암호화를 수행한다. WPA2-엔터프라이즈 환경에서의 암호화 설정은 [그림 13-21]와 같다.

TKIP의 경우, WEP의 취약점을 보안하는 암호방식으로, WEP과는 달리 고정된 암호화 key를 사용하는 대신 EAP에 의한 사용자 인증 결과로부터, 무선 채널 보호용 공유 비밀키를 동적으로 생성하여 패킷의 암

[그림 13-21] WPA2-엔터프라이즈 환경에서의 암호화 설정

호화를 진행한다. TKIP의암호문은 WEP 암호화 알고리즘을 적용하였을 때 보다 초기벡터 값을 확장하고 키 mixing 함수 사용을 통해 암호키의 생성 과정을 보완하였으며, 사용자 전송 데이터의 무결성을 강화하였다. TKIP는 기존 하드웨어를 사용하면서 전송 데이터를 암호화하기 위한 방법이었다면, CCMP는 이미 검증된 암호화 기법인 AES를 기반으로 무선 랜 환경의 데이터에 대한 비밀성과 무결성을 보장하기 위한 방법이다. CCMP는 IEEE 802.11i의 표준을 따르는 전송 데이터의 암호화 기법으로서, TKIP보다 안전하다고 여겨지며, 권장되는 설정이다. 하지만, 현재 구입한 하드웨어가 이를 지원해 주지 않는 다면 이를 활용하는 것이 불가능하다.

키 mixing 함수 사용을 통해 암호키의 생성과정을 보완하였으며, 사용자 전송 데이터의 무결성을 강화하였다. TKIP에 대한 자세한 설명은 3장에 기술되어 있다.

TKIP는 기존 하드웨어를 사용하면서 전송 데이터를 암호화하기 위한 방법이었다면, CCMP는 이미 검증된 암호화 기법인 AES를 기반으로 무선랜 환경의 데이터에 대한 비밀성과 무결성을 보장하기 위한 방법이다. CCMP는 IEEE 802.11i의 표준을 따르는 전송 데이터의 암호화 기법으로서, TKIP보다 안전하다고 여겨지며, 권장되는 설정이다. 하지만, 현재 구입한 하드웨어가 이를 지원해주지 않는 다면 이를 활용하는 것이 불가능하다. CCMP에 대해서는 3장에 기술되어 있다.

개인 및
SOHO 사업자의 무선랜 보안

3.1 사설망을 통한 인증 및 암호화

　WPA의 한 형태인 WPA-개인은 개인사용자를 위한 WPA 기술의 적용이고, 앞서 설명한 WPA-엔터프라이즈는 일정 수준 이상의 기업 환경에서 사용할 수 있는 기술이다. 이 두 접근의 가장 큰 차이점은 인증서버의 사용여부로서, 기업의 유선랜 환경과 연동되어 중요한 정보들을 교환하는 상황이 발생하는 경우 WPA-엔터프라이즈가 권장되지만, 인증서버를 두기 어려운 상황에서는 WPA-개인을 사용하게 된다. WPA-개인의 PSK는 무선 단말과 AP가 나누어 갖는 키로서, 이를 통해 단말 인증을 수행하게 된다. 무선 AP와 무선 단말은 공통으로 설정한 비밀키(PSK)를 가지고 4 웨이 핸드쉐이킹 절차를 통해 무선랜에 접속할 수 있다. 무선 데이터 암호화에는 안전성이 검증된 CCMP가 권장되며, CCMP의 경우에는 128비트 블록키를 사용하는 CCM(Counter Mode Encryption with CBCMAC)모드의 AES 블록 암호 방식을 사용한다. WPA2-개인 환경에서의 암호화 설정은 [그림 13-3]과 같다.

　이러한 WPA2 방식을 사용하기 위해서는 무선 AP와 무선 단말기 모두에서 WPA2를 지원해야 해당 기능을 사용할 수 있다. 현재 WPA2-PSK의 경우 앞서 언급한 바와 같이 초기 무선랜 인증 시 진행되는 4웨이 핸드쉐이킹 단계의 무선 패킷수집을 통해 비밀키 유추가 가능한 문제가 있다. 이를 보완하기 위해서는 비밀키는 특수문자를 포함한 임의의 문자를 사용하여 최대한의 자리수를 사용하도록 한다.

[그림 13-22] WPA2-개인 환경에서의 암호화 설정

무선랜 사업자의 서비스 이용 국내 무선 인터넷 서비스 제공업체가 제공하는 인증서버를 통한 단말 인증기능을 사용하는 것도 안전한 무선랜 운영을 위한 방법이라고 할 수 있다.

3.2 무선 AP의 물리적/관리적 보안

3.2.1 SSID Broadcast 금지

SSID(Service Set Identifier)는 무선 AP를 이용해 구성되는 무선 네트워크를 구별하는 식별자로서 다수의 무선 네트워크가 존재하는 경우, 무선 클라이언트가 접속할 네트워크를 구분하는 역할을 하게 된다. 대부분의 무선 AP는 무선 클라이언트가 무선 네트워크의 존재를 인식할 수 있도록 SSID를 broadcast 하도록 설정되어 있는 것이 일반적이다.

(1) 무선 AP의 Default Password 변경

Default Password의 사용은 무선 AP에 국한되는 문제는 아닐 수 있다. 기본적으로 대부분의 네트워크 제품은 공장 출하 시 설정되는 Default Password를 가지고 있고, 특히 관리상의 편의를 위해 기본 설정되어 있는 Password를 사용하는 경우가 종종 확인되고 있다. 하지만 이는 암호를 설정하지 않은 보안 수준으로서, 반드시 일반적으로 통용되고 있는 수준의 암호 설정을 통해 무선 AP를 관리·운영하도록 한다.

5G시대 네트워크 - 유무선 네트워크부터 5G까지

Chapter 13 연습문제

1 "정보보호 표준용어" 대한 설명이 올바른 것은?

① 대칭형 암호 시스템(Symmetric Cryptographic System) : 비밀 함수를 정의하는 비밀키와 공개 함수를 정의하는 공개 키들의 쌍

② 복호(Decipherment) : 시스템 오류 이후에 시스템과 시스템 내의 데이터 파일을 재저장하는 행위

③ 공개키(Public Key) : 정보시스템을 사용하기 전 또는 정보를 전달할 때, 사용자를 확인하기 위해 부여된 보안 번호

④ 데이터 무결성(Data Integrity) : 데이터를 인가되지 않은 방법으로 변경할 수 없도록 보호하는 성질

2 용어 설명이 바르지 않은 것은?

① 접근 통제 : 비인가자가 컴퓨터 시스템에 액세스하지 못하도록 하는 것

② 인증 : 전문 발신자와 수신자를 정확히 식별하고 제삼자가 위장하여 통신에 간여할 수 없도록 하는 것

③ 부인 방지 : 데이터에 불법적으로 접근하는 것을 막기 위한 것

④ 무결성 : 인가자 이외는 전문을 변경할 수 없게 하는 것

3 Windows 2000 Server의 보안 감사 정책 설정 시 예상되는 위협으로 볼 수 없는 것은?

① 바이러스 침입

② 파일에 대한 부적절한 접근

③ 프린터에 대한 부적절한 접근

④ 임의의 하드웨어 장치 설정

4 Linux의 사용자 보안에 관한 사항으로 옳지 않은 것은?

① 사용자 계정을 만들 때 필요 이상의 권한을 부여해서는 안 된다.

② root의 path 맨 앞에 '.'을 넣어서는 안 된다.

③ 서버에 불필요한 사용자를 없앤다.

④ 사용자 삭제시 "/etc/passwd" 파일에서 정보를 직접 삭제한다.

5 사용자 계정 생성 시 사용자의 비밀번호 정보가 실제로 저장되는 곳은?

① /usr/local   ② /etc/password

③ /etc/shadow   ④ /usr/password

6 방화벽에서 내부 사용자들이 외부 FTP에 자료를 전송하는 것을 막고자 한다. 외부 FTP에 Login은 허용하되, 자료전송만 막으려고 할 때 필터링 할 포트 번호는?

① 23   ② 21

③ 20   ④ 25

7 전자우편 보안 요소에 해당하지 않는 것은?

① 송신 부인 방지(Non-Repudation of Origin)

② 메시지 무결성(Message Integrity)

③ 패킷 필터링(Packet Filtering)

④ 기밀성(Confidentiality)

8 여러 가지 암호화 방식(Cryptography)을 사용하여 메시지를 암호화함으로써 우리가 획득할 수 있는 보안요소로 옳지 않은 것은?

① Confidentiality   ② Integrity

③ Firewall   ④ Authentication

9 피싱(Phishing)에 대한 설명으로 가장 옳지 않은 것은?

① 개인 정보(Private Data)와 낚시(Fishing)의 합성어로 해커들이 만든 용어이다.

② 사회 공학적 방법 및 기술적 은닉기법을 이용해서 민감한 개인정보, 금융계정 정보를 절도하는 신종 금융사기 수법이다.

③ 최근에는 DNS 하이재킹 등을 이용하여 사용자를 위장 웹사이트로 유인, 개인 정보를 절도하는 피싱의 진화된 형태의 파밍(Pharming)도 출현하였다.

④ 개인 정보의 획득을 위해, 은행과 같은 주요 사이트의 서버를 대상으로 피싱이 이루어지고 있다.

10 windows 2000 Server의 보안 감사 정책 설정 시, 예상되는 위협으로 볼 수 없는 것은?

① 바이러스 침입

② 파일에 대한 부적절한 접근

③ 프린터에 대한 부적절한 접근

④ 임의의 하드웨어 장치 설정

11 Windows 2000 Server에서 감사 정책 계획에 의해 감사할 수 없는 이벤트 유형은?

① 사용자 로그온 및 로그오프

② 컴퓨터의 종료 및 재시작

③ 네트워크 공격자 침입 시도

④ Active Directory 개체의 변경 시도

12 "대칭키 암호 시스템"과 "비대칭키 암호 시스템"의 비교 설명으로 옳지 않은 것은?

① 키의 분배 방법에 있어 대칭키 암호 방식은 비밀스럽게 분배하지만 비대칭키 암호 방식은 공개적으로 한다.

② DES는 대칭키 암호 방식이고 RSA는 비대칭키 암호 방식이다.

③ 대칭키 암호 방식은 비대칭키 암호 방식보다 암호화의 속도가 빠르다.

④ N명의 사용자가 서로 데이터를 비밀로 교환하려 할 때 대칭키 암호 방식에서 필요한 키의 수는 2N개이고, 비대칭키 암호 방식에서는 "N(N−1)/2"개가 필요하다.

13 설명하는 것이 나타내는 것은?

> • EIT(Enterprise Integration Technologies)에서 제안한 HTTP의 보안 확장판이다.
> • 기존의 요청과 응답 형식 구조를 그대로 유지 하면서 추가적인 헤터 정보를 사용해서 클라이언트와 암호와 기법을 교섭하게 된다.

① Secure Electronic Transaction
② Security Extension Architecture
③ Secure-HTTP
④ Secure Socket Layer

14 시스템에 침투 형태 중 IP Address를 접근 가능한 IP Address로 위장하여 침입하는 방식은?

① Sniffing   ② Fabricate

③ Modify   ④ Spoofing

15 정보 보호 표준 용어 중 설명으로 올바른 것은?

① 비대칭형 암호 시스템(Asymmetric Cryptographic System) : 비밀 함수를 정의하는 비밀키와 공개 함수를 정의하는 공개키들의 쌍
② 데이터 무결성(Data Integrity) : 데이터를 인가되지 않은 방법으로 변경할 수 없도록 보호하는 성질
③ 복호(Decipherment) : 시스템 오류 이후에 시스템과 시스템 내의 데이터 파일을 재 저장하는 행위
④ 공개키(Public Key) : 정보 시스템을 사용하기 전 또는 정보를 전달할 때, 사용자를 확인하기 위해 부여된 보안 번호

무선공유기

1. 공유기 보안
2. 제조사별 공유기 보안 설정

공유기 보안

1.1 유무선 공유기란?

PC, 스마트폰 등 다양한 기기를 인터넷에 접속할 수 있도록 연결해주는 중간 매개체이다. 무선공유기를 통해 선 없이 인터넷에 접속할 수 있는 무선랜 환경 구축이 가능하여 널리 사용된다.

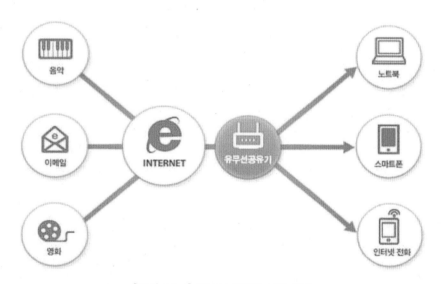

[그림 14-1] 유무선 공유기 사용 환경

1.2 공유기 보안의 필요성

보안을 설정하지 않은 경우 외부인이 공유기를 무단으로 사용 가능하며, 해커가 접속하여 해킹 개인정보유출 등 다양한 보안사고를 유발한다.

1.3 공유기 해킹의 유형

1.3.1 이용자의 중요한 정보 유출

보안이 설정되지 않은 무선랜으로 인터넷을 이용할 경우 악의적인 목적의 사용자가 접속하여 비밀번호 등 개인의 중요한 정보를 유출한다.

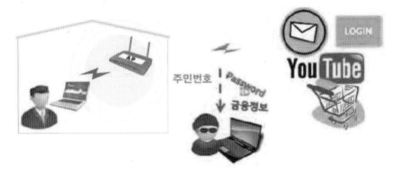

[그림 14-2] 무선랜을 통한 개인정보 유출

1.3.2 인터넷 전화 도청 위험

보안이 설정되어 있지 않거나 취약한 유무선 공유기에 접속하여 인터넷 전화를 이용할 경우 통화내용이 도청이 가능하다.

[그림 14-3] 무선랜을 통한 통화내용 도청

1.3.3 유무선 공유기가 악의적으로 이용될 위험

보안이 설정되지 않은 유무선 공유기는 해킹, 불법 다운로드 등에 악용되거나, 바이러스, 악성코드 등을 유포하는 경유지로 활용한다.

1.4 공유기 해킹의 유형

1.4.1 이용자의 중요한 정보 유출

보안이 설정되지 않은 무선랜으로 인터넷을 이용할 경우 악의적인 목적의 사용자가 접속하여 비밀번호 등 개인의 중요한 정보를 유출한다.

[그림 14-4] 무선랜을 통한 개인정보 유출

1.4.2 인터넷전화 도청 위험

보안이 설정되어 있지 않거나 취약한 유무선 공유기에 접속하여 인터넷 전화를 이용할 경우 통화내용이 도청이 가능하다.

[그림 14-5] 무선랜을 통한 통화내용 도청4

1.4.3 자신의 유무선 공유기가 악의적으로 이용될 위험

보안이 설정되지 않은 유무선 공유기는 해킹, 불법 다운로드 등에 악용되거나, 바이러스, 악성코드 등을 유포하는 경유지로 활용한다.

1	공유기 물리적 보호하기	권고
2	공유기 관리자 모드 접속 암호 변경하기	필수
3	SSID 이름변경 및 숨김 기능 설정하기 ※ SSID (Service Set Identification)	권고
4	유무선공유기 전파출력 조정하기	권고
5	유무선공유기 암호화 설정하기	필수
6	주기적인 공유기 펌웨어 업그레이드	권고

1.5 보안 항목별 조치 방법

1.5.1 공유기 물리적 보호하기

유무선 공유기의 경우 무선 서비스를 위해서 장비가 외부에 노출될 수밖에 없으며, 공유기의 설정을 초기화하는 Reset스위치가 노출되어 무단 설정 변경 위함 발생하므로 별도의 수납공간 형태의 분리공간에 설치 및 추가 잠금장치 권고한다.

사용하지 않는 무선공유기를 켜 놓을 경우 외부인이 불법다운로드, 해킹 등에 악용되므로 전원케이블을 분리하거나 스위치를, Off하여 둔다.

[그림 14-6] 유무선 공유기의 물리적 보호7

1.5.2 공유기 관리자 모드 접속 암호 변경하기

유무선공유기에 설치된 초기 비밀번호는 공개되어 있어 타인이 쉽게 접속할 수 있다. 인터넷의 검색엔진에서 쉽게 제조사별 초기 비밀번호 확인 가능하므로 암호설정 기준을 다음과 같이 하여야 한다.

　　○ 9자리 이상 사용

　　○ 숫자 및 영문자, 특수문자 혼용하여 사용

　　○ 일반 단어가 아닌 한글 영타 암호의 사용

　　○ 주기적인 암호 변경

1.5.3 SSID(Service Set Identification) 이름변경 및 숨김 기능 설정하기

　SSID(Service Set Identification)은 무선랜을 구분하기 위한 이름이다. SSID 이름을 외부인이 쉽게 추측하기 어렵게 변경하여 사용해야 한다. SSID 숨김은 SSID 보안 설정과 함께 보안성을 높이는 기능이므로 SSID를 숨김으로써 외부인이 자신의 공유기를 사용하지 못하도록 방어한다.

[그림 14-7] 무선공유기 8 SSID 보안 설정

1.5.4 공유기 전파출력 조정하기

　무선공유기의 전파 출력을 조정하지 않아서 사용 범위 밖에서 쉽게 접속하는 위험이 따르므로 강의실 또는 연구실 밖에서 무단 접속의 위험, 복도 또는 건물 밖에서 접속()이 가능하다. 무선공유기를 개인적으로 사용할 경우 무선전파의 출력을 조정하여 사용해야 한다.

1.5.5 공유기 암호화 설정하기

무선 공유기를 사용할 때 암호화 인증 등 보안기능 미설정할 경우 외부인이 무단 사용 가능/피해사항은 인터넷이 느려지거나, 개인정보 유출 등의 해킹사고 발생한다.

[표 14-1] 무선공유기의 인증/암호 종류 : WPA2 권고

구분	WEP (Wired Equivalent Privacy)	WPA (Wi-Fi Protected Access)	WPA2 (Wi-Fi Protected Access2)
인증	사전 공유된 비밀키 사용 (64비트, 128비트)	사전에 공유된 비밀키를 사용하거나 별도의 인증서버 사용	사전에 공유된 비밀키를 사용하거나 별도의 인증서버 사용
암호방법	고정 암호 키 사용 RC4 알고리즘 사용	암호 키 동적 변경(TKIP) RC4 알고리즘 사용	암호 키 동적변경 AES 등 강력한 아호 알고리즘 사용
보안성	가장 취약하여 널리 사용되지 않음	WEP 방식보다 안전하나 불안전한 RC4 알고리즘 사용	가장 강력한 보안 기능 제공

※ 제조사별 암호인증 설정 방법은 제조사별 공유기 보안 설정 참고/ Ⅲ.

(1) OS별 공유기 보안 설정 상태 확인 방법 보안종류 확인

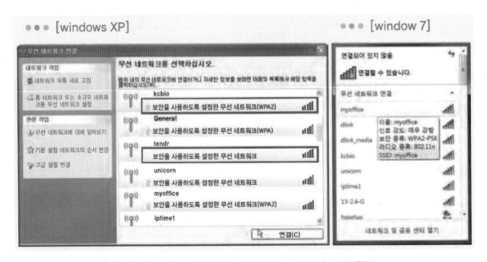

[그림 14-8] 무선네트워크 공유기 보안 설정 상태 확인

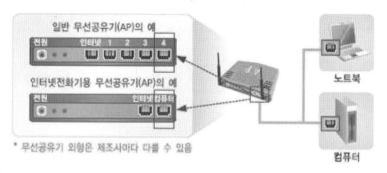

[그림 14-9] 무선공유기 연결 방법

(2) 공유기 관리화면 접속

제조사별 접속를 확인 IP→ 관리자 접속

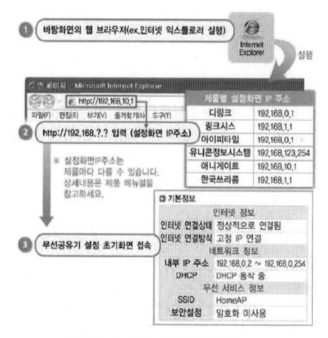

[그림 14-10] 무선공유기 관리화면 접속

(3) 공유기의 인증암호 설정

무선보안 설정 → 암호를 통한 보안 설정 선택 → 암호방법 선택

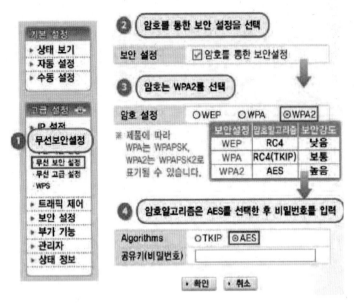

[그림 14-11] 무선공유기 관리화면 접속

1.5.6 주기적인 무선공유기 펌웨어 업그레이드

지속적으로 발생하는 해킹에 대응하기 위해서 무선공유기 펌웨어 업그레이드가 필요하다. 제조사 홈페이지에서 최신 펌웨어를 다운로드 후 무선공유기에 설치하는 방법은 아래와 같다.

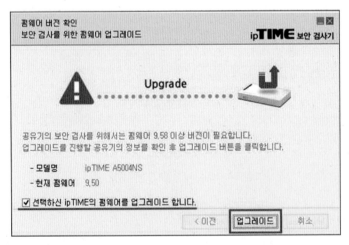

[그림 14-12] 무선공유기 펌웨어 업그레이드 화면(ipTime)

제조사별 공유기 보안 설정

2.1 iptime

2.1.1 방법

Internet Explorer를 실행한 후 주소창에 http://192.168.0.1를 입력한 후 다음과 같이 무선공유기 설정 초기화면에 접속합니다. 관리도구 아이콘을 클릭하여 설정을 진행합니다.

다음과 같이 무선공유기 설정 초기화면에 접속합니다.

① 관리도구 아이콘을 클릭하여 설정을 진행합니다.

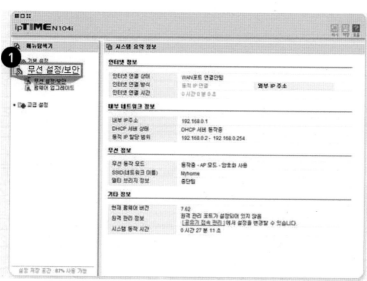

② 인증 방법은 WPA2PSK를 선택합니다. (*WPA2PSK : 가장 안전한 보안을 제공)

③ 암호화 방법은 AES를 선택합니다.

④ 네트워크 키를 입력합니다. (*영어 숫자 특수기호로 조합된 암호 자리 이상, 8)

⑤ 적용 버튼을 클릭합니다.

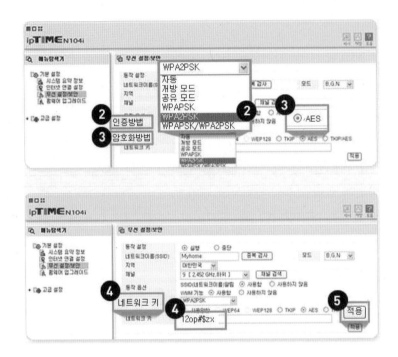

⑥ 화면 우측 상단의 저장 버튼 클릭 후 메시지 창의 확인 버튼을 클릭합니다.

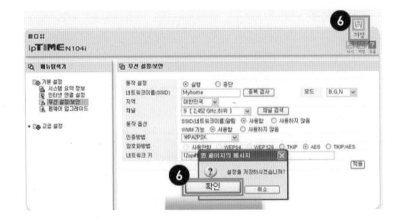

2.2 Delink

2.2.1 보안 설정 방법

Internet Explorer를 실행한 후 주소창에 http://192.168.0.1를 입력한 후 다음과 같이 무선 공유기 설정 초기화면에 접속합니다.

다음과 같이 무선 공유기에서 제공하는 보안 기능을 설정합니다.

① 좌측 메뉴부분의 무선 설정 메뉴를 클릭합니다. 무선 네트워크 설정 마법사 버튼을 클릭합니다.
②

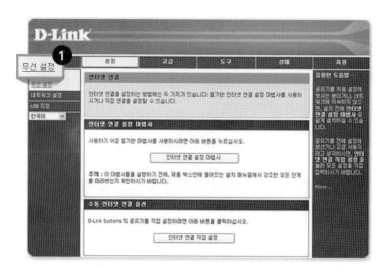

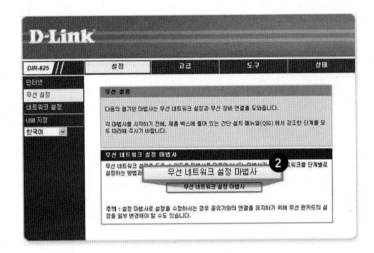

③ "수동으로 5GHz 대역 네트워크 이름 설정(SSID)"을 체크합니다.

④ "네트워크 키를 직접 할당하십시오"를 선택합니다.

다음 버튼을 클릭합니다.

다음 버튼을 클릭합니다.

⑥ 비밀번호를 입력합니다. (*영어 숫자 특수기호로 조합된 암호 자리 이상, 8)

⑦ 다음 버튼을 클릭합니다.

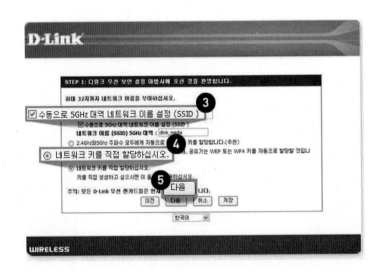

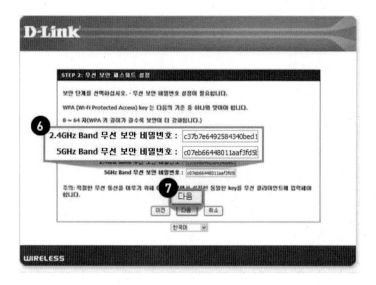

설정이 완료되었으면 입력하신 정보를 확인합니다.

① 입력하신 정보와 동일한 지 SSID와 Key를 확인합니다.

다음 버튼을 클릭합니다.

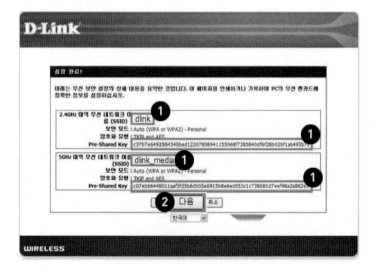

2.3 ZIO

2.3.1 보안 설정 방법

Internet Explorer를 실행한 후 주소창에 http://192.168.0.1를 입력한 후 다음과 같이 무선 공유기 설정 초기화면에 접속합니다.

다음과 같이 무선 공유기에서 제공하는 보안기능을 설정합니다.

① 좌측 메뉴 부분의 무선 설정 메뉴 클릭 후 상단의 암호화 탭을 클릭합니다.

② 암호화 종류는 WPA2PSK를 선택합니다. (WPA2PSK : 가장 안전한 보안을 제공)

③ WPA는 AES를 선택합니다.

④ WPA 암호 KEY를 입력합니다. (*영어 숫자 특수기호로 조합된 암호 자리 이상, 8)

⑤ 적용 버튼을 클릭합니다.

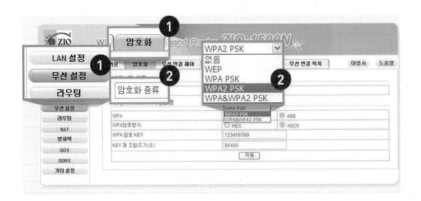

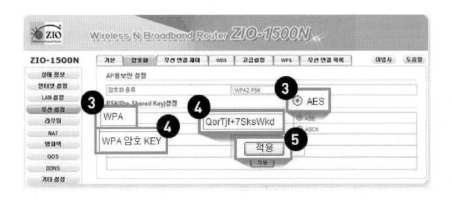

2.4 Net Top

2.4.1 보안 설정 방법

Internet Explorer를 실행한 후 주소창에 http://192.168.0.1를 입력한 후 다음과 같이 무선 공유기 설정 초기 화면에 접속합니다.

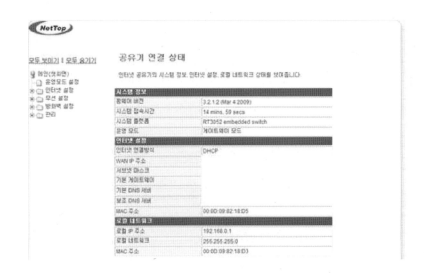

다음과 같이 무선 공유기에서 제공하는 보안 기능을 설정합니다.

① 좌측 메뉴부분의 무선 설정의 보안 설정 메뉴를 클릭합니다.

② 무선 보안 모드는 WPA2-PSK를 선택합니다. (WPA2PSK : 가장 안전한 보안을 제공)

③ WPA는 AES를 선택합니다.

④ 암호 문자열에 암호를 입력합니다. (*영어 숫자 특수 기호로 조합된 암호 자리 이상, 8)

⑤ 적용 버튼을 클릭합니다.

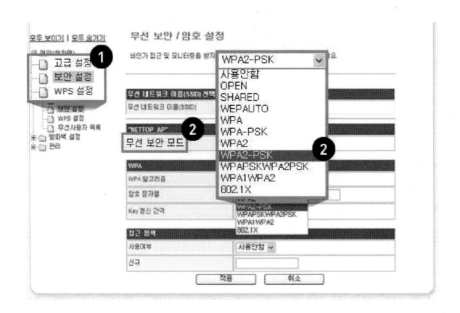

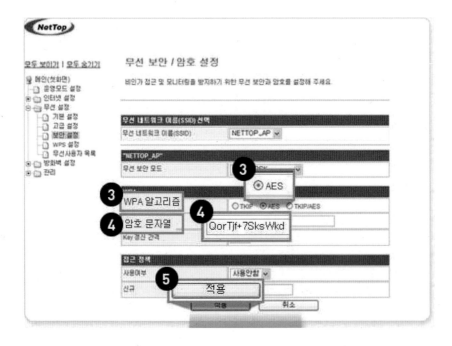

무선랜 보안

무선랜 보안 정책

무선랜의 안전한 운영을 위한 보안 정책의 재정에 앞서서 고려되어야 할 것이 "과연 무선랜이 꼭 필요한가?"라는 부분이다. 무선랜의 운영으로 인해 발생하는 추가직 위협 사항으로 인해, 무선랜 서비스 도입이 단순히 사용상의 편리함을 위해서라고 한다면 무선랜 도입에 대해 재고가 필요하다고 할 수 있다. 이 밖의 무선랜 도입 시 고려해야 할 사항들은 아래와 같다.

1.1 유선랜과 무선랜의 분리 운영

일반적으로 무선랜을 기존 유선랜의 확장한 개념으로 사용하는 경우가 많다. 이 경우 무선랜을 통해 기존의 내부 네트워크에 접속이 가능하게 되어 무선랜의 보안 설정이 취약할 경우, 외부의 사용자가 아무런 제한 없이 기업 내의 주요 시스템에 접근할 수 있음을 뜻한다. 기본적으로 무선랜과 내부 업무용 네트워크는 분리하여 운영하는 것이 필요하며, 분리 운영이 어려운 경우에는 무선랜의 보안 강화를 통해 무선랜을 통한 내부 망으로의 접근을 차단하도록 한다.

1.2 전송 데이터 보안유지 여부

전송 데이터 보안은 일반적으로 무선 클라이언트와 무선 AP와의 구간에서의 보안성 유지를 위해 전송 데이터 암호화를 사용하는 것을 말한다. 무선 통신은 특성상 데이터가 실린 전파 신호를 도청하거나 전파 방해가 가능하므로, 기본적으로 보안에 민감한 정보는 무선랜을 통해 전송하지 않는 것이 필요하다. 무선랜의 보안에서 데이터 암호화 방식이 중요한 부분을 차지하며, 암호화 방식의 적용은 무선랜 구축 시 사용되는 관련 장비(무선 단말기

OS, 무선 랜카드, 무선 AP)에서 지원되는 방식을 필히 확인한 후 적용해야한다.

또한, 암호화 방식에 따른 무선 장비의 성능도 고려되어야 한다. 무선 장비의 성능은 무선 데이터의 암호화가 적용된 경우, 무선 장비의 추가적인 인증작업과 동작을 필요로 하므로 암호화를 적용하지 않은 경우에 비해 데이터 전송 효율이 떨어지게 된다. 따라서 무선 클라이언트의 수와 전송 데이터의 크기를 고려하여 충분한 수의 무선 AP를 운영하여야 한다.

1.3 무선랜 접근 제한 설정

무선 전송 데이터의 암호화와 더불어 중요한 사항으로, 무선랜에 허가된 무선 클라이언트만이 접속 가능하도록 운영하는 것이 필요하다. 일반적으로 무선 AP의 네트워크 이름(SSID)과 네트워크 키 값을 이용해 인증과정이 진행되게 되며, 이를 통해 기본적인 접근제한이 적용될 수 있다.

하지만, 취약한 인증방식이 사용되는 경우, 임의의 무선 클라이언트의 접속이 가능하게 되어 보안 사고의 발생 가능성이 높아지게 된다. 따라서 최초 무선랜의 구축 시에 안전한 인증 방식을 선택하고, 해당 방식이 지원되는 무선 관련 장비를 구매하도록 한다.

1.4. 전파 간섭 등으로 인한 서비스 거리 제한

유선랜 UTP 케이블의 거리 제한과 같이 무선랜도 거리 제한을 고려해야 한다. 무선에서는 대기 중의 잡음, 사무실 환경 등에 따라 거리의 제한이 발생하므로 최초 구축 시 무선랜이 사용될 범위 및 사용자 수에 따라 속도저하가 발생한다. 이를 고려하여 무선 AP의 수를 조정해야 한다. 사용자 수의 증가로 인해 속도저하가 발생할 경우, 무선 AP의 확장이 필요하므로, 초기 구축 시 확장성을 염두에 두어야 한다.

802.11b 또는 802.11g에서 사용되는 2.4GHz 대역은 몇몇 전자 기기에서도 사용되는 대역으로, 아래와 같은 기기와는 일정거리 이상을 거리를 두거나 무선 AP의 설정변경을 필요로 한다.

[표 15-1] 전자기기별 AP 운영 주의사항

전자기기	주의사항
전자레인지	5미터 이상 이격, 무선 AP의 채널을 1, 2, 12, 13번으로 조정
플라즈마 전구	무선 AP의 채널을 11~13번으로 조정
블루투수	5미터 이상 이격 필요
DSRC	802.11a 설정 무선 AP의 경우, 161번 채널 사용금지

무선랜의 체계적인 운영 및 관리를 위해서는 무선랜의 보안 정책 수립이 필요하다. 정책적으로 기본적인 무선랜의 운영 방안과 보안 기준을 설정함으로써 세부 적인 시스템의 구성과 운영방향이 명확해지고, 보안 수준의 유지와 더불어 보안의 향상도 이뤄질 수 있기 때문이다.

이러한 보안 정책은 무선랜을 최초 도입하는 시점에 앞서 수립함으로써 적절한 무선 장비의 도입이 가능해지는 것은 물론 향후 목적하는 수준의 보안 유지가 가능하다.

무선랜의 보안 정책에 대해 본 안내서에서는 무선 AP, 무선 단말기와 같은 무선장비의 운영 정책, 무선랜에 대한 운영적인 보안 정책, 그리고 관리자 및 사용자 관리 정책 등 크게 3가지 분야로 나눠 정의하였다. 또한 각 업체의 상황과 요구하는 보안 수준의 차이가 있을 수 있으므로, 직접적인 정책을 제시하지 않고, 각 부분에서 다뤄 져야 하는 항목을 제시하였다.

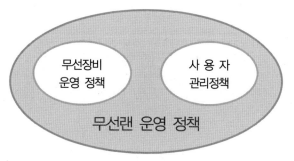

[그림 15-1] 무선랜 보안 정책의 구성요소

추가로, 무선장비 운영 정책에 있어서는 각 업체가 상황에 맞춰 활용할 수 있도록 기본적으로 갖추어야 하는 기본 정책과 추가로 권장하는 확장 정책으로 나누어 제시하였다.

무선랜 운영 정책

무선랜의 이용 목적을 정의하고 그에 맞는 운영방향을 결정하는 것을 말한다. 무선랜 운영 정책은 최초 무선랜을 도입하는 시점에 앞서 준비되어야 하며, 전반적인 보안 운영 정책을 먼저 정하고, 세부적인 장비의 설정이나 사용자 관리정책 등은 추가적인 정책 수립을 통해 관리하는 것이 효율적이다. 무선랜 운영 정책은 각 업체의 운영 상황과 필요에 따라 수립을 하며, 가능한 다음 항목이 포함되도록 한다.

2.1 기본 무선랜 운영 정책

2.1.1 무선랜의 서비스 범위 및 용도의 정의

여기서 말하는 서비스 범위는 2가지 관점에서의 범위를 뜻한다. 첫 번째는 무선랜이 사용되고 있는 업무의 종류와 범위를 뜻한다. 회사 내에서 진행되는 여러 가지 업무 중 무선랜이 이용되는 업무의 종류와 다른 업무와의 연관성을 포함한다. 이는 무선랜의 장애가 발생하였을 경우에 영향을 받는 업무와, 관련 업무의 범위를 신속히 파악함으로써 2차적인 피해의 진행을 사전에 파악하기 위함이다.

두 번째로는 실제 무선랜이 서비스되는 시간 및 공간적 범위를 뜻한다. 무선랜이 설치되어 제공되어야 하는 범위를 사전에 정의함으로써, 무선 서비스 제공지역 이외에서 불법적인 무선랜의 운영 상황을 신속히 파악할 수 있게 된다. 또한 서비스 장애 발생 시 장애 범위의 파악과 장애로 인해 서비스가 중지되는 지역의 파악에 많은 도움이 되게 된다.

2.1.2 무선랜 네트워크 구성도(기존 유선랜을 포함한 구성도)

네트워크 구성도는 유선랜과 마찬가지로 초기 무선랜 구축 시에 필수적으로 작성하게 되는 것으로 필요에 따라 여러 형태의 구성도를 보유하고 있는 것이 관리적 차원에서 유리할 것으로 보인다.

○ 무선랜 네트워크 구성도
- 단순히 무선랜 네트워크만을 포함하는 구성도
○ 유선랜/무선랜 네트워크 구성도
- 기존의 유선랜과 무선랜의 구성을 함께 포함하는 네트워크 구성도

구성도에는 무선장비 운영 정책에서 정리된 보유 무선장비 및 무선 단말기의 정보를 충실하게 반영하는 것이 장애 처리 시 보다 효율적이다.

이러한 구성도를 통해서 고려할 수 있는 추가적 운영 정책으로, 무선랜에서 생성된 데이터의 통제를 위한 흐름도의 작성이 있다. 무선랜 생성 데이터 흐름도는 무선랜 장애 및 사고 발생 시 그 원인을 찾는 데에 유용하게 활용될 수 있다.

2.1.3 무선랜을 통한 접근 가능 네트워크 범위 정의

무선랜 네트워크를 통해 내부 또는 외부 네트워크로의 접근이 가능하도록 정책을 세울 것인지 정의하는 것을 말한다. 이 부분은 보안 운영 정책에서 아주 중요한 부분으로서, 무선랜 또는 유선랜의 취약점을 통해 침해사고가 발생한 경우, 피해 규모와 피해의 확산을 제한된 범위로 한정하겠다는 것을 말한다.

무선랜의 보안 취약점으로 인해 미인가 무선 단말기의 접속이 가능한 경우, 만일 무선랜을 통해 내부 네트워크로의 접속에 제한이 되어 있지 않다면, 무선랜 취약점으로 인해 보다 큰 2차 피해가 발생하게 된다. 이러한 사고의 한 사례로서 2005년 미국의 대형 의류 할인점에서는 고객 정보가 전달되는 결재 단말기에서 사용되는 무선랜 구간의 취약점을 이용해 내부 네트워크로 침입하여 수천만건의 고객정보를 내부 중앙컴퓨터로부터 탈취한 사고가 발생하였다.

이러한 피해의 확산을 막고 피해규모의 예측을 위해 반드시 무선랜은 기존의 유선랜과는 분리하여 운영하는 것을 원칙으로 하고, 분리가 어려운 경우에는 별도의 보안장비를 이용해 내부 유선랜으로의 접근을 제한한다.

2.1.4 무선랜을 통한 인터넷 접속여부 및 기준 정의

무선랜에 연결된 무선단말기로부터 외부의 인터넷으로의 접속여부를 결정하는 부분으로, 일반적인 관점에서는 무선 단말기의 인터넷 접속은 제한하는 경우가 많다. 하지만, 무선 단말기의 경우, Windows Mobile, Symbian 등의 Mobile OS가 설치되게 되는데 이러한 Mobile OS의 신속한 보안 패치와 설치 S/W의 관리측면에서는 인터넷 접속이 필요할 수 있다. 하지만 반대로 인터넷으로의 접속을 통해 악성코드 감염 등의 위험성에 노출되는 부분도 존재하게 된다.

따라서, 이 부분은 각 회사의 무선랜 유지보수 정책에 맞춰 정책을 수립하도록 하며, 그 정책에 맞춰 충실히 적용하도록 한다.

2.1.5 주기적인 무선장비 관련 암호의 변경

무선장비의 보안을 강화하기 위한 기본적인 방안으로서 무선 AP와 같은 무선 장비의 관리자 암호화와 무선 AP의 인증암호 등을 강화하는 정책을 수립하도록 한다. 대부분의 네트워크 장비와 마찬가지로 무선 AP의 경우에도 H/W 제작사마다 공장 출고시에 장비의 관리자 암호로서 기본 설정 암호(Default Password) 값을 가지고 있다. 이 기본 설정 암호는 장비의 초기화 시 기본적으로 가지게 되는 값으로서, 장비의 초기 설치 시 반드시 변경하여 관리하도록 한다.

또한, 이러한 암호의 주기적인 변경에 대한 정책을 통해 일정 수준의 보안이 유지되도록 하며, 별도의 사용 암호에 대한 규칙도 함께 수립하는 것이 바람직하다.

2.1.6 무선랜 관리팀 및 담당자 지정

무선랜 시스템의 유지와 보안 수준의 지속적인 관리를 위해서는 관리업무를 전담하는 인력이 필요하다.

무선랜의 구축 이전에 앞서 운영 중이던 기존 시스템의 관리업무를 담당하는 팀 또는 담당자가 무선랜에 대한 관리업무를 수행하는 것이 일반적일 것으로 예상된다. 관리할 시스템의 규모가 일정 규모 이상인 경우, 관리팀과 보안 팀이 분리되어 운영되는 경우가 있는데, 이번 정책 항목은 시스템의 일반적인 관리를 뜻 하므로, 기존의 관리팀에서 업무를 담당하는 것이 적절하다.

무선랜의 관리팀과 담당자는 무선랜의 평상 운영을 담당하고, 주기적인 점검은 물론 장애 발생 시의 신속한 복구 업무를 담당한다. 또한 무선랜 보안 점검 리스트의 작성, 갱신과 함께 무선랜의 전반적인 운영 정책의 관리도 담당해야 한다.

2.1.7 무선랜 보안 점검 주기 정의

무선랜 보안 점검 주기란 무선랜에 대한 정기적인 보안 점검의 실시에 대한 항목으로, 무선랜의 운영상태 및 보안 수준에 대해 주기적으로 점검하는 정책을 수립하는 것을 말한다. 무선랜에 대한 보안 점검은 2가지 측면에서 진행될 수 있는데, 무선랜을 구성하고 있는 주요 장비 및 운영 상태에 대한 점검과 함께 무선랜의 불법적인 이용에 대해 수시 모니터링 및 보안 점검을 진행하는 부분으로 나눠 생각해 볼 수 있다. 무선랜 장비 및 운영 상태에 대한 점검은 기존 유선랜과 내부 서버의 정기 점검 일정에 맞춰 무선랜의 보안 점검을 실시하는 것이 효율적이지만, 무선랜의 불법 이용에 대한 보안 점검은 실시간으로 점검이 이뤄져야만 효과를 볼 수 있다. 실시간 점검방법에는 Net Stumbler와 같은 프로그램을 이용한 모니터링과 별도의 솔루션을 구축하여 진행하는 방법이 있다.

2.1.8 무선랜 보안 점검 리스트

정기적 또는 비정기적으로 운영 중인 보안랜의 점검을 실시하기 위해서는 보안 점검 리스트의 준비가 필수적이다. 보안 점검 리스트에 포함되어야 하는 항목들은 여러 내용이 포함될 수 있겠지만, 기본적으로 무선장비 및 무선 단말기에 대한 점검 항목과 사용자 점검 항목에 대해서는 가능한 철저히 준비하도록 하며, 지속적으로 점검 리스트를 추가해 나가도록 한다.

2.2 무선장비 운영 정책

무선장비 운영 정책에서는 무선랜을 구성하고 있는 주요 장비의 관리 및 보안 설정 내용을 포함한다. 무선랜 관련 장비들의 기본 운영에 필요한 설정과 함께 보안 설정을 가능한 모두 포함시키도록 한다. 특히 무선 AP와 무선 단말기에 대한 보안 설정과 더불어 장비의 관리적인 측면의 정책도 반드시 포함하도록 한다.

2.2.1 기본 무선장비 운영 정책 항목

(1) 무선 장비 (무선 AP/무선 단말기)의 설정 정의

무선 장비에서 설정해야 하는 설정 값에 대해 정의하는 항목이다. 여기서 말하는 무선 장비는 무선랜을 운영하는데 필요한 무선 AP, 무선 단말기, 인증시스템 등을 말하며 기본적인 무선랜의 운영에 필요한 무선 AP의 설정 값은 물론 보안 관련 설정 값도 필히 포함되어 기본 설정 값을 정의하도록 한다.

[표 15-2] 무선 장비의 주요 관리항목

무선장비	주요항목
무선 AP	SSID, 무선 인증방식 설정 (WEP, WPA), 암호화 방식 (TKIP, AES), SSID 브로드캐스트 설정, MAC 인증 사용설정, MAC 등록
무선 단말기	무선 인증방식 설정, 인증 암호 값, 암호화 방식

각각의 항목에 대해 설정되어야 하는 설정 값을 전체적으로 정리하여 [표 15-2]와 같이 관리하도록 하며, 각 항목의 내용은 무선랜 보안 점검 리스트에 포함시켜 정기 점검 또는 평시 모니터링 시 활용하도록 한다.

(2) 접속 허용 무선 단말기 리스트

무선랜의 특성상 여러 가지 보안 설정을 적용하더라도 새로운 보안 취약점의 발견이나 비밀키의 노출 등으로 인해, 임의의 사용자에 대한 접근을 완벽하게 차단하지 못할 수 있다. 이에 좀 더 안전한 무선랜의 보안유지를 위해 사용되는 무선 단말기 리스트를 관리할 필요가 있다.

접속을 허용할 무선 단말기의 리스트 작성을 통해 현재 보유 중인 무선 단말기의 일반적인 관리를 진행하고, 추가적으로 무선 단말기의 고유 값을 근거로 하여 무선랜의 참여를 제한하도록 한다.

예로서 무선 단말기의 MAC 주소를 얘기할 수 있는데, MAC 주소의 변조를 통한 우회 접속이 가능한 것이 사실이나 무선 단말기의 MAC 주소를 이용해 접속제한을 설정하는 것이 무선랜의 보안 수준을 한 단계 높이는 방법으로, 가능한 무선 AP에 보유 단말기의 MAC 주소를 등록하여 운영하도록 한다.

만일 무선 단말기가 사용되는 서비스 지역의 지정이 가능하다면 사용 지역의 무선 AP에만 MAC 주소를 등록하여, 사용지역을 벗어난 무선 단말기는 통신이 되지 않도록 조치하는 것도 보안을 한 단계 높일 수 있는 방법이다.

(3) 무선 단말기에 설치되는 S/W 리스트

무선 네트워크의 보안을 향상시키기 위해서는 무선 네트워크에 접속하는 무선 단말기의 보안이 중요한 부분을 차지한다. 특히 일반 사용자가 사용하게 되는 무선 단말기의 경우, 보안에 취약한 요소를 다수 가지게 되므로 철저한 무선 단말기의 관리는 무엇보다 중요하다고 할 수 있다.

무선 단말기의 경우, 기본적인 OS의 설치 이외에도 업무에 필요한 다수의 S/W 가 설치되는데 무선 단말기의 보안을 위해서는 무선 단말기에 설치되는 S/W를 관리할 필요가 있다. 일반적으로 무선 단말기의 경우, 특정한 용도로 사용되기 때문에 용도 이외의 S/W를 설치하는 경우는 적지만, 만일 무선 네트워크가 인터넷에 연결되어 있는 경우에는 사용자가 예상하지 못한 순간에 임의의 프로그램이 설치될 가능성이 존재하게 된다.

따라서, 별도로 무선 단말기에 설치되어야 하는 S/W 리스트를 작성하여 사용자에게 전달하고, 주기적인 점검을 통해 불필요한 S/W나 악의적인 S/W의 설치 여부를 점검하도록 한다.

(4) 무선 AP 물리적 보안 정의

무선 AP는 무선 서비스의 특성 상 외부에 노출된 형태로 설치되는 것이 일반 적이다. 이 경우, 외부의 비인기자의 접근이 가능하게 되어 전원 케이블이나 내부 네트워크 케이블의 노출로 인한 문제가 발생할 가능성이 존재하게 된다.

따라서, 무선 AP 등의 무선장비를 설치하기 위한 환경조건을 무선장비 운영 정책에 반드시 명기하여 기본적인 무선 장비의 물리적인 보안 수준을 유지하도록 한다.

2.2.2 확장 무선장비 운영 정책

확장 무선장비 운영 정책은 기본적인 운영 정책에 보안 정책의 추가를 통해 무선랜의 보안 수준을 한 단계 더 높이고자 할 때 적용하는 운영 정책을 말한다. 반드시 추가하여야 하는 정책은 아니지만, 무선랜을 통해 침해사고가 발생했을 경우의 대응을 위해서는 가능한 정책 추가를 통해 운영할 필요가 있다.

(1) 주기적인 무선장비 로그의 점검

주기적인 무선장비의 로그 점검은 무선 AP나 인증서버 등의 무선 장비에서 생성되는 로그를 일정기간 보관하고, 주기적으로 점검하여 불법 행위가 있었는지 확인하고자 할 때 필요한 정책이다.

일반적으로 라우터, 스위치 등의 네트워크 장비의 로그는 별도로 관리되지 않고 있는 것이 현실이나, 실제 침해사고나 불법행위의 자세한 분석을 위해서는 네트워크 장비의 로그를 통해 많은 정보를 확인할 수 있으므로, 침해사고 분석에 많은 도움을 주게 된다. 무선 장비의 로그는 장비에 직접 저장되어 관리하는 형태가 아닌 별도의 로그서버 구축을 통해 관리가 가능하다.

(2) 불법 AP의 주기적인 검색

불법 AP의 주기적인 검색이란, 운영 중인 무선랜의 서비스 지역 내에 불법적으로 설치한 무선 AP가 존재하는지 확인하는 것을 말한다. 불법 AP를 통해 시도되는 공격유형은 무선랜을 통해 전송되는 정보의 획득이 주를 이루며, 이러한 공격을 차단하기 위해서는 주기적인 불법 AP의 검색이 필요하다.

실시간 모니터링을 위한 무선랜 모니터링 S/W가 활용될 수 있으며, 일부 무선랜 솔루션에서는 불법 AP의 탐지 및 알람 기능이 제공되기도 한다.

(3) 무선랜 접속 인증서버의 관리

802.11i에서 802.1x/EAP를 이용해 무선랜 인증을 구축한 경우에는 별도의 인증 서버가 구성되게 된다. 이 경우 인증서버는 일반적으로 기존 사내의 유선 네트 워크에 위치하여 무선 AP를 통해 전달받은 내용을 근거로 무선랜의 인증여부를 판단하게 된다.

2.3 사용자 관리정책

기업 내 보안 정책은 기본적으로 운영 및 시스템 관리 정책과 더불어 사용자에 대한 보안 정책이 기본적으로 구성되어야 한다.

그 중 사용자 관리정책은 시스템과 보안에 대한 인식이 부족한 사용자에 대한 관리방안을 명시하는 정책으로서 다른 정책에 비해 고려해야 할 점이 많다.

2.3.1 기본 사용자 관리정책

(1) 무선랜 사용자 리스트 작성

무선랜을 사용하는 사용자의 리스트 작성을 통해 임의의 사용자가 무선랜에 접속하는 것을 차단하는 목적에 활용한다. 단순한 사용자 리스트만으로 실제 접속 제한을 구현할 수는 없으므로, 사용자 별 접속 아이디와 패스워드 리스트, 그리고 앞서 언급된 무선장비 운영 정책의 접속 허용 무선 단말기 리스트를 하나의 리스트로서 관리하여 접근제한을 구현하는 것이 효과적이다.

다음은 무선랜 사용자 리스트의 작성 예로서 앞서 언급한 주요 요소를 [표 15-3] 과 같이 작성할 수 있다.

[표 15-3] 무선랜 사용자 리스트의 작성 예

연번	사용자이름	아이디	패스워드	보유무선단말기	MAC address	비고
1	A	ID1	PW1	결재단말기	00-00-00-00-00	
2	B	ID2	PW2	무선 POS	00-00-00-00-00	
◆	◆	◆	◆	◆	◆	◆

본 리스트에는 중요 정보가 포함되어 있으므로, 비밀등급의 부여를 통해 관리자를 포함한 필수 인력만이 취급할 수 있도록 관리하여야 한다.

(2) 무선랜 사용자의 주기적인 보안교육 실시

무선랜의 보안은 시스템의 보안유지와 관리자만의 노력으로는 유지될 수 없다. 무선랜 사용자의 작은 실수 하나가 전체 무선랜의 보안에 치명적인 영향을 줄 수 있으므로, 사용자 대상의 보안교육을 주기적으로 실시하여 사용자 인식의 제고가 필요하다. 주요 무선랜 보안교육 내용에는 무선랜에 대한 이해와 보안의 필요성, 올바른 무선랜의 이용방법 등을 포함해야 하며, 새로운 인력 입사시 반드시 보안교육을 실시하여 무선랜 사용자의 보안 수준을 일정 수준이상으로 유지할 수 있도록 노력해야 한다.

무선랜 적용영역 별 보안대책 및 AP 보안

무선랜 표준에서 가장 이슈가 되고 있는 부분은 무선랜의 보안으로, 점차 무선랜의 속도가 향상되고 사용자가 증가함에 따라 그 중요성도 더욱 높아지고 있다. 본 장에서는 무선랜을 적용하는 대상별로 어떻게 보안 기술을 적용 운영해야 하는지에 대해 알아보도록 한다.

WPA와 WPA2는 [표 15-4]과 같이 인증과 암호화 관점에서 차이점이 있다. 무선랜 환경의 안전한 운영을 위해서는 WPA2를 사용하는 것이 권장되고 있다. 하지만, WPA2를 지원하는 하드웨어 장비가 구비 되어야만 하기 때문에, 무선랜 환경을 완전히 WPA2 기반으로 바꾸기는 어려운 실정이다.

[표 15-4] WPA, WPA2의 모드 별 비교

구분	WPA		WPA2	
	Authentication	Encryption	Authentication	Encryption
엔터프라이즈 모드	IEEE 802.1X/EAP	TKIP/MIC	IEEE 802.1X/EAP	AES-CCMP
개인 모드	PSK	TKIP/MIC	PSK	AES-CCMP

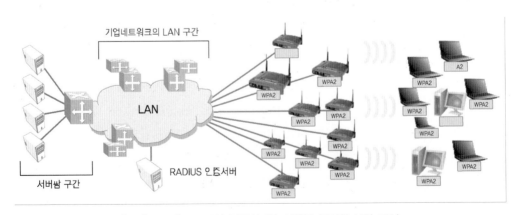

[그림 15-2] WPA2와 인증서버를 이용한 무선랜 보안 구성

무선랜 적용을 2가지의 영역으로 나누면, 일정규모 이상의 네트워크를 소유하고 이의 일부로 무선랜을 사용하는 기업 사용자와 네트워크 구성의 편리성을 위해 개인이나 SOHO 수준의 네트워크로 구분할 수 있다.

일정규모 이상의 기업 사용자 관점에서는, 본 장의 1절에서 명시한 무선랜 보안 정책들이 정의되어야 하며, 보안 정책을 기반으로 기술의 적용이 이루어져야 한다. [그림 15-2]와 WPA2를 기반으로 데이터의 암호화와 RADIUS 인증서버를 사용한 무선 단말의 인증을 통해 무선랜의 안전한 사용을 위한 보안구성을 보여주고 있다. 본 절에서는 [그림 16-2]와 같은 보안 설정을 위한 요소기술 및 이들의 설정 방법을 제시하고자 한다. 또한, 개인 또는 SOHO 수준의 네트워크에서는 안전한 무선랜 환경을 만들기 위한 최선의 방법을 제시하고자 한다. 또한, 기업 및 개인 모두에게 적용될 수 있는 무선 AP의 관리적 물리적 방안을 제시하고자 한다.

3.1. 기업 네트워크에서의 무선랜 보안

3.1.1 무선 단말 인증

기업 네트워크에서의 무선 단말 인증은 RADIUS(Remote Authentication Dial-In User Service) 서버를 활용하여 EAP 기반의 인증을 하도록 권고한다. 무선 단말의 인증을 위해 사용할 수 있는 MAC 주소 인증의 경우 운영체제에서 손쉽게 스푸핑을 할 수 있기 때문에 권장하기 어려우며, 데이터의 암호화를 위해 사용하는 WEP 키 기반의 단말 인증은 그 취약점에 대해서 3장에서 명시하였다. 따라서, 무선 단말 인증을 위한 전용 서버의 사용은 기업 내 무선랜의 비중이 높아지는 시점에서 매우 필수적이라고 할 수 있다. 다음 [그림 15-3]은 윈도우 환경에서 MAC 주소를 변경하는 방법을 보여주고 있다.

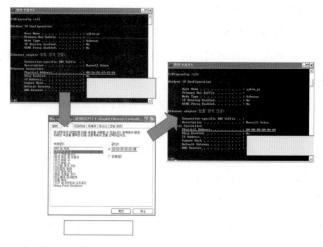

[**그림 15-3**] Windows XP에서의 MAC 어드레스 변경 방법

별도의 RADIUS 서버 운영은 무선 AP에 참여할 수 있는 사용자에 대한 정보를 별도로 관리하여 허가 받은 사용자에게만 무선랜의 사용을 허용함으로써 본 장의 1절에서 명시하였던 무선랜 보안 정책의 효과적 적용을 위한 기술적 지원받을 수 있다. RADIUS 인증 절차는 [그림 15-4]와 같다.

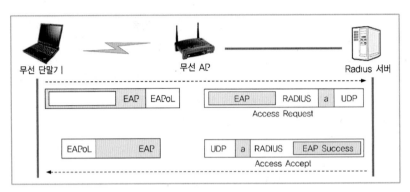

[그림 15-4] RADIUS 인증 동작

① 무선 클라이언트는 사용자 계정을 포함한 EAP 메시지를 무선 AP로 송신(무선구간)
② 무선 AP는 수신된 EAP 패킷을 RADIUS 패킷으로 싸서 RADIUS 서버로 전달(유선구간)
③ RADIUS 서버는 사용자 계정DB와 비교하여 유효한 사용자인지를 판단한 후, 결과를 정상 사용자의 경우, EAP Success 메시지가 내포된 (Encapsulation) 된 RADIUS Access -Accept 메시지를 무선 AP로 전달
④ 무선 AP는 해당 사용자의 무선 인터넷 접속을 허용, EAP Success 메시지를 Epos 패킷에 내포하여 사용자에게 전달 무선망에서의 RADIUS 인증은 EAP(Extensible Authentication Protocol) 메시지를 이용해 사용자 인증을 수행한다.

EAP는 초기에는 PPP(Point to Point Protocol)에서의 사용을 위해서 개발되었으나, 무선랜 802.1x에서 사용자 인증 방법으로 사용되고 있다. 다음은 다양한 인증 방법에 사용될 수 있도록 설계된 EAP의 기본구조이다. EAP는 링크계층에서 다양한 인증 방법의 전송을 지원한다. EAP는 다양한 인증 방법을 제공하기 위해 코드 필드에서 사용하는 인증 방법을 구분하고, 데이터 영역은 가변 길이로 정의를 하고 있다.

코드필드의 값에 따라 지원되는 EAP 인증 프로토콜이 결정되며, EAP를 이용하는 사용자 인증 방법으로는 WAP-MD5, EAP-TLS, EAP-TTLS, PEAP 등이 있다.

RADIUS 서버를 무선랜에 적용하는 경우, 추가적으로 RADIUS 서버에 대한 보안도 같이 고려되어야 한다. 무선랜을 통한 RADIUS 서버로의 접근 제한을 통해, 일반 무선 클라이언트 등이 접속할 수 없도록 제한하고, 무선랜의 중요도에 따라 RADIUS 서버의 이중화 등도 고려하도록 한다. 다음은 EAP를 이용한 단말의 인증에 있어서 많이 사용되는 EAP-MD5, EAP-TLS에 대한 구성 및 설정을 보여주고 있다.

(1) EAP-MD5의 구성

EAP-MD5의 구성은 [그림 15-5]와 같다. 이는 많은 인터넷 뱅킹에서 사용하고 있는 보안 카드를 떠올리면 이해가 쉽다. 즉, 인증서버가 전송한 난수를 무선 랜카드는 WEP 키를 이용해서 해쉬 값을 구해서 전송하게 되고, 인증서버는 자신이 구한 값과 클라이언트가 전송한 값을 비교하여 동일하면 인증에 성공한 것으로 간주한다. 따라서 EAP-MD5를 사용하기 위해서는 반드시 WEP 키가 설정되어 있어야 한다.

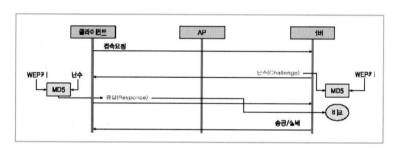

[그림 15-5] EAP-MD5

클라이언트에서 EAP-MD5를 설정하는 방법은 [그림 15-6]과 같다.

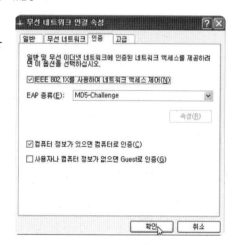

[그림 15-6] 윈도우 XP에서 CAP-MD5 사용

(2) EAP-TLS의 구성

EAP-MD5의 경우는 설정이 비교적 간단한 편이지만 EAL-TLS의 경우는 좀 더 복잡하다. 우선 EAP-TLS를 이용하기 위해서는 다음과 같은 구성요소가 모두 갖춰져야 한다.

○ AP : EAP-TLS를 지원하는 AP
○ 인증서버 : EAP-TLS를 지원하는 AAA (Authentication, Authorization, Accounting) / RADIUS 서버
○ 클라이언트 : 윈도우 XP 및 EAP-TLS를 지원하는 무선랜카드
○ CA 시스템 : 인증서 발급을 위한 CA 시스템

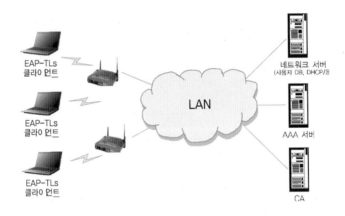

[그림 15-7] CAP TLS 구성 요소

이와 같은 EAP-TLS 관련 시스템들은 [그림 15-7]와 같이 구성된다. [그림 15-7]에서는 일반적인 환경을 고려하여 네트워크 관련 서버도 추가하였다.

(3) EAP-TLS 인증서

EAP-TLS는 인증서 기반의 상호인증을 제공하기 때문에 인증서버와 클라이언트는 모두 인증서를 소지하고 있어야 한다. 우선, 무선랜에서 사용되기 위해서 클라이언트 인증서는 다음과 같은 요구사항을 만족시켜야 한다.

○ 인증서는 X. 509 v3 규격을 따라야 한다(이는 일반적으로 인터넷 뱅킹 등에서 사용되는 인증서와 동일하다).

○ [그림 15-8]과 같이 Enhanced Key Usage 필드가 반드시 사용되어야 하며, 이 필드의 값은 Client Authentication 이어야 한다.

○ 발급대상(Subject name) 필드는 user ID와 동일해야 한다.

[그림 15-8] 무선랜 사용자 인증을 위한 사용자 인증서

클라이언트 인증서가 정상적이라면 [그림 15-9]과 같이 유효한 것으로 검증되게 된다. 이 때 클라이언트 인증서의 발행 목적이 원격 컴퓨터에서 자신의 신원을 인증하는 것임을 눈여겨 볼 필요가 있다.

EAP-TLS 환경에서는 인증서버에서 사용자를 인증하기도 하지만 사용자 역시 인증서버를 인증해야 한다. 따라서 인증서버 역시 적절한 인증서를 소지하고 있어야 한다. 서버 인증서 역시 다음과 같은 사항을 만족시켜야 한다.

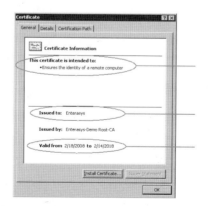

[그림 15-9] 클라이언트 인증서 유효성 검사

○ 인증서는 X. 509 v3 규격을 따라야 한다.

○ Enhanced Key Usage 필드가 반드시 사용되어야 하며, 이 필드의 값은 Server Authentication 이어야 한다.

사용자 및 서버 인증서의 설치에 대한 자세한 설명은 생략하기로 하고, Windows XP에서 EAP-TLS를 사용하기 위해 필요한 설정에 대해서 살펴보면 다음과 같다.

EAP-MD5의 경우와 마찬가지로 네트워크 설정 → 무선 네트워크 → 인증 창을 띄운다 ([그림 15-9] 참조).

[그림 15-10] EAP- TLS 설정

[그림 15-10]에서 보는 바와 같이 EAP-TLS 사용을 위해서 IEEE 802.1x를 사용하도록 체크한다. 그리고 EAP Type는 "스마트카드 또는 기타 인증서"를 선택한다. 그 후 속성 버튼을 클릭하면 [그림 15-11]과 같이 인증서와 관련된 설정을 할 수 있는 창으로 이동한다.

이 때, "내 스마트 카드사용"은 클라이언트의 인증서가 스마트 카드에 저장되어 있을 경우에 사용한다. "이 컴퓨터의 인증서 사용"은 인증서가 컴퓨터의 하드디스크에 저장되어 있을 경우에 사용한다. [그림 15-11]을 통해서 서버 인증서를 검증함을 알 수 있다. 즉, 클라이언트 인증뿐만 아니라 서버 인증도 수행한다. 그리고 최상위 CA를 설정하도록 되어 있음을 알 수 있다.

[그림 15-11] AP에서 EAP 설정

[그림 15-12]는 AP에서 EAP를 설정하는 관리 페이지이다. [그림 15-12]와 같이 AP에서는 인증에 사용될 RADIUS 서버의 IP 주소 및 포트를 설정할 수 있다. 이때, 여러 개의 RADIUS 서버를 설정하는 것도 가능하다.

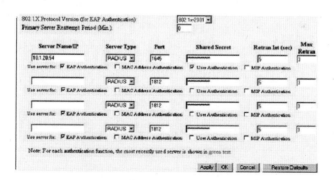

[그림 15-12] EAP-Type 속성

3.1.2 전송 데이터의 암호화

일정 수준이상의 기업 환경에서 사용 권장되는 무선 전송 데이터의 암호화 방식 은 WPA-엔터프라이즈이며, 여기서는 TKIP 또는 AES 기반의 CCMP를 사용하여 암호화 및 복호화를 수행한다. WPA2-엔터프라이즈 환경에서의 암호화 설정은 [그림 15-13]와 같다.

[그림 15-13] WPA2-엔터프라이즈 암호화 설정

　TKIP의 경우, WEP의 취약점을 보안하는 암호방식으로, WEP과는 달리 고정된 암호화 key를 사용하는 대신 EAP에 의한 사용자 인증결과로부터, 무선 채널 보호용 공유 비밀키를 동적으로 생성하여 패킷의 암호화를 진행한다. TKIP의 암호문은 WEP 암호화 알고리즘을 적용하였을 때 보다 초기벡터 값을 확장하고 키 mixing 함수 사용을 통해 암호 키의 생성과정을 보완하였으며, 사용자 전송 데이터의 무결성을 강화하였다. TKIP에 대한 자세한 설명은 3장에 기술되어 있다.

　TKIP는 기존 하드웨어를 사용하면서 전송 데이터를 암호화하기 위한 방법이었다면, CCMP는 이미 검증된 암호화 기법인 AES를 기반으로 무선랜 환경의 데이터에 대한 비밀성과 무결성을 보장하기 위한 방법이다. CCMP는 IEEE 802.11i의 표준을 따르는 전송 데이터의 암호화 기법으로서, TKIP보다 안전하다고 여겨지며, 권장되는 설정이다. 하지만, 현재 구입한 하드웨어가 이를 지원해 주지 않는 다면 이를 활용하는 것이 불가능하다. CCMP에 대해서는 3장에 기술되어 있다.

3.2. 개인 및 SOHO 사업자의 무선랜 보안

3.2.1. 사설 망을 통한 인증 및 암호화

WPA의 한 형태인 WPA-개인은 개인사용자를 위한 WPA 기술의 적용이고, 앞서 설명한 WPA-엔터프라이즈는 일정 수준 이상의 기업 환경에서 사용할 수 있는 기술이다. 이 두 접근의 가장 큰 차이점은 인증서버의 사용여부로서, 기업의 유선랜 환경과 연동되어 중요한 정보들을 교환하는 상황이 발생하는 경우 WPA-엔터프라이즈가 권장되지만, 인증서버를 두기 어려운 상황에서는 WPA-개인을 사용하게 된다. WPA-개인의 PSK는 무선 단말과 AP가 나누어 갖는 키로서, 이를 통해 단말인증을 수행하게 된다. 무선 AP와 무선 단말은 공통으로 설정한 비밀기(PSK)를 가지고 4웨이 핸드쉐이킹 절차를 통해 무선랜에 접속할 수 있다.

무선 데이터 암호화에는 안전성이 검증된 CCMP가 권장되며, CCMP의 경우에는 128비트 블록 키를 사용하는 CCM(Counter Mode Encryption with CBC- MAC)모드의 AES 블록 암호 방식을 사용한다. WPA2-개인 환경에서의 암호화 설정은 [그림 15-14]와 같다.

이러한 WPA2 방식을 사용하기 위해서는 무선 AP와 무선 단말기 모두에서 WPA2를 지원하여야 만 해당 기능을 사용할 수 있다. 현재 WPA2-PSK의 경우 앞서 언급한 바와 같이 초기 무선랜 인증 시 진행되는 4 에이 핸드쉐이킹 단계의 무선 패킷 수집을 통해 비밀키 유추가 가능한 문제가 있다. 이를 보완하기 위해서는 비밀키는 특수문자를 포함한 임의의 문자를 사용하여 최대한의 자리 수를 사용하도록 한다.

[그림 15-14] WPA2-개인 암호화 설정

3.2.2. 무선랜 사업자의 서비스 이용

국내 무선 인터넷 서비스 제공업체가 제공하는 인증서버를 통한 단말 인증기능을 사용하는 것도 안전한 무선랜 운영을 위한 방법이라고 할 수 있다.

3.3. 무선 AP의 물리적/관리적 보안

3.3.1. SSID Broadcast 금지

SSID(Service Set Identifier)는 무선 AP를 이용해 구성되는 무선 네트워크를 구별하는 식별자로서 다수의 무선 네트워크가 존재하는 경우, 무선 클라이언트가 접속할 네트워크를 구분하는 역할을 하게 된다. 대부분의 무선 AP는 무선 클라이언트가 무선 네트워크의 존재를 인식할 수 있도록 SSID를 broadcast 하도록 설정되어 있는 것이 일반적이다.

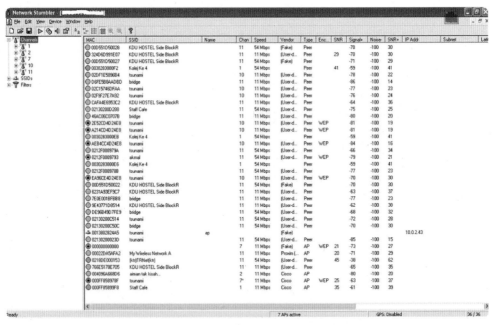

[그림 15-15] SSID Broadcast 기능의 비활성화를 적용한 무선랜 하지만, SSID 값의 broadcast로 인해 공격자는 공격대상이 되는 무선

3.3.2 무선 AP의 Default Password 변경

Default Password의 사용은 무선 AP에 국한되는 문제는 아닐 수 있다. 기본적으로 대부분의 네트워크 제품은 공장 출하 시 설정되는 Default Password를 가지고 있고, 특히 관리상의 편의를 위해 기본 설정되어 있는 Password를 사용 하는 경우가 종종 확인되고 있다. 하지만 이는 암호를 설정하지 않은 보안 수준으로서, 반드시 일반적으로 통용되고 있는 수준의 암호 설정을 통해 무선 AP를 관리 · 운영하도록 한다.

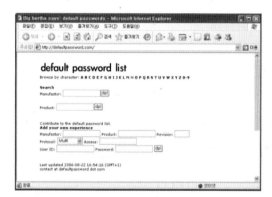 

[그림 15-16] 검색엔진을 통해 확인되는 디폴트 패스워드 리스트

→ 안전한 무선 AP 관리암호의 사용 예

1) 8자 이상의 암호 사용
2) 숫자 및 영문자, 특수문자 혼용하여 사용
3) 일반 단어가 아닌 한글-영 타 암호(예 : 암호-dash)의 사용
4) 주기적인 암호의 변경

3.3.3 무선 AP의 물리적 접근제한

일반 네트워크 장비의 경우, 외부에 노출되지 않는 경우가 많아 네트워크 장비에 대한 물리적 보안은 초기 구축 시 고려하지 않는 경우가 많다. 하지만, 무선 AP의 경우, 서비스를 위해 외부에 노출될 수밖에 없어 물리적인 접근제한이 필요하게 된다.

[그림 15-17] 무선 AP의 Reset 버튼

　또한, 무선 AP의 경우, 장비의 설정을 초기화로 돌리는 "Reset 스위치"를 가지고 있는 경우가 많아, 장비의 물리적인 보안이 더욱 중요하며, 장비가 Reset이 되는 경우, 기존 운영되던 무선 서비스의 중지는 물론 장비 설정의 초기화로 인해 보안상의 문제도 같이 발생하게 된다.

　따라서, 무선 AP는 외부에 노출된 형태로 설치되더라도 별도의 수납공간 형태의 분리공간에 설치하고, 추가로 잠금 장치를 설치하여 외부의 비인기자의 접근을 차단하도록 한다.

무선 인터넷 서비스 사용자 보안 권고

4.1. 유료 무선 인터넷 서비스

국내 ISP에서 제공 중인 유료 무선 인터넷 서비스는 가정은 물론 사람이 많이 모이는 공공장소와 커피숍 등에서 널리 제공되고 있다. 현재 국내에서 제공되고 있는 유료 무선 인터넷 서비스는 사용자 암호와 무선 전송 데이터에 대한 암호화는 적용되고 있으나, 사용자 계정에 대해서는 암호화를 하지 않은 채 전송하고 있으며, 구형장비가 사용 중인 일부 지역에서는 데이터에 대한 암호화도 적용되지 않고 있어 개인정보가 외부로 노출될 가능성이 존재하고 있다.

MAC	SSID	Name	Chan	Speed	Vendor	Type	Enc...	SNR	Signal
001AE3D2AB01			1	54 Mbps	(Fake)	AP	WEP	8	-92
001AE3D2AB00			1	54 Mbps	(Fake)	AP	WEP	9	-91
001EB6A2DEB7	linksys		11	54 Mbps	(Fake)	AP	WEP	7	-93
003000 1DEF12			161	54 Mbps	MMC T...	AP		38	-61
003000 1E0EE6			153	54 Mbps	MMC T...	AP		15	-85
003000 1E14C3			9	11 Mbps	MMC T...	AP		7	-88

[그림 15-18] 암호화 적용이 되지 않은 유료 인터넷 서비스용 무선 AP

[그림 15-18]에 표시된 영역의 경우, 무선 네트워크를 통해 전송되는 데이터는 모두 평문(Plain text) 형태로 전송되게 되어, 사용자가 입력하는 모든 정보는 무선 전파를 수신할 수 있는 모든 사용자에게 노출되게 된다.

[그림 15-19]은 평문으로 전송되는 무선랜 환경에서 E-Mail을 전송했을 경우에 무선 패킷을 캡처하여 본 내용이다. 위의 그림에서 보이는 메일의 본문 내용이 실제 캡처한 무선 패킷에서 그대로 노출되는 것을 볼 수 있다. 무선 인터넷 서비스에서 별도의 무선 전송 데이터에 대한 암호화를 적용하지 않았기 때문에 발생하는 문제로서, 대부분의 웹 사이트에서도 일반적으로 웹 컨텐츠 전송 시 암호화를 하지 않는 경우가 대부분이므로 메일 내용은

물론 로그인 시의 개인정보의 노출도 마찬가지로 발생하게 된다.

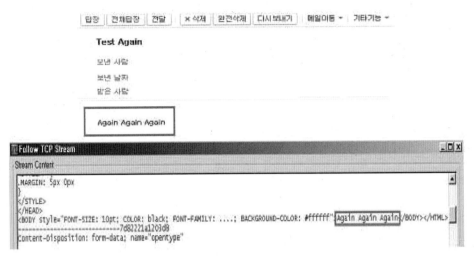

[그림 15-19] 유료 무선 인터넷 서비스를 이용한 메일 전송 데이터 캡처 화면

이러한 문제점의 해결책은 현재와 같이 무선 인터넷 서비스 업체에서 무선 데이터의 암호화를 제공하지 않는 경우에는 사용자 개인이 해결할 수 있는 방법은 없으며, 무선 인터넷 서비스 이용 시에는 계정정보 등의 민감한 정보는 가능한 입력하지 않는 것이 필요하다.

4.2. 공공장소 무료 무선 인터넷 서비스

무료 무선 인터넷 서비스를 제공하는 은행 및 커피숍 등이 점차 늘어가고 있지만, 대부분 간단한 인증만을 통해 무선 인터넷에 접속할 수 있어, 별도의 유료 인터넷 서비스에 가입을 하지 않은 사용자도 무선 단말기를 통해 쉽게 인터넷에 접속할 수 있다.

이 경우의 문제점은 이러한 무료 인터넷 서비스는 대부분 별도의 인증 절차 없이도 무선 네트워크로의 참여가 가능하여, 불법 AP 등을 이용한 무선랜 사용자가 입력하는 개인정보의 유출이나 단순한 무선 전송 데이터의 캡처만으로도 정보유출이 가능하다는데 있다. 이는 유료 무선 인터넷 서비스에서와 마찬가지인 문제점으로 근본적인 무선랜의 보안이 이루어지지 않은 경우에는 동일하게 발생하는 문제점이다.

또, WEP 암호화 방식을 적용한 무선랜 환경하의 무료 인터넷 서비스의 경우, 일반적으로 다량의 무선 전송 데이터를 수집한 후 트랙이 가능한 것으로 알려져 있었으나, 실제 인터넷 상에서는 공격자가 악성 패킷을 사용자 무선 단말기로 전송하여 발생되는 응답 패킷의 수집을 통해서도 공격이 가능하며, 이러한 방법을 이 용하는 공격 툴이 공개되어 있는 상태이다. 이와 같은 환경 하에서 인터넷에 접속하여 사용자 아이디, 암호 등의 정보를 입력할 경우, 해당 정보가 외부의 다른 사용자에게 노출될 수 있으므로, 가능한 간단한 웹 서핑 등의 용도로만 사용을 하도록 한다.

또한, 무료 인터넷 서비스를 제공하는 해당 업체에서는 가능한 WPA 이상의 무선 인증방식을 사용하여, 고객이 보다 안전한 환경에서 인터넷을 사용할 수 있도록 무선랜의 설정을 유지하여야 한다.